普惠金融与"三农"经济研究系列丛书

丛书策划：米运生

数字普惠金融赋能乡村振兴的机理分析与广东经验案例

董　莹等　著

中国农业出版社

北　京

图书在版编目（CIP）数据

数字普惠金融赋能乡村振兴的机理分析与广东经验案例 / 董莹等著. -- 北京：中国农业出版社，2025.5.（普惠金融与"三农"经济研究系列丛书）. -- ISBN 978-7-109-33273-7

Ⅰ. F327.65

中国国家版本馆 CIP 数据核字第 20251FV309 号

数字普惠金融赋能乡村振兴的机理分析与广东经验案例
SHUZI PUHUI JINRONG FUNENG XIANGCUN ZHENXING DE
JILI FENXI YU GUANGDONG JINGYAN ANLI

中国农业出版社出版

地址：北京市朝阳区麦子店街 18 号楼

邮编：100125

责任编辑：何　玮　　文字编辑：李　雯

版式设计：小荷博睿　　责任校对：吴丽婷

印刷：北京中兴印刷有限公司

版次：2025 年 5 月第 1 版

印次：2025 年 5 月北京第 1 次印刷

发行：新华书店北京发行所

开本：700mm×1000mm　1/16

印张：17.5

字数：305 千字

定价：78.00 元

序　言

　　金融是现代经济的核心。金融业的规模经济性和空间聚焦性容易导致金融发展的不平衡不充分问题。特别是空间分散和稀薄市场等引起的高交易成本等因素，会从广度、宽度和深度等方面，不利于农村金融市场的发展。农民，尤其是小农，容易遭遇到金融排斥和信贷配给等问题，而且农民的认知偏差和较低的金融素养，会使问题变得更为严峻。数字技术和数字经济快速发展带来的数字金融，在一定程度上降低了信息成本和交易成本，在促进长尾市场发展的同时，也在很大程度上促进了农村金融市场的发展。数字鸿沟的存在，也使得农村金融市场发展面临着较大的困难。发展中国家的农村地区普惠金融的发展是一个世界性难题。作为人口最多的发展中国家，中国也一样面临着较大的城乡金融发展不平衡问题，普惠金融也因此变得非常重要。

　　广东是中国第一经济强省，同时也是区域差距和城乡差距较大的省份。在金融领域，广东的区域差距和城乡差距也是比较大的。处于改革开放前沿阵地的广东，在通过普惠金融助推乡村振兴并实现现代化方面，承担着重要责任和使命。这既是国家对广东的要求，也是广东农村高质量发展的需要。当前，广东正在以习近平新时代中国特色社会主义思想为指引，谋划"十四五"发展规划。其中，发展普惠金融，也是重要的一环。广东省委、省政府一直高度重视普惠金融，广东的普惠金融发展也取得了较大的进展，探索了不少颇有成效的经验模式。不过，普惠金融的发展是一个系统工程，也是一个动态过程。对广东来说，普惠金融的发展还面临着不少亟待解决的问题，还存在一些需要克服的困难。

通过普惠金融，解决广东金融发展的不平衡和不充分问题，不但关系到广东金融业的可持续发展，也关系到广东乡村振兴战略的顺利实现，更关系到广东现代化建设目标的如期实现。研究广东普惠金融的规律，总结其经验，发现问题并提出方案，是摆在社会各界特别是学术界面前的一项历史使命。要完成这项使命，高校责无旁贷。就发展普惠金融而言，华南农业大学应该发挥它的重要作用。依托金融学广东省特色重点学科、广东省金融大数据分析重点实验室、金融学学术和专业硕士授权点、金融学国家一流专业建设点等平台，华南农业大学金融学学科，在普惠金融的学术研究、人才培养和社会服务等方面，一直发挥着重要作用，为广东农村金融和普惠金融的发展，做出了不可替代的贡献。

华南农业大学金融学学科（专业）的发展，长期以来得到了广东省委、省政府的大力支持。随着乡村振兴战略的深入推进，广东加大了对华南农业大学的支持力度。2020 年，在广东省人民政府张新副省长的关心和指导下，华南农业大学成立了普惠金融与"三农"经济研究院。成立该机构的宗旨主要是：加强普惠金融的学术研究、人才培养和社会服务，探索广东普惠金融的发展道路、实践模式及其所需要的政策支撑体系；通过普惠金融的发展，助推广东乡村振兴战略和粤港澳大湾区战略，促进广东更平衡更充分地发展。根据广东经济和金融发展的特点，我们把研究方向聚焦于普惠金融、数字金融、农村产权抵押融资等领域。为了使社会各界了解广东普惠金融在理论、实践和政策等方面的状况，促进广东普惠金融事业的发展，我们计划出版系列丛书。在 2021 年，我们已经出版了三本专著，即《广东普惠金融发展报告（2020）》《普惠金融改革试验区：理论与实践》《普惠金融实践创新：广东案例》。在此基础上，我们决定继续出版系列专著即丛书第二辑。

　　本丛书的出版，得到了很多人的大力支持。在此，特别感谢广东省人民政府张新副省长、广东省地方金融监督管理局童士清副局长、华南农业大学刘雅红校长、华南农业大学仇荣亮副校长、华南农业大学科学研究院社科处黄亚月处长、华南农业大学经济管理学院领导、华南农业大学普惠金融与"三农"经济研究院的团队负责人和骨干成员等。当然，也要感谢广东省财政专项资金（粤财金202054号文件）对本系列丛书的资金支持。

华南农业大学经济管理学院
华南农业大学普惠金融与"三农"经济研究院　　米运生

前　言

　　金融是实体经济的血脉。我国当前的现代化经济转型发展尤其需要资本发挥核心要素配置功能。在全面建设社会主义现代化国家新征程上，最艰巨最繁重的任务仍然在农村。农村金融被给予了赋能乡村振兴的时代重任。在城乡二元经济结构以及农村正规金融与非正规金融的竞争与矛盾发展背景下，普惠金融及其向数字普惠金融的进一步发展，在一定程度上克服了农村资金外流以及非正规金融过度扩张带来的低效农业农村发展障碍。数字普惠金融作为金融服务创新的重要形式，正逐步成为推动乡村振兴的重要力量。数字普惠金融，通过大数据、云计算等先进技术，将传统金融服务与现代数字技术相结合，打破了地理和时间的限制，极大地提高了金融服务的覆盖率和可得性。在乡村振兴背景下，数字普惠金融以其独特的优势，为农村地区提供了更为便捷、高效的金融服务，有效服务了乡村振兴战略中提出的"产业兴旺、生态宜居、乡风文明、治理有效、生活富裕"20字方针。

　　2016年，国务院印发《推进普惠金融发展规划（2016－2020年）》，这标志着普惠金融首次被纳入国家级战略规划。在党的十九大提出乡村振兴战略后，2018年9月《乡村振兴战略规划（2018—2022年）》正式出台，明确提出以乡村多元化的金融需求为导向，建立健全与之匹配的立体化农村金融体系。在数字技术与政策助推下，我国普惠金融获得长足的发展与进步，金融服务覆盖率、可得性、满意度明显提高，基本实现乡乡有机构、村村有服务、家家有账户，移动支付、数字信贷等业务迅速发展，小微企业、"三农"等领域金融服务水平不断提升。然而，在新形势下，普惠金融发展仍面临诸多问题和挑战，与全面推进乡村振兴目标的要求还存在较大差距。2023年10月，国务院印发《关于推进普惠金融高质量发展的实施意见》，将普惠金融支持乡村振兴作为主要目标之一，强调进一步健全农村金融服务体系。党的二十大报告提出，加快发展数字经济，促进数字经济和实体经济深度融合，并对发展数字经济作出重大战略部署，也为新时代全面推动数字乡村建设指明前进方向。因此，研究如何以数字普惠金融赋能乡村全面振兴，在数字技术进步与金融科技高速发展背景下，对于助力巩固拓展脱贫攻坚成果同乡村振兴的有效衔接、高效全面推进乡村振兴具有重要意义。

广东既是改革开放的前沿阵地，又是粤港澳大湾区的重要组成部分，数字经济发展领先全国，在国家转型发展与双循环中承担着重要角色。广东在四十多年的改革开放发展过程中，积累的城乡区域协调发展问题亟待破解。同时，作为数字经济大省，广东把数字经济作为引领经济高质量发展的新动能和新引擎，数字经济规模连续六年领跑全国。数字普惠金融借助金融科技手段，已经成为银行实现涉农金融业务"弯道超车"的关键举措。进入新阶段、站在新起点，金融机构正在加速实施数字经营战略，并在以数字普惠金融的方式深深嵌入"三农"实践，促进广东的乡村振兴以及区域协调发展。

综上，在探索乡村振兴的广阔路径中，数字普惠金融作为一股新兴力量，正逐步成为推动农村经济转型与发展的重要引擎。本书将基于"现状—机理—实践—案例"的逻辑主线，分为三篇展开。第一篇从数字普惠金融与乡村振兴的概念起源与发展历程出发，深刻认识到数字普惠金融与乡村振兴战略在当前时代背景下的高度契合性。第二篇进一步剖析数字普惠金融赋能乡村振兴的内在机理，即如何通过技术创新、模式创新等手段，解决农村金融服务中的痛点与难点，为乡村振兴提供强有力的金融支持。第三篇聚焦广东数字普惠金融赋能乡村振兴的实践案例分析，提炼出具有地方特色的成功经验与模式，为其他地区提供可借鉴的蓝本。

须特别说明的是，本书是本人带领的研究团队完成的作品。书稿的完成亦得到华南农业大学普惠金融与"三农"经济研究院的大力支持。本书各部分作者信息如下：第一篇由董莹撰写，其中，第三章第三节由董莹与徐颖颜共同撰写；第二篇由董莹、米运生、姜美善共同撰写；第三篇由董莹组织徐颖颜、贾成林、吴锦涛、赵浩彬、黄懿华共同撰写。团队成员刘付广豪在文稿校对阶段也给予了支持。

目　　录

第三篇　广东经验与典型案例分析

>>>

第一篇
总　　论

　　新时代农业农村的发展离不开科技的推动和助力。在乡村振兴的伟大征程中，数字普惠金融以其独特的优势和潜力，正逐步成为推动农业农村发展的重要引擎。随着数字信息技术的迅猛发展与广泛应用，普惠金融的概念和内涵也在不断演变和丰富，数字技术的融入更为普惠金融实践赋能乡村振兴赋予了新的活力和可能性。本篇作为开篇总论，将首先探讨普惠金融的概念及其演变过程，随后深入分析农业农村发展与普惠金融之间的紧密联系，最后聚焦于数字普惠金融如何赋能乡村振兴，揭示其内涵逻辑与创新工具，以便于构建数字普惠金融赋能乡村振兴的基本研究框架，为后续篇章内容奠定研究基础。

第一章 导 论 ///

现代化经济转型与发展离不开资本的核心配置作用的有效发挥。在全面建设社会主义现代化国家的新征程上，最艰巨最繁重的任务仍然在农村。在数字技术发展推动的金融科技创新日新月异的当下，如何结合"三农"特征，充分发挥数字普惠金融在连接城乡、促进农业农村现代化过程中的重要桥梁纽带作用，为农业农村发展提供资金支持和风险保障，对全面推进乡村振兴具有重要意义。党的二十大报告提出"全面推进乡村振兴""健全农村金融服务体系"，为新时期农村金融改革与发展指明了方向。数字普惠金融作为金融与数字技术的结合产物，因其共享、便捷、低成本、低门槛等特点，与乡村振兴的资本需求有着较高的契合度，是当下乡村振兴持续推进的重要抓手。本章主要通过深入总结数字普惠金融赋能乡村振兴的时代背景与内涵条件、深刻理解其重要意义，以及剖析数字普惠金融推动广东乡村振兴与区域协调发展的引领意义，并据此形成本书的主要思路框架，为以下论述逻辑奠定基础。

第一节 普惠金融的概念及演变

2000 年，亚洲开发银行首次提出"包容性金融"即普惠金融（Inclusive Finance）的概念，将其定义为向贫困人群、低收入家庭及微型企业提供的包括存贷款、支付、汇款与保险等在内的各类金融服务。2005 年，联合国"千年发展目标"在关于"消灭阶段贫穷和饥饿"的目标中强调通过完善金融基础设施，以可负担的成本将金融服务扩展到欠发达地区和社会低收入人群，向他们提供价格合理、方便快捷的金融服务，提高金融服务的可获得性。2006 年联合国发布的《构建普惠金融部门促进发展》报告中，将普惠金融定义为：为贫困和低收入家庭以及中小微企业提供的安全储蓄、适当设计的贷款，以及适当的保险和支付服务。综上，普惠金融的特征可被概括为四点：可获得性、可负担性、全面性和商业可持续性。

处在不同发展阶段的国家地区，对普惠金融概念的理解具有一定的阶段性差异。在我国社会经济不断发展转型、农业农村发展不断推进过程中，普惠金融的概念也在逐渐演进。在将普惠金融引入中国农业农村发展之初，主要聚焦金融领域存在的排斥问题，使得金融机构能够以适当的价格、方便快捷的途径向贫穷地区居民等弱势群体提供金融服务。因此，当时的普惠金融概念侧重于覆盖低收入等弱势群体的属性，强调包括存贷等基础金融业务的可及性。随着农村金融体系改革的不断深入，使弱势群体能够进入包括理财、投资、汇款与保险等多样化金融领域，成为普惠金融新的发展目标。此时，普惠金融的概念又进一步延伸，开始重视将这些受到金融排斥的群体融入金融体系的各个角落。具体而言，普惠金融的概念在新农村建设、乡村振兴、城乡融合与区域协调发展以及共同富裕的最终目标实践过程中不断拓展。当前的普惠金融概念也越发强调在经济依效率属性高速发展所积累的贫富差距逐渐恶化的情况下，普惠金融在缓解该不稳定性、不可持续性发展中应承担起的特殊作用。

在普惠金融发展的过程中，也越发重视普惠金融的自生能力，注重引入市场竞争和价格机制，可以促进金融资源的有效配置，提高金融服务的效率和质量。一方面，政府通过制定财政扶持政策、税收优惠政策、差别化的货币信贷措施等，鼓励金融机构加大对普惠金融领域的投入和支持，促进普惠金融的可持续发展。另一方面，引导社会资金流向被传统金融体系忽视或排斥的群体和企业，以促进经济的包容性增长。通过创新金融产品和服务、以科技手段降低运营成本，提高普惠金融服务效率；同时加强监管、提高市场透明度，增强投资者信心，吸引更多社会资金参与普惠金融，在满足不同层次金融需求的同时，促进普惠金融的市场化转型发展。

第二节　数字普惠金融赋能乡村振兴的时代背景

基于我国的基本国情以及经济社会发展现阶段的基本特征，党的十九大报告首次提出实施乡村振兴战略，旨在从实际出发，以"产业兴旺、生态宜居、乡风文明、治理有效、生活富裕"的20字方针推进乡村振兴，从而进一步科学引领我国现代化进程中的城乡格局分布。当前，我国已经全面建成小康社会，开启了全面建设社会主义现代化国家新征程，该阶段的"三农"工作重心逐渐从脱贫攻坚转向全面推进乡村振兴。然而，党的二十大报告也指出，全面建设社会主义现代化国家，最艰巨最繁重的任务仍然在农村。农村金融作为引导要素配置的核心，被给予了赋能乡村振兴的时代重任。

农村金融既有现代金融的一般性，也有与"三农"相关的特殊性，是一般性和特殊性的结合。由于农村金融组织在产权和激励结构上的缺失，正规金融制度往往难以有效满足农业农村的资本需求。正是注意到了这种特殊性，2016年，国务院印发《推进普惠金融发展规划（2016—2020年）》，这标志着普惠金融首次被纳入国家级战略。党的十九大提出实施乡村振兴战略；2018年9月《乡村振兴战略规划（2018—2022年）》正式出台，明确提出以乡村多元化的金融需求为导向，建立健全与之匹配的多层次农村金融体系。在数字技术与政策助推下，我国普惠金融获得了长足的发展与进步，金融服务覆盖率、可得性、满意度明显提高，基本实现乡乡有机构、村村有服务、家家有账户，移动支付、数字信贷等业务迅速发展，小微企业、"三农"等领域的金融服务水平不断提升。然而，在新形势下，普惠金融发展仍面临诸多问题和挑战，与全面推进乡村振兴目标的要求还存在较大差距。2022年8月，中央网信办等四部门联合印发了《数字乡村标准体系建设指南》（下文称《指南》），其中明确，到2025年要初步建成数字乡村标准体系。《指南》提出了数字乡村标准体系框架和建设路径，明确了"十四五"时期数字乡村标准化建设目标、建设内容和建设路径，为标准化建设引领数字乡村高质量发展、助力乡村全面振兴提供了保障。2023年9月，国务院印发《关于推进普惠金融高质量发展的实施意见》，将普惠金融支持乡村振兴作为主要目标之一，强调进一步健全农村金融服务体系，包括新型农业经营主体基本实现信用建档评级全覆盖、脱贫人口小额信贷对符合条件的脱贫户应贷尽贷，持续加大普惠金融支持农村基础设施和公共服务的力度、不断满足农业转移人口等新市民的金融需求、进一步提升三大粮食作物完全成本保险和种植收入保险的覆盖率和保障水平，助力巩固拓展脱贫攻坚成果同乡村振兴的有效衔接。

第三节　数字普惠金融赋能乡村振兴的重要意义

站在以中国式现代化全面推进中华民族伟大复兴的高度，全面推进乡村振兴既是针对"三农"发展和城乡关系调整的战略部署，也是事关全面建设社会主义现代化国家进程的关键环节。党的二十大报告提出，加快发展数字经济，促进数字经济和实体经济深度融合。同时，对发展数字经济作出的重大战略部署，也为新时代全面推动数字乡村建设指明了前进方向。以数字普惠金融赋能推进全过程乡村振兴，是在数字技术进步与金融科技应用高速发展的背景下，助力巩固拓展脱贫攻坚成果同乡村振兴的有效衔接，并高效全面推进乡村振兴的重要抓手。

数字普惠金融主要赋能农村金融服务体系健全工作。从巩固拓展脱贫攻坚成果的角度看，数字普惠金融能承担过渡期内脱贫人口的小额信贷工作，加大国家乡村振兴重点帮扶县的信贷投放和保险保障的力度，助力增强脱贫地区和脱贫群众的内生发展动力。

从全面推进乡村振兴的角度看，数字普惠金融能够通过加强对乡村产业发展、文化繁荣、生态保护、城乡融合等领域的金融支持，进一步赋能乡村振兴。一是通过数字普惠金融服务创新提高对农户、返乡入乡群体、新型农业经营主体提供金融服务的水平，支持乡村产业振兴与人才振兴，以及有效满足农业转移人口等新市民的金融需求，促进城乡高水平融合。二是通过数字普惠信贷与保险工具创新加大对粮食生产各个环节、各类主体的金融保障力度，并强化对农业农村基础设施建设的中长期信贷支持。三是以数字普惠金融平台建设拓宽涉农主体融资渠道，稳妥推广农村承包土地经营权、集体经营性建设用地使用权和林权抵押贷款，并积极探索开展禽畜活体、养殖圈舍、农机具、大棚设施等涉农资产抵押贷款。四是通过数字化农业供应链金融，在确保数据安全的前提下，鼓励金融机构探索涉农供应链各方规范开展信息协同，规范发展涉农企业供应链票据、应收账款、存货、仓单和订单融资等业务，起到对重点支持县域优势特色产业的高效支撑作用。

同时，考虑到技术扩散的时空作用，数字普惠金融在赋能乡村振兴的过程中，也拓展了数字技术与金融科技应用的场景与市场，积累和培养了大量城乡数字金融使用消费人群，为进一步数字技术升级以及金融科技深化服务奠定了良性循环的基础。

第四节　数字普惠金融推动广东乡村振兴与区域协调发展的引领意义

广东既是改革开放的前沿阵地，又是粤港澳大湾区的重要组成部分，数字经济发展领先全国，在国家转型发展与双循环中承担着重要角色。然而，广东在四十多年的改革开放发展过程中，积累了严重的城乡区域协调发展问题，亟待破解。广东既有经济发达的珠三角地区（属于粤港澳大湾区），又有经济发展比较落后的粤东、粤西、粤北地区。2023 年 4 月，习近平总书记在广东考察期间明确指出，区域协调发展是实现共同富裕的必然要求，要求广东下功夫解决区域发展不平衡的问题。因此，研究以数字普惠金融赋能城乡融合与区域协调发展的广东经验，兼具较强的代表性和重要的借鉴意义。

作为数字经济大省，广东把数字经济作为引领经济高质量发展的新动能和新引擎，促进数字经济与实体经济深度融合，激发经济发展新活力，其数字经济规模连续六年领跑全国。事实上，数字普惠金融借助金融科技手段，已经成为银行实现涉农金融业务"弯道超车"的关键举措。进入新阶段、站在新起点，金融机构正在加速实施数字经营战略，并在以数字普惠金融的方式深深嵌入"三农"实践，促进广东的乡村振兴以及区域协调发展。2013 年，党的十八届三中全会正式提出要发展普惠金融。2016 年 1 月发布了《国务院关于印发推进普惠金融发展规划（2016—2020 年）的通知》，文件指出，到 2020 年，建立与全面建成小康社会相适应的普惠金融服务和保障体系。2016 年发布了《广东省人民政府办公厅关于印发〈广东省推进普惠金融发展实施方案（2016—2020 年）〉的通知》，文件指出，特别是要让小微企业、农民、城镇低收入人群、贫困人群、残疾人、老年人等及时获取价格合理、便捷安全的金融服务，使广东省普惠金融发展水平居于全国前列。2021 年，《广东省人民政府办公厅关于金融支持全面推进乡村振兴的实施意见》发布，进一步提出，到 2025 年年底，广东涉农贷款余额超 2 万亿元，累计超过 600 家农业企业在广东股权交易中心"广东乡村振兴板"挂牌，政策性农业融资担保业务在各地级以上市和主要农业大县全覆盖，基本实现省内主要优势特色农产品保险全覆盖、有信贷需求的农户信用建档全覆盖、新型农业经营主体信用体系全覆盖、基层移动支付应用乡镇全覆盖。2022 年 7 月，《广东省数字经济发展指引 1.0》发布，作为全国首个省级推动数字经济发展的指引性文件，提出了农业数字化的长远构想。2022 年 12 月中国共产党广东省第十三届委员会第二次全体会议通过的《中共广东省委关于实施"百县千镇万村高质量发展工程"促进城乡区域协调发展的决定》中明确提出，要建设县域信用体系，构建普惠金融的公共基础设施。创新为农服务金融产品，引导县域地方法人金融机构将更多资金用于支持当地发展，探索符合农村实际的新型农村合作金融。

在多方面努力下，广东普惠金融发展取得长足进步，金融服务覆盖面、可得性、满意度明显提升，为广东在推进中国式现代化建设中走在前列积极贡献普惠金融力量。截至 2023 年 9 月末，全省小微企业贷款余额首次超 4.7 万亿元，较 2018 年末增加一倍。其中，普惠型小微企业贷款余额 2.32 万亿元，贷款余额户数 212.67 万户，金额和户数均较 2018 年末增加超两倍。2023 年全年新发放普惠型小微企业贷款利率较 2018 年平均水平下降 2.87 个百分点。辖内涉农贷款余额 2.37 万亿元，较 2018 年末翻了一番；普惠型涉农贷款余额超 4 800 亿元，约是 2018 年末的 3 倍。广东省农村信用社联合社通过创新开展"广东农村金融（普惠）户户通"工程、"五个一"行政村全覆盖工程（一支部、一特派、一体机、一平台、一授信），将农商银行的人员、资源、产品和服务下沉到每个村镇。截至 2023 年 7 月，广东省农村信用社联合社已出资投放"粤自助"政府服务机 1.62 万台，提供 211 项政务服务和 17 个金融服务项目，在全国率先实现政府服务自助机全省行政村全覆盖。其全面对接全省行政村（居委会）及村民小组的农村集体资产、资源、资金"三资"平台的覆盖率达 98%，已开立账户覆盖率达 89.78%。同时，依托农户信息采集系统及数据模型，采取网格化服务、走家串户的方式，推行"整村授信、集中授信、无感授信"等信贷支农新模式，对全省近 87% 的行政村开展"整村授信"，授信金额达 2 813 亿元。截至 2024 年上半年，全辖信息建档整体覆盖率达到 100%，客户授信整体覆盖率突破 95.99%，贷款签约用款户数为 183 万户，签约用信覆盖率为 15.11%。

在数字普惠金融的赋能下，2022 年，广东省新建成高标准农田 161.8 万亩，复耕复种撂荒耕地 72.7 万亩①，"粤强种芯"工程取得突破性进展，粮食产量、面积、单产增幅均高于全国平均水平。现代农业发展迅猛，累计创建 18 个国家级、288 个省级现代农业产业园，大力发展预制菜、农业微生物产业，深入推进农产品"12221"市场体系建设、为农产品出村入城搭建起有效平台，荔枝、菠萝、水产、畜禽等优质农产品产销两旺。农民收入增速连续 10 年快于城镇居民，城乡居民人均可支配收入比从 2015 年的 2.60 进一步缩小至 2.46 以内。农村集中供水和垃圾收运处置体系基本实现全覆盖，农村公路、卫生户厕等基础设施全面改善。从区域协调发展角度看，2015 年广东省人均可支配收入最高城市与最低城市相差约 3.07 倍，该差距到 2023 年缩小到

---

① 1 亩＝1/15 公顷。

2.36 倍。同时，在广东省"一核一带一区"规划建设下，区域发展差距有效缩小。珠三角核心区发展能级持续提升，沿海经济带绿色石化、绿色钢铁、海工装备、海上风电等世界级产业带成形，北部生态发展区绿色发展态势显现，继广州、深圳之后，佛山、东莞迈入万亿元级城市行列，汕头、湛江省域副中心城市加快建设。开工建设广湛高铁、广汕高铁、粤东城际铁路、深中通道等重大项目，建成赣深高铁、南沙大桥等重大基础设施，并且基础设施互联互通水平全面改善，实现"市市通高铁"，"3＋4＋8"世界级机场群和世界级港口群正在加快成形。"十三五"以来，沿海经济带东翼、沿海经济带西翼、北部生态发展区人均地区生产总值年均增速分别高于珠三角 2.1 个、1.2 个和 1.5 个百分点；沿海经济带东西两翼和北部生态发展区居民人均可支配收入从 16 844 元增加到 27 191 元，增长了 61%，即珠三角地区与非珠三角地区差距正在逐渐收敛。此外，珠三角城市之间的人均 GDP 差距也在缩小，这都说明广东在集聚中走向平衡，兼顾效率和公平，走出了一条协调发展的道路。

　　广东省以数字普惠金融赋能乡村振兴的成效，不仅体现了数字技术改造普惠金融、更好服务农业农村发展的普遍优势，更展现了其在区域协调发展中的独特作用。一方面，通过开展数字信用乡村、乡镇的创建和评定工作，构建涉农信用数据库，充分解决农户信息不对称难题，为精准评信、主动授信奠定重要基础。广东农信率先开创的"大数据筛选＋面对面走访＋背靠背评价"的农村信用建设模式，推动辖内农商行联合县（市）、镇、村（居）委会，通过乡村金融特派员走村串户搜集信息并进行信用建档、导入外部政务数据信息、组织村委会信用评价等措施，综合多角度数据构建农户信用信息基础数据库，为千万农户实现精准评信和主动授信。另一方面，利用科技赋能，通过线上线下相结合的方式，解决农户贷款可获得性低、不便利的难题。主要做法是基于大数据风控技术推出"悦农 e 贷""悦农小微贷"等线上贷款产品，实现贷款申请、审批、放款等流程的全过程线上办理。针对农村居民资金需求"小、散、快"的特点，在构建农户信用数据库的基础上，以行政村为单位开展"整村授信、主动授信、无感授信"，积累农户授信数据，批量生成预授信农户白名单。白名单农户通过"户户通"App 或手机银行 App 等纯线上操作，基于"零接触""无干预"的高效低成本操作，快速激活相应的授信额度，实现三分钟放款，以数字化赋能普惠金融跑出"加速度"。

第五节　主要研究思路框架

综上，在探索乡村振兴的广阔路径中，数字普惠金融作为一股新兴力量，正逐步成为推动农村经济转型与发展的重要引擎。下文将基于"现状—机理—实践—案例"的逻辑主线，首先，从数字普惠金融与乡村振兴的概念起源与发展历程出发，深刻认识到数字普惠金融与乡村振兴战略在当前时代背景下的高度契合性。依托现代科技的力量，数字普惠金融通过拓宽金融服务的边界，使金融服务更加普及、高效、精准，这为多维度的乡村振兴、农业农村的全面发展提供了多层次助力，推动国家农业农村现代化发展战略的实施。然后，将进一步剖析数字普惠金融赋能乡村振兴的内在机理，即如何通过技术创新、模式创新等手段，解决农村金融服务中的痛点与难点，为乡村振兴提供强有力的金融支持。最后，聚焦广东这一经济大省，通过对其数字普惠金融赋能乡村振兴的实践案例进行深入分析，提炼出具有地方特色的成功经验与模式，为其他地区提供可借鉴的蓝本，数字普惠金融赋能乡村振兴研究思路框架如图 1-1 所示。

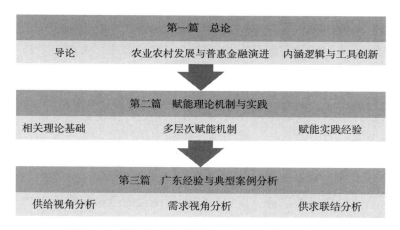

图 1-1　数字普惠金融赋能乡村振兴研究思路框架

下文的具体章节安排如下，作为第一篇的总论内容，第二章和第三章将继续探讨农业农村发展与普惠金融的演进，并在此基础上，对数字普惠金融赋能乡村振兴的内涵逻辑与工具创新进行总述；在第二篇"赋能理论机制与实践"的分析中，第四章将对数字普惠金融赋能乡村振兴的相关理论基础进行梳理，

第五章则将在此基础上对数字普惠金融赋能乡村振兴的多层次机制展开剖析，第六章将从数字普惠金融的主要工具与服务的发展历程出发，对其赋能乡村振兴的广东实践进行具体阐述；在第三篇"广东经验与典型案例分析"中，第七章将从数字普惠金融赋能金融供给的视角对广东经验案例进行梳理总结，第八章将从数字普惠金融拓展金融需求的视角对广东经验案例进行梳理总结，第九章将从数字普惠金融提升金融供求联结效率的视角对广东经验案例进行梳理总结。

第二章　农业农村发展与普惠金融演进 ///////

发展普惠金融，在中国农业农村发展转型的过程中具有重要意义。在城乡二元经济结构以及农村正规金融与非正规金融竞争与矛盾发展背景下，普惠金融及其向数字普惠金融的进一步发展，在一定程度上克服了农村资金外流以及非正规金融过度扩张所带来的低效农业农村发展障碍。从 2005 年开始引入中国以来，普惠金融所聚焦的欠发达地区与贫困地区多数在农村地区，其在推动各类金融机构提升精准扶贫和服务乡村小微企业发展中发挥着重要作用。

第一节　农业农村发展与农村金融体系演进

农业农村发展研究与不同发展阶段的重大问题、重大实践紧密相关，所呈现的理论动态也体现了不同时期的发展特点。根据新中国成立以来体制背景和研究重点的变化，大致可以把农业农村发展研究划分为四个时期：一是新中国成立至 20 世纪 50 年代后期，探索建立对传统小农的社会主义改造理论；二是 20 世纪 50 年代后期至改革开放前，探索建立计划经济体制下的农业农村发展理论；三是改革开放后，以研究改革与发展中的重大理论与实践问题为导向，建立与发展中国特色社会主义市场经济体制下的农业农村发展理论；四是进入 21 世纪以来，全面构建城乡融合背景下的农业农村发展理论体系。

一、新中国成立时期的农业农村发展与农村金融体系探索

新中国成立以来，中国农业农村发展进程中的各个阶段面临着不同的资金需求，也反映出农村金融供给的各种问题，这为农村金融制度的改革提供了思路与方向。

新中国成立之初，农业农村发展首先要恢复农业生产。为减轻农民债务负担，新中国成立前产生的旧债被废除，大力推进减租减息政策。然而，农村私人借贷也开始出现停滞，导致农业农村资金供给严重不足。为解决该问题，中央和地方各级人民政府在倡导自由借贷的同时，增加了国家农贷，这对恢复与

发展农业、解决农民生产生活困难起到了一定作用。在此阶段中，农村金融体系初见雏形。但这一阶段的农业农村发展的资金供给，一方面体现出国家金融组织体系的不完善性，国家农贷只能依靠行政力量自上而下逐级发放到户；另一方面也呈现出国家农贷总量上升而占比下降的趋势。因此，政府与银行在发放农贷的同时，开始特别强调利用社会资金、尽量利用当时的农村私人借贷和合作社解决资金需求问题。

1950—1957 年，国家正规银行体系与农村信用社各自摸索发展，这一时期农业农村的重任主要由农村信用社承担。一方面，国家正规银行在农业农村的实际工作中遇到现实约束。中国人民银行设立了农村金融管理部门，农业合作银行与中国农业银行也相继成立，但由于农村金融工作仍由中国人民银行农村金融管理局负责，并未发挥其应有的作用。中国农业银行经历多次撤销和重启，先后于 1955 年 3 月和 1963 年 11 月被两次重启，到 1965 年又与中国人民银行合并。另一方面，信用合作社作为社会主义金融体系的组成部分，机构数量发展迅猛、业务范围也逐渐从存贷款业务向转账结算业务扩展。在发展过程中，信用合作社部分替代了农村私人借贷，不仅起到了降低私人借贷利率的重要作用，还打破了中国乡村借贷体系以私人借贷为主导的传统格局。1955 年底，全国信用合作社又增加到 15.9 万个，占全国总乡数的 85%；入社农户有 7 600 万户，占总农户的 65.2%。

1958—1978 年，农村信用社先后经历了被合并、业务停顿，并逐渐变成国家银行的基层机构。1958 年，国务院在农村实行的"两放、三统、一包"的财贸管理改革，将正规银行体系的农村机构与人员下放给人民公社，并与农村信用社合并，形成人民公社信用合作社。1963 年，中国农业银行重新成立，开始统一领导农村信用社工作。社会化改造、"大跃进"时期建立起自上而下的"统存统贷"的国家银行体系。"文化大革命"冲击了银行对农村信用社的领导，部分农村信用社倒闭停业，农村高利贷再次抬头。直到 1977 年，国务院在农村信用社的管理制度中强调，信用社既是集体金融组织，又是国家银行在农村的基层机构。信用社存款以转存形式存入银行，成为银行信贷支农资金的主要来源。

二、改革开放时期的农业农村发展与农村金融体系建设

改革开放时期，农村的改革首先体现在农业经营体制的改革上，随后延伸到农产品供销体系的市场化改革以及农村经济与社会结构的变化，这一阶段农

业农村发展的资本需求主要衍生于这些方面。随着改革开放的不断推进，农业农村的发展目标与重心也在逐渐转变，进而推动了农村金融体系的建设、发展、演变与改革。

在改革开放初期，主要改革目标是打破计划经济对生产力的限制，通过逐步建立市场经济体制释放经济活力，促进经济增长。这一阶段改革的首个战场在农业农村，以家庭承包经营为基础、统分结合的双层经营体制迅速取代统一经营、统一分配的人民公社经营体制，充分调动了农民的生产积极性。这不仅大大提高了农业产量，还解放了大量农村劳动力，促进了农村劳动力的自由流动与优化配置，为后期的县域经济与乡镇企业的突起奠定了重要基础。农村工商业的迅速发展逐渐改变了农村封闭的传统格局，村民的思想意识得到一定解放，村民自治机制逐渐形成。在这一阶段，农村逐步形成了以中国农业银行和农村信用社为主的农村金融体系。从正规银行角度来看，在大力支持农村商品生产的指导方针下，1979 年恢复的中国农业银行在支持集体经济的同时，逐步加大对农户的支持力度。为加快总行与分行职能转换速度，中国农业银行对县级支行进行综合配套改革，扩大其管理权限，建立完善的管理体系。同时，随着其他专业银行的恢复建立，其他专业银行的分支机构也开始下沉到农村金融市场，农村金融服务体系逐步走向多元化。从合作金融角度来看，农村信用社的集体金融组织与国家银行基层机构的双重管理体制被否定，主要突出其合作金融组织性质。一方面，农村信用社实行独立经营、自负盈亏；另一方面，农村信用社实行岗位责任制，按劳、按责分配。1986 年，农村信用社开始被要求按集体企业缴纳营业税；1987 年，对农村信用社征收集体企业所得税。在 1980—1988 年的八年中，农业银行和农村信用合作社的存贷款业务每年以翻番的速度增长，其中有三年是年增 300% 以上的。农村信用合作社对农户的贷款，1988 年比 1980 年增长 23 倍；乡镇企业贷款增长了 14.7 倍。同期农民人均纯收入也随农业产值、乡镇企业快速增长。

在改革开放的中后期，1993 年召开的中共十四届三中全会，确定了市场经济体制改革的方向。该阶段的改革重点是深化市场经济体制改革和对外开放，主要改革内容涵盖了国有企业改革与金融体制改革等。农村金融服务体系改革在后续的政策推进中逐步开展。1996 年发布《国务院关于农村金融体制改革的决定》，文件中明确指出农村金融体系改革的目标是建立和完善以合作金融为基础，商业性金融、政策性金融分工协作的农村金融体系。也指出要进一步提高农村金融服务水平，增加对农业的投入，促进贸工农综合经营，促进城乡一体化发展，促进农业和农村经济的发展和对外开放。相应地，这一阶段的农村金融体制改革的重点在于恢复农村信用合作社的合作性质，进一步增强政策性金融的服务功能，充分发挥国有商业银行的主导作用。

一方面，将政策性金融服务从中国农业银行剥离出来，成立中国农业发展银行。中国农业发展银行专门从事粮食收购贷款业务，保障粮棉油收购资金的封闭运行。扶贫开发、农业综合开发等政策性贷款业务重新划拨回中国农业银行运行，并正式开启银行的商业化改革。

另一方面，1997 年，人民银行系统设立农村合作金融监管机构对其进行管理体制改革、金融监管与行业监管，并按照合作制原则对基层信用社和县联社进行规范。农村信用社的管理体制改革作为改革的重点，其核心目标是将其逐步改为由农民入股、由社员民主管理、主要为社员服务的合作金融组织。在当年中央金融工作会议中，还提出各国有银行收缩县及县以下机构，因此，农村信用社承担起农村金融供给的主要角色。

各国有银行也从专业银行体制转向商业银行体制，要求银行信贷必须以财产为基础，所有贷款要求有足额担保和抵押，尤其是在 1997 年亚洲金融危机后，国家进一步加强了对商业银行不良资产的管控，这也与农业农村贷款缺乏抵押担保且风险较大的特征形成了鲜明对比。20 世纪 90 年代中期工业化、城市化加速发展，共同造成了农村金融的严重萎缩。以 1999 年数据为例，农业贷款 2 126.3 亿元，各项贷款 93 734.3 亿元，占比 5.11%，农村贷款明显下降，农村金融机构减少、信贷减少、资金流出的现象愈发严重。部分学者认为，这种现象是资金投资回报率差异与市场规律作用的必然结果。也有部分学者通过实证测算发现，农业农村的投资回报率并不低。因此，造成这种现象的原因更多是现有金融产品不能满足农村实际需求，或者交易成本过高。

三、转型发展时期的农业农村发展与农村金融体系改革

自 1996 年颁布《国务院关于农村金融体制改革的决定》起，中国农村金融体系经历了长期的艰难探索，充分发挥包括政策性金融、商业性金融和合作性金融在内的农村金融体系的金融服务作用，在满足农业农村产业与经济发展的基础上，进一步促进城乡融合发展、高质量与现代化强国发展，农村金融体系改革逐渐进入深水区。

为理顺农村信用社与人民银行、农业银行的关系，自 2003 年发布的《国务院关于印发深化农村信用社改革试点方案的通知》起，启动对农村信用社产

权制度与管理体制的改革，改革重点解决两个问题：一是明晰产权关系，完善农村信用社法人治理结构；二是将农村信用社的管理权交由地方政府，成立农村信用社省（市）级联社，改革信用社管理体制。此外，农村信用社经历了与农业银行脱离并重新清产核资登记注册的调整后，逐步成为由农民、农村工商户各类经济组织入股，为农民、农业和农村经济发展服务的社区型地方金融机构，主要起到支持农村经济结构性调整、促进城乡经济协调发展的作用。

为通过引入新型农村金融机构缓解农业农村资金不足问题，2006 年 12 月发布的《中国银行业监督管理委员会关于调整放宽农村地区银行业金融机构准入政策更好支持社会主义新农村建设的若干意见》中，允许各类资本进入农村地区设立村镇银行并鼓励境内商业银行和农村合作银行在农村地区设立专营贷款业务的全资子公司，也允许农民申办农民资金互助组织，并在部分地区试点约十个月后向全国推广。尽管监管部门放宽了开设农村银行的准入对象要求，但由于设定门槛较高，效果远不如预期。为进一步扩大与完善农村金融服务范围，2007 年，在全国金融工作会议上提出，要加快建立适应"三农"特点的多层次、广覆盖、可持续的农村金融体系。会议强调，除推进农村信贷业务外，还需大力推进农村金融产品和服务创新，积极发展农业保险。同年，邮政储蓄银行正式成立，由中央政府支持的六省政策性农业保险试点启动。

在新农村建设时期，改革取得了一定的成效：一方面，农村金融机构的资本充足率大幅提升、抗风险能力整体改善，不良资产率下降、资产质量也明显提高；另一方面，随着农村金融机构的管理不断规范化以及多样化发展，农村资产规模不断扩大、支农服务功能增强。但这与通过建立健全适应农业农村发展需要的多元化、多层次、广覆盖并且可持续深化的农村金融体系，从而解决农村资金不足的问题仍有一段距离。在不断的探索与实践过程中，不难发现，如需从根本上满足农业农村发展的资金需求，不仅需要明确各类农村金融机构的功能定位，结合农业农村的实际需求，大力发展合作性普惠金融，还需要解决由于信息不对称、抵押担保物不足以及交易成本较高等造成农村金融工具创新以及金融服务不足的根本性问题。

第二节 农村普惠金融发展

站在农业农村历史条件和背景上看，进一步促进农业农村发展以及城乡融合协调发展，尤其需要普惠金融的发展与支持。普惠金融是一种融合了经济高效性与社会公平性的金融理念创新，成为衡量金融体系高效性和公平性的重要指标。它在强调商业可持续性的前提下将传统商业银行服务对象的范围向弱势群体拓展，这与农业农村发展中具有融资需求主体的特征高度契合。因此，普惠金融的发展尤其是农村普惠金融体系的发展是兼顾公平与效率的融合理念的核心实施载体，也是在实践中指导合作性金融、商业性金融与政策性金融等正规农村金融机构以及新型农村民间金融等非正规农村金融机构协调发展的重要准则。有必要在理解普惠金融概念及其时代性演变的基础上，进一步剖析数字普惠金融作为普惠金融发展趋势的内生动力，并借鉴数字普惠金融发展的国际经验进行体系构建的可持续性制度建设与讨论。

普惠金融经历了四十多年的历程与发展。普惠金融的发展经历了从早期的小额信贷为主到微型金融、从部分地区与服务的微型金融到普惠金融体系形成、从传统人工服务到数字技术应用的数字普惠金融创新重构。

一、从小额信贷到微型金融

小额信贷（Microcredit）是向包括贫困农民等低收入群体和微型企业在内提供额度较小的持续性贷款，助其摆脱生产生活困境的信用贷款活动。小额信贷的基本特征表现为额度较小，主要服务于贫困人口，无担保、无抵押，是一种将信贷活动和扶贫项目融合的信贷产品创新。它最初诞生于 20 世纪 70 年代，孟加拉国乡村银行（Grameen Bank）、拉美行动国际（ACCION International）和印度的自我就业妇女协会（SEWA）等机构进行了一系列扶贫性质的试验项目。20 世纪 90 年代国际组织和其他国家对中小型企业提供的一些援助和贷款，主要旨在帮扶弱势群体和农业农村发展。1993 年，河北易县扶贫经济合作社在河北成立，随后，国家开始通过小额信贷的方式为中小型企业、个体工商户和农户提供融资帮助。随着小额信贷在第三世界国家的不断发展，确实突破了发放和回收短期流动资金的单一模式，并逐步引入小组联保、分期还款、连续贷款承诺与动态机理等信贷风险机制，使得资金能够深入农业农村发展，起到了一定的消除贫困的作用。

但随着对小额信贷需求的不断增加，以政府或私人出资资助形式进行的小额信贷项目难以为继，小额信贷机构不得不开始动员储蓄来扩大信贷资金来源。此外，随着社会经济的不断发展与收入快速增长，小额信贷的规模也逐渐扩大到微型金融。微型金融作为小额信贷业务多样化与持续化发展的深化，充分发挥了经济体"毛细血管"的作用，在弱势群体缺乏足够金融选择权的背景下，除调剂了资金余缺之外，不仅解决了包括农民、小企业主等在内的这些弱势群体的融资需求还化解了其流动性风险。

二、从微型金融到普惠金融

随着金融技术与服务体系的逐渐成熟，以及国内社会经济高速发展带来的金融需求的多元化，微型金融的服务范围开始向小额信贷、储蓄、汇款、投资理财与保险等业务拓展，服务地区阶段性的渗透发展，逐渐从向部分地区提供有限基础金融服务向全国多样化的金融服务体系扩展，形成不断完善的普惠金融体系。在这一阶段，一方面微型金融机构的业务覆盖率不断扩大，另一方面商业银行与其他金融机构也开始为中小微企业、低收入人群或偏远地区居民提供金融服务。

尽管普惠金融在过去四十年间被看作是全世界金融发展重点，但其覆盖率与预设目标还有较大差距，也从侧面说明其发展仍存在一定障碍。据哈佛大学商学院统计，全世界约 6 亿需要贷款的家庭仅有 25％的家庭获得了信贷，贷款规模也仅实现了 20％。

从理论上看，农业农村的投资边际报酬较高。但由于农业农村缺乏抵押担保物、信息不对称以及风险不确定性较高，导致交易成本提高，从而易引发道德风险与逆向选择问题，制约农村金融发展。尽管普惠金融已经充分着力通过联户担保等制度设计规避以上风险，但仍无法从本质上解决普惠金融实践主体金融机构所面临的商业效益与社会效益双重绩效目标问题。且在传统信贷技术体系下，商业效益和社会效益往往存在内在矛盾。

三、从普惠金融到数字普惠金融

由于传统普惠金融无法从根本上解决风险识别、信用记录和数据获得等的较高成本问题。传统普惠金融主要靠线下高密度的物理网点以定期高频的方式触达低收入弱势群体，成本可能相对更高，普惠金融的商业可持续性受到巨大挑战，商业效益和社会效益的矛盾凸显。

建立在数字科技基础上的数字普惠金融则能通过搭载大数据、云计算平台，使用互联网与人工智能等技术变普惠金融高接触（High Touch）为无接触（No-Touch）。在充分掌握信息判断风险的基础上，从根本上降低交易成本，并提高普惠金融的广度和深度。从普惠金融的四个发展特性——可获得性、可负担性、全面性和商业可持续性上看，数字普惠金融不仅可以帮助银行业金融机构完全打通金融服务"最后一公里",使偏远地区的弱势群体能平等享受金融产品和服务,通过基于网上数据传递的非接触方式降低交易成本,从而提高弱势群体融资的可负担性;还能通过数字技术准确获取的低成本客户"软信息",创新开发出与客户需求相匹配的包括投资理财、保险等更为全面性的金融产品与服务。金融服务成本的下降还会进一步提高金融服务供给的利润,从而吸引更多金融机构加入普惠金融领域,实现商业可持续性。以低成本为例,根据易观国际报告数据估算,云风控技术可将传统银行每笔发放贷款的成本(至少为 2 000 元)降低至每笔 2.3 元;支付宝的每笔贷款的交易成本则已低至 2 分钱①。由于数字普惠金融的这些优势,近年来数字普惠金融的迅速发展已成为普惠金融领域的亮点。

第三节 数字普惠金融的国际发展经验与启示

2006 年,联合国起草的《普惠金融体系蓝皮书》为普惠金融发展提供了战略性指导,旨在通过建立全球普惠金融体系,实现金融包容和可持续发展目标。尽管数字普惠金融的概念提出较晚,但其在发达国家已积累了一定的实践经验,并在发展中国家产生了多种值得借鉴的发展模式。以下将分别从发达国家与发展中国家的数字普惠金融经验进行分析。

一、发达国家的数字普惠金融发展

欧美等发达国家具有发达的传统金融体系,同时对数字普惠金融也高度重视。其数字普惠金融发展的主要特点是通过金融科技(Financial Technology,缩写为 Fintech)推动综合性金融服务发展,既强调对小微企业和消费者的基本金融服务,也包含对所有人群的综合金融服务。

以美国为例,从 20 世纪 80 年代开始,美国就开始陆续出现互联网券商、互联网银行、互联网保险、P2P 网贷和众筹等金融科技支撑的产品与服务创新。随后,大数据与机器学习更是被逐渐广泛应用于个人和小企业网络借贷的信用定价,近几年数字技术又被用于个人理财智能投顾上,数字普惠金融体系逐步完善起来。美国的金融科技大体经历了金融业务信息化、金融产品创新与货币及资产革新三个阶段。现在的美国数字普惠金融的业务范围不仅包括传统

---

① 数据来源参考《数字普惠金融新时代》和《数字普惠金融的中国实践》。

普惠金融业务，还涵盖了智能投顾、大数据理财等新型金融业务，已经形成了集数字支付、大数据征信、大数据风控、互联网贷款、智能投顾等丰富完整的数字普惠金融体系与良性生态环境。从数字普惠金融的前台直接业务来看，在数字支付方面，以 Paypal 为代表的移动支付为个人以及网上商户提供安全便利的网上支付服务。在网络贷款方面，数字技术的发展契合并充分满足了中低收入消费者、小企业以及大学生等"长尾客户"群体的金融服务需求，为其提供快速便捷的贷款服务。在数字智能投顾方面，美国的传统金融机构通过收购创业公司或设立智能投顾部门，借助品牌和资产管理专业化优势，快速占领了资产管理市场。尽管当前服务的个人客户仍集中于高净值客户，非高净值人群的财富管理需求尚未得到有效满足，但借助人工智能技术，智能投顾就有能力和意愿提供下沉服务，满足这部分长尾客户的个性化财富管理需求。在数字保险方面，一方面，利用大数据技术收集和分析客户数据，能够有效刻画客户需求和风险，从而提供更精准的保险产品和服务。例如，美国全国农业保险协会利用智能设备进行气象数据监控与农业风险评估，以及对干旱、洪水和风暴等自然灾害进行预测，以便农民采取适当的措施来保护其农作物和财产。另一方面，美国保险公司通过互联网、移动应用与社交媒体等数字渠道进行保险产品和服务的营销，替客户节省了大量保费成本。此外，一些社会保险与健康保险公司还使用区块链技术构建智能合约，实现了承保和理赔自动化、智能化和安全化。

从数字普惠金融的后台辅助业务来看，在数字征信方面，美国借助大数据技术的数据挖掘、量化存储等技术实现快速处理，已经构建了涵盖个人征信局、征信公司和区域行业性机构的多领域分工的征信体系，且依托互联网技术建立了及时更新的个人信息网络档案。在实际运行中，采取先收集客户信用数据再处理评定等级，最后将评级结果以商品出售的方式运行。目前，美国最大的消费征信机构分别为益博睿、环联和艾克飞公司，共保存超过 1.7 亿美国个人的征信数据。相比而言，欧洲征信体系建设是以政府为主导，由欧洲银行委员会建立欧洲信用体系，并利用政府职权向个人征信以确保征信数据的真实性和及时性，然后通过信用评级将数据和评级情况在金融机构之间进行共享。在数字风险识别与控制方面，随着社交网络等数据源的快速积累以及大数据技术的深化应用，一方面通过精准的用户画像和大数据分析控制风险，另一方面通过改进和调整传统 FICO 信用评分即风险评估模型，使得基于大数据和机器学习算法的 loan-level analysis 等模型被不断用于提高风险识别能力，向下拓宽了放贷对象范围，尤其是被传统银行忽视的群体，有效助力了普惠金融的发展。

从对数字第三方支付的监管来看，欧盟将第三方支付定性为金融机构，须获得相应金融牌照才能开展相关业务，并先后颁布了《电子签名共同框架指引》《电子货币指引》《电子货币机构指引》等专门的监管法律法规，同时出台相关文件对消费者进行保护。由于其主要监管对象是电子货币与商业银行货币的第三方交易行为，涉及欧盟成员国之间的密切金融往来，第三方支付业务牌照由欧盟统一制定和发放，并在欧盟的不同国家间通用，大大降低了制度成本。相比而言，美国对第三方支付的监管实行一州一证登记注册制，若要跨州经营，则须另行申请。但美国采取的是功能监管，对第三方支付的准入门槛较低，允许经营的业务范围较广，也没有出台专门的法律法规对第三方支付进行单独监管，而是通过将既有法规拓展应用于第三方支付，主要监管反洗钱的金融风险。

二、发展中国家的数字普惠金融发展

相比于发达国家，发展中国家的整体金融体系发展水平相对落后，相应地数字普惠金融仍集中于支付、汇兑等基础业务上。自 2004 年起，非洲的移动货币业务逐步兴起，如 2004 年南非的 WIZZIT、2007 年赞比亚的 CelPay，以及 2007 年肯尼亚的 M‑Pesa。这些服务可以为客户提供现金存取、账单支付、汇款等基本业务。移动货币在非洲的迅速崛起已成为推动数字普惠金融发展的重要力量。根据全球移动通信系统协会（GSMA）的定义，移动货币借助数字化通信技术和非银行物理网络，将金融服务向没有被传统银行覆盖的地区和人群延伸。这种非洲移动货币主要以 SIM 卡取代银行账号进行用户身份识别，并将货币存放于 SIM 卡上。与美国 Paypal、中国支付宝相比，这种非洲移动货币具有三点优势：一是支持通过通信代理商网络进行存取款交易；二是对手机要求低，通过普通手机收发短信即可完成操作，且无须连接互联网；三是无须关联银行账户即可提供金融服务。这些优势使移动货币在经济和互联网基础设施条件均相对落后的非洲也得到飞速应用，快速拓展了普惠金融服务的可及性和覆盖率。据 GSMA 发布的《2023 年移动货币行业状况报告》显示，2022年，非洲移动货币行业处理交易规模达 8 365 亿美元，同比增长 22%，占全球移动货币交易总额的 64.35%，注册账户数量为 7.81 亿，同比增长 20.48%。其中，最具代表性的是肯尼亚，2006 年肯尼亚仅有 19% 的人口拥有银行账户，且大部分银行机构集中在城镇地区，偏远地区和农村地区的银行服务几乎完全空白。在 M－Pesa 推出之前，肯尼亚 38％ 的人口从未获得任何金融服务。但根据肯尼亚中央银行调查，到 2019 年，使用传统银行账户的成年人占 29.6％，使用手机银行的占 25.3％，但却有 79.4％ 的成年人使用移动货币。移动货币业务在肯尼亚的迅速发展体现了其在传统金融服务供给不足以及互联网基础设施条件不佳的背景下，基于巨大的内在金融需求发展出的一条具有后发优势的独特道路，目前被广泛应用于取款、汇款、支付、工资发放等。通过移动货币服务的普及，贫苦和边远地区的人可以通过手机获得更多的金融服务，移动货币业务已成为扩大全球金融普惠的重要平台。

三、数字普惠金融发展的国际启示

综合发达国家与发展中国家的数字普惠金融实践经验，对我国发展数字普惠金融的启示可被归纳为设定差异化数字普惠金融机构准入门槛与资本充足率要求、营造适于数字普惠金融创新的制度环境、探索与经济发展阶段相适应的数字普惠金融推广模式。

从数字普惠金融推广模式上看，尽管欧美国家与非洲国家存在经济发展与金融基础设施的天壤之别，但只要能够构建数字普惠金融的梯队，扬长避短，分别利用金融科技优势与后发优势，选择适应当前经济发展阶段与金融内生需求的数字普惠金融推广模式，就能形成发展合力，逐步解决当地区域协调发展的难题。

从数字普惠金融创新的制度环境上看，应在国家制度框架内构建行之有效的征信体系，为数字普惠金融奠定数据基础；鼓励普惠金融机构发挥灵活、便捷、小额、分散的优势，突出消费金融公司专业化、特色化服务功能，提升普惠金融服务效能；同时鼓励企业与金融机构的同步数字化转型，将实体经济与金融资本深度交叉融合起来，联合创新基于生产与交易场景的数字金融产品。

从准入门槛与资本充足率上看，由于不同国家与地区的经济发展与金融需求情况存在较大差异，对普惠金融机构的最低资本要求——准入门槛的设定应体现一定的差异性；由于贷款风险较大，对普惠金融机构的资本充足率要求应与之匹配而相应提高；同时也应注重多元化普惠金融资金来源与互利合作。

第三章　数字普惠金融赋能乡村振兴的内涵逻辑与工具创新 ///////////////////////

数字普惠金融与我国现阶段农业强国建设、乡村振兴战略在内涵逻辑上高度协调耦合。资本作为实体经济的血液，在以产业振兴为基础的乡村振兴中发挥着重要作用，数字普惠金融通过移动支付、电子商务、网上银行等渠道，有效降低了农村地区的金融服务门槛，在有效缓解农业农村的投资与消费资源制约的同时，也通过大数据的应用精准识别农村居民的真实需求，为农村地区居民提供更精准、更全面的金融服务，提升农村居民的金融获得感和幸福感。

第一节　乡村振兴的具体目标内涵及其数字普惠需求

"三农"是国家经济社会发展的"压舱石""稳定器""蓄水池"。继新农村建设战略后，党的十九大首次提出乡村振兴战略，其目标在于推进农业农村优先发展，实现农业农村现代化，解决新时代中国城乡发展不平衡和不充分矛盾。乡村振兴战略作为农业农村工作的总抓手，具有较强的时代性需求，且已融入国家现代化进程。从动态发展的角度看，可将乡村振兴战略总目标分为以下三个实现阶段：第一阶段，到 2020 年，乡村振兴所取得的重要进展体现在打赢脱贫攻坚战，实现第一个百年奋斗目标——全面建成小康社会；第二阶段，到 2035 年，乡村振兴要取得决定性进展，即基本实现农业农村现代化；第三阶段，到 2050 年，乡村全面振兴，即全面实现农业强、农村美、农民富的最终目标。

相较于 2005 年新农村建设中提出的"生产发展、生活宽裕、乡风文明、村容整治、管理民主"20 字方针，乡村振兴战略中提出的五大任务目标——"产业兴旺、生态宜居、乡风文明、治理有效、生活富裕"在表述、内涵和目标要求方面全面升级，乡村振兴战略五大目标任务是相互耦合、相互匹配、相互支撑的有机整体。具体而言，"生活富裕"包括物质与精神上的多层次衡量，要实现这个乡村振兴的根本目标，需要通过"产业兴旺"构建其物质经济基础、"生态宜居"拓展物质环境的可持续发展条件，同时强调以"乡风文明"为根基的乡村德治以及"治理有效"的乡村自治的精神内核。在乡村振兴的第一阶段，重在突出以产业振兴为基础，完成精准扶贫工作目标。基于第一阶段的乡村振兴基础、科技进步与新时代发展需求，20字方针的内涵和外延也发生了深刻变化。上阶段乡村振兴主要是将乡村产业转型升级、创新发展，搭建人才、文化、生态、组织振兴的基础。而现阶段乡村振兴则要进一步构建现代乡村产业体系，将在人才、文化、生态、组织振兴中形成的资源反向注入并形成正反馈机制，开发区域内的名优特产品，形成农业农村现代化发展的合力升级。

一、以"产业兴旺"构建乡村振兴的物质经济基础

"产业兴旺"是乡村振兴的基础要素，是实现共同富裕的经济基础。乡村"产业兴旺"的内涵不仅限于农业，一方面，农业生产发展并不等于产业兴旺，如仅农业生产发展迅速，却仍摆脱不了凋敝的刻板印象，则与产业兴旺有一定差距；另一方面，"产业"也有别于"农业"，即在乡村振兴战略中所指的"产业"并不局限于农业，而是农业产业融合的体系性发展概念，"产业兴旺"应该着眼于打造接二连三、一二三产业融合的多功能与高附加值的现代农业产业链集群。因此，若要实现"产业兴旺"，必须理顺和协调现代农业的三大体系，即产业体系、生产体系、经营体系的关系，共同推进乡村振兴的经济基础建设。

现代农业产业体系作为实现"产业兴旺"的核心，应着力推进乡村产业链集群构建与韧性发展。需要在充分肯定农业作为"一产"的国民经济基础的重要性基础上，通过"延链、补链、强链"实现农民增收，从而有效促进产业兴旺。一方面，由于食品作为必需品，其需求价格弹性较小，单纯多生产农产品会通过价格的回调而无法体现在农民的实际收入上，反而随着社会经济水平的发展，第一产业占GDP的比重不可避免地会越来越小；另一方面，由于自然生产周期属性，以及基于经典的蛛网模型理论，农产品往往面临较强的生产风险与市场价格风险。此外，在开放经济条件下，农业的发展还面临着外国农产品的围追堵截，尤其是在我国以小农户为基本农业生产经营格局的禀赋背景下，农产品的价格甚至是背后更为本质的农民生产积极性与长期农产品供给稳定性都是需要考虑的重要方面。因此，要实现"产业兴旺"就

需要以一二三产业融合发展为目标，以现代农业产业链发展为主要发力点，使小农能够共享经济发展成果，进而促进现代农业产业链集群构建与韧性发展。

乡村产业链集群的构建与韧性发展无法脱离生产体系与经营体系发展的基础。现代农业的经营体系体现的是家庭经营、合作经营和公司经营的有机结合，以及多元化服务体系、多类型规模经营和产业化经营的相互协同。家庭经营是世界农业最为普遍的经营方式。家庭农场和家庭经营的特征是劳动力自我雇佣、自我就业，也没有监督成本，劳动成本较低且灵活性和抗风险能力较强。但相比于美国90％以上的家庭农场农业生产经营，由于小规模细碎化的土地禀赋限制，我国农业家庭经营效率较低、市场竞争力有限、缺乏市场谈判能力，所以需要通过农户组织化克服以上短板。

数字技术不仅能够通过智慧农业、农产品电商以及线上农旅融合宣传等方式促进农业向二、三产业的融合，还能通过数字普惠金融产品和服务有效缓解小农户面临的资金短缺和效率低下问题。一是数字普惠金融能够提高信贷可得性，即利用大数据、云计算等技术，可以突破地域与交易成本的限制，对农户信用风险进行多维度识别，降低金融机构所面临的信用风险，从而提高小农户从事农业生产的资金可得性。二是数字普惠金融可以拓展投资渠道，即通过降低农民使用金融服务的成本，提高金融使用的深度。例如，余额宝、财付通等理财方式投资门槛低，获取便捷，在为农民提供更多投资渠道的同时也提升了农民抵御风险的能力。三是数字普惠金融可以通过线上平台优化金融服务、降低小农户融资成本，如网上开户、在线申请贷款等，这些服务大大降低了农民获得金融服务的成本，使农业生产者扩大再生产成为可能。

二、以"生态宜居"拓展乡村振兴的物质环境可持续发展条件

良好的生态环境是最公平的公共产品，是最普惠的民生福祉。"生态宜居"是乡村振兴的物质环境可持续发展的基本条件，也是共同富裕的拓展维度。共同富裕并不仅指经济上的共同富裕，还包括精神上的、生态上的共同富裕。国内农村生态环境整治方面的实践，最早可追溯到2003年于浙江省实施的"千村示范、万村整治"工程（下文称"千万工程"），即以改善农村人居环境、提高农民生活质量为核心的村庄整治建设行动。旨在改善乡村的村容村貌和生态环境，使美丽乡村建设与经济高质量发展相得益彰。与"生态宜居"目标对应的新农村建设目标是"村容整洁"，即农村人居环境的改善，主要涵盖道路、

水、垃圾处理、厕所四大工程及村容村貌共五个方面。从全国范围看，与过去相比，农村人居环境总体上有了较大改善，但仍存在发展不充分、不均衡的问题。因此，2024年中央1号文件强调要学习运用"千万工程"蕴含的发展理念、工作方法和推进机制，把推进乡村全面振兴作为新时代新征程"三农"工作的总抓手。但"生态宜居"并不局限于农村社区环境治理或改造，而具有更丰富的内涵。长期粗放式的经济增长模式造成了资源消耗、环境破坏等严重问题。在被污染的环境下，乡村无法生产出高质量的农产品，降低了农业竞争力，不仅阻碍了农民增收，更妨害了群众身心健康和生活质量提升，这种情况下的乡村环境显然是"不宜居"的。推进现代农业高质量绿色发展，采用绿色生产技术，发展绿色低碳农业和关联性生态产业，减缓农业污染、植被破坏、土地退化、温室气体排放等环境问题，进行积极的生态修复，是"生态宜居"的前提条件。

但生态环境具有公共物品属性，难以直接通过市场化的手段加以维持和保护，需要良性可持续性的制度安排，为"生态宜居"注入内生动力，实现"产业兴旺""生态宜居"与"生活富裕"的协同互促与推进。一方面，考虑到乡村生态宜居的对象不仅包括本地农村社区居民，还应包括慕名而来休闲度假或康养的城市居民，即乡村生态环境作为对城乡居民开放、城乡互通的"生态宜居"，不仅能满足乡村百姓的共同富裕要求，也能满足城市居民对美好生活的向往。因此，如果"生态宜居"仅针对本地村民，就需要一定的经济实力和公共体制作支撑，缺乏造血功能，显然不可持续；如果也面向城市，尤其是和服务经济相结合，就能将公共品转化为市场品，使得生态产品价值产生经济收益。但不能把"生态宜居"单纯当作农村环境改造工程，单纯依靠政府投入，更为关键的是要运用市场机制实现资源优化配置，通过产业植入使农村优质生态资源的价值得以实现。另一方面，由于"生态宜居"本身不是一个纯粹的生态环境问题，从社会系统和生态系统的耦合关系看，乡村生态环境是否宜居与农业发展方式存在内在联系。"生态宜居"既是对现代农业发展的环境要求，又是构成现代农业发展的生态要素。宜居的乡村环境，不仅要求村庄整治、基础设施完善，更需要有优质的空气、水、植被、土壤、景观等自然生态资源。与此同时，村庄整治、生态修复、环境提升后的村容村貌、景观资源、生态资源等，共同构成现代农业"接二连三"的物质基础和生态要素。乡村产业振兴侧重的是一二三产业融合和功能多样化，其中乡村休闲旅游和康养等第三产业的大力发展，无疑要以"生态宜居"为基础和前提。生态环境是重要的生产要素，"绿水青山就是金山银山"，良好的生态环境本身就具有经济价值。要把"产业兴旺""生态宜居"有机结合，使"生态宜居"既成为"生活富裕"的重要特征，又成为"产业兴旺"的重要标志。

乡村"生态宜居"应以"两山"理念为引领。因此，"生态宜居"的理念包含"经济生态化""生态经济化"两个方面。"经济生态化"主要指减少经济发展过程中的环境负外部性，采用绿色生产技术、发展循环经济和低碳经济等，实现绿色增长，从而为"生态宜居"提供必要的环境基础和物质基础。"生态经济化"主要强调生态效益就是经济效益，良好的生态环境能成为农民增收的源泉，其关键在于两者之间如何实现高效顺捷的转化，即需要对生态保护、生态产权、生态交易、生态利益等体制机制进行相应的改革创新。通过建立健全要素市场，利用市场机制实施生态付费制度的方式，将环境外部性内部化。例如，通过水权交易市场的分层管理、林权交易、碳汇交易及发展"生态＋产业"等实践，探索"两山"理念转化路径，将公共品转化为市场品，将资源生态优势转化为经济优势。在此前提下，数字技术的应用不仅能通过完善农产品质量追溯体系实现生态产品价值，更能作为乡村二、三产业宣传变现的流量窗口，实现三产融合的可持续产业振兴升级。

三、以"乡风文明"为乡村振兴铸魂

"乡风文明"既是乡村振兴的重要精神文化的体现，也是乡村德治的本质基础。共同富裕是人民群众物质与精神文化全方位的"富裕"。农民精神富裕离不开"乡风文明"。"乡风文明"是乡村发展的灵魂。中华民族五千多年的悠久历史孕育了璀璨的中华文明。"乡风文明"既应该是具有明显中国特色的五千年历史传承的乡村农耕文明，又应该是能体现现代工业化、城乡化发展和特征的现代文明，即传统文明和现代文明相互融合与发展的"乡风文明"。"乡风文明"包含了多元维度的文化，体现在主旋律文化、市场文化和传统文化等方面。在经济社会发展中，尤其是在城市化进程中，主旋律文化和市场文化得以发展和繁荣，但传统文化在城市发展中往往容易出现断层。传统文化是历史长河中群众自发形成、约定俗成、共同认同、共同遵从的价值观念、思想哲学、知识经验、风俗习惯、行为准则等的集合。中华传统文化构建了中华民族共同的文化根基和精神家园。在城市化进程中，如何传承和发扬优秀传统文化是值得深思的问题。在广大农村地区，传统农耕文化生生不息，以特殊的方式影响着乡村治理格局。优秀的文化能净化心灵、陶冶情操、激发

精神，促进人的全面发展。"乡风文明"离不开优秀传统文化的继承和发扬，传统文化的精髓要"入乡随俗"，但对于明显已经不合时宜的文化糟粕，例如农村婚丧嫁娶中存在的盲目攀比、铺张浪费、封建迷信等陋习，也要做到"移风易俗"。总之，对于乡村传统文化要取其精华、去其糟粕，使精华部分成为中国乡村治理和乡村发展的文化资源，发挥健康习俗与文化在乡村治理中的积极作用。

数字技术以及数字普惠金融在"产业兴旺"与"生态宜居"中起到的信贷与生态产品价值实现等功能，有助于培养和督促农民、乡村企业养成诚信的美德，为乡风文明建设打下坚实基础。金融机构利用数字技术拓展金融教育宣传渠道和内容，即通过进村到户办理业务与进行现场宣传等方式，不仅向广大农户普及金融基础性知识，还增强了他们的文化素养和诚信守约意识。数字普惠金融还能通过为农村弱势群体提供教育基金等便利的金融服务，如通过助学贷款等来保障乡村教育水平，提高农民文化素质修养，进一步推动乡风文明建设。

四、以"治理有效"保障乡村振兴有序推进

"治理有效"是乡村振兴的社会基础保障。以自治、法治、德治为主要内容的"三治合一"乡村基层治理是有效推进乡村振兴规划的根本性保障。国家治理体系基础在农村，难点在乡村基层治理。如果乡村基层治理缺乏有效性，乡村振兴目标就会落空。相较于管理对纵向主导性与服从性的内涵要求，治理则更强调多元主体的参与性和协同性。管理包含的上下级管理是治理的既有重要组成部分，但当前提出的"治理有效"更倾向于"三治合一"下的群众参与。乡村"治理有效"是国家治理体系和治理能力现代化的必然要求和基础。乡村基层不仅应该建立起"三治合一"的治理体系，更应该结合数字技术等手段实现治理手段与治理能力的现代化，有效的治理体系主要表现为治理手段多元化且刚柔相济、优势互补，治理能力的现代化则主要体现为运行可持续性以及治理成本有效性，达到符合群众诉求，提升群众的获得感、幸福感的目标。此外，乡村"治理有效"还要兼顾自治与他治。对于乡村治理而言，自治是村民自主和民主参与治理的重要制度基础，即要在理顺自治和他治关系、构建合理的边界的基础上完善农村基层自治体系，进而提升乡村自治能力水平。

数字技术的应用无论是在理顺关系构建结构更为合理的治理体系上，还是

在提升自治能力水平上都有重要助力与突破。一方面，数字普惠金融有助于整合和共享农村金融需求主体的金融类信息，打破信用信息壁垒，完善守信联合激励和失信联合惩戒制度，并通过信用体系的建设，有效规避农村金融需求方失信风险，形成乡村良好的信用环境，为乡村治理提供有力支持；还能通过精准的服务方式，有效满足乡村发展多元化的资金需求，支持乡村产业升级、基础设施建设和公共服务改善等，从而提升乡村治理效能。另一方面，数字普惠金融的基础设施完善还有助于实现信息的快速传播和资源的优化配置，提高乡村治理的效率和水平，并增强金融机构与农户之间的紧密联系，有助于形成乡村治理的合力。但数字治理也存在局限，当前数字技术还不能较好地解决人格化问题，缺乏包容性，存在数字鸿沟，这些方面都是数字治理需要重点关注的问题。

五、以"生活富裕"为乡村振兴的终极目标

"生活富裕"是乡村振兴的民生目标也是乡村振兴的终极目标。不仅要求农民收入绝对水平的持续性增长，还要求农村居民与城镇居民在收入和社会保障方面的相对收入差距不断弥合，最终实现共同富裕。这也说明共同富裕还包括多重维度，居民收入水平仅是"生活富裕"在经济维度的重要衡量指标，而"生活富裕"还包含了在家庭和睦、社会和谐、精神富足、文化繁荣、生态优越等方面的富足生活状态。

促进共同富裕的实现路径需要在理清重点对象即广大农村居民、城市低收入群体和外来农民工群体、重点内容即通过收入分配、公共保障、人居环境和文化生活等改善补齐广大农村居民与外来农民工等群体的贫富差距的基础上，针对目前的主要问题和短板进行。实现充分和均衡的发展、破解城乡二元结构、缩小城乡发展水平的差距，具体需要以实现城乡公共保障与基本公共服务的均等化为基础。从公共保障水平上看，目前我国整体的公共保障仍然是薄弱环节，尤其是农村地区的公共保障水平更加薄弱，城乡公共保障的均等化水平仍存在较大差异，尤其体现在教育、医疗、养老方面。由于具有较强的公共物品属性，公共保障品的供给增加往往需要加强政府早期的公共投入，但又受到经济周期与财政收支状况的影响和约束，所以实现城乡公共保障均等化的办法是理顺和及时调整政府公共开支在基础设施与公共保障方面的秩序，以促进"生活富裕"目标的更高效实现。长期以来，我国政府公共开支的次序是基础设施投入优先于公共保障投入。但优

先投入公共保障更有利于城乡公共保障均等化，这也是工业化国家的普遍做法。

第二节　数字普惠金融服务乡村振兴的基本逻辑

2022 年，中央 1 号文件再次强调要大力推进数字乡村建设，强化乡村振兴金融服务。数字普惠金融作为数字科技与传统金融有效融合的新产物，能提供低成本、便捷的创新型金融产品服务，以有效解决农村融资难的问题，赋能乡村振兴的最基础目标——"产业兴旺"，在绿色高质量转型发展阶段背景下促进"生态宜居"，由此形成积极向上的"乡风文明"与"治理有效"的氛围，最终强化"生活富裕"目标的实现。

一、赋能"产业兴旺"的基本逻辑

乡村发展，根基在产业发展。"产业兴旺"建立在多类型农业适度规模经营和多元化专业化农业服务发展的基础上。因此，还应培育新型农业经营主体和扶持小农户，实现小农户和现代农业体系的有效衔接。具体而言，现代农业产业体系的发展需要要素投入和科技支撑同时发力。在当前数字经济高速发展的背景下，现代农业生产体系的发展需要加大数据作为决策要素的投入比例，利用数字技术赋能农业生产体系，实现农业生产的精准化、智能化、可溯源化，显著提升现代农业生产效率。尽管近年来数字技术发展与应用迅速，但广大小农户由于能力的缺乏和权利的缺失，不具有享受数字化红利的内在优势。要实现共同富裕，就需要重点关注数字农业发展过程中的效率与公平，避免出现数字鸿沟问题，这要求既要运用数字技术驱动农业高质量发展，又要考虑数字化应用的实际包容性。通过优化基础设施、创新商业模式、激励低成本包容性的技术创新、完善数字技术推广体系、强化数字金融普惠等，提高物联网、区块链、大数据、云计算等数字技术可行性，从而有效提升小农户数字技术采纳率，使发展成果惠及广大小农户。数字普惠金融的发展提高了农村金融服务水平和质效，增加了乡村产业融合发展所需资金的可获得性，使金融机构可以为乡村支柱性产业提供便捷的涉农产业贷款，保障乡村产业融合发展的资金供给，有效促进产业结构全面升级，推动乡村产业链延长，从而实现乡村产业振兴。

二、促进"生态宜居"的基本逻辑

数字普惠金融的发展能够有效助力农业科技创新和技术进步，使金融资源服务于现代农业和绿色农业发展，实现农业农村现代化。随着农村粗放的生产方式被绿色精细的生产方式所取代，乡村生态环境也随之得到有效改善。同时，为实现乡村"生态宜居"，数字普惠金融会重点服务农村低碳项目和绿色产业项目，这有利于降低农村污染排放，有效提高空气质量，建设绿色美丽乡村。

三、引导"乡风文明"的基本逻辑

建设"乡风文明"是乡村振兴的内在动力，发展数字普惠金融有助于乡风文明建设。第一，数字普惠金融可以通过大数据、互联网技术精确评估农民的信用情况，通过农村金融信用体系，有助于培养和督促农民、乡村企业养成诚信的美德，培育文明乡风。第二，随着数字普惠金融的发展，互联网和金融知识在农村得到广泛宣传，互联网的大力普及有利于提高农村客户的信息获取能力，增长金融和互联网知识，提高文化素养，丰富精神文明。第三，数字普惠金融能够提高农民收入，缩小贫富差距，促进物质文明的发展，使农民生活逐步走上共同富裕的道路，有利于构建和谐乡村，推进乡风文明建设。第四，数字普惠金融可以为农村弱势群体提供教育基金等便利的金融服务，比如助学贷款，能够保证农村地区学生顺利接受优质教育，缩小城乡教育差距，保障乡村教育水平，提高农村居民文化素质修养，实现"乡风文明"。

四、推动"治理有效"的基本逻辑

乡村治理是实现乡村振兴的重要一环，能够有效维护好乡村社会秩序。数字普惠金融在实现乡村金融资源优化配置的同时，能够融入参与乡村治理体系建立，助力实现乡村治理现代化。首先，数字普惠金融能够通过大数据收集客户的信用信息，对客户进行信用评估和风险评估，从而建立起完整的农村金融信用体系。农村金融信用体系作为一种互动信用体系，有利于乡村社会内生秩序的形成，帮助实现"治理有效"的目标。其次，数字普惠金融通过改善农村金融发展环境，提升乡村创业和就业水平，提高农民收入，优化农村经济环境，保证乡村秩序的稳定，最终实现"治理有效"。最后，金融机构作为数字普惠金融的主体能够加强与乡村当地治理主体之间的合作，为政府机构、村委会等主体参与乡村治理搭建有效平台，促进乡村"治理有效"的实现。

五、推进"生活富裕"的基本逻辑

数字普惠金融的发展有利于提高农民收入水平，帮助农民走上致富之路，实现乡村"生活富裕"。第一，数字普惠金融鼓励和扶持农村小微企业，缓解其融资压力，增加产业化资金，这不仅有利于农村产业结构升级，优化乡村创业环境，创造创业机遇，还能增加大量就业岗位，拓宽农民收入渠道，吸引农村劳动力回流，提升农民收入水平，保证农村地区经济持续增长。第二，数字普惠金融能够为农民提供优质的金融信贷服务，为农户发放特色产业贷款，解决他们的资金周转问题，最终实现增收致富。比如，江西省余干县网商银行利用卫星遥感技术发放贷款，通过借助解析卫星影像判断农户耕种面积和种类，能准确预测其产量产值，从而授予农户合理的信贷额度。

第三节　数字普惠金融赋能乡村振兴的
多样化工具创新

随着数字普惠金融向农业农村的不断渗透发展，以及乡村振兴目标的持续推进，逐渐形成了赋能乡村振兴的多样化数字普惠金融工具体系，涵盖了支付、微型融资、储蓄或理财、保险、信用评分五类服务，具体包括涉农与小微企业的数字化支付体系、数字普惠信贷与股权融资、数字普惠储蓄或理财、数字普惠保险等服务于乡村振兴目标的数字普惠金融产品。

一、数字化支付体系

（一）概念界定

支付是商品交易的终点，同时也是货币流动的起点，更是金融活动的起点。"无支付，无金融"，即是形容支付对于金融服务的基础性。为顺利实现支付，金融机构和其他相关机构建立起的所有关于债权、债务结算和清算的金融服务统称为支付体系，是当前经济活动运行中最重要的金融基础设施之一。现代支付体系一般包括支付服务主体、支付系统、支付工具和监管制度等要素。同样地，数字普惠金融的起点和基础也是支付。数字普惠金融是基于电子支付的支付体系。所谓电子支付，是指以金融电子化网络为基础，通过电子信息化的手段完成支付结算的过程。值得一提的是，电子支付离不开电子货币。目前我国电子支付的核心参与方主要包括银行卡组织、商业银行和第三方支付机构。

（二）国际与国内发展实践情况

数字普惠金融依托的电子支付体系随着信息技术的不断发展主要经历了五个阶段，即利用计算机与网络技术处理同业业务的阶段、处理与其他机构间资金结算的阶段、银行业务逐渐网络终端化的阶段、利用 POS 机提供自动划账服务的阶段和当下利用互联网直接转账结算的阶段。在当前的发展阶段，因为服务提供方主体和方式的不同，又出现了网上银行、手机银行、互联网第三方支付等多种形式。第三方支付机构凭借其平台优势、数据优势和技术优势，已经将支付业务触及人们生活的方方面面，成为当下支付体系中重要的组成部分。

中国的数字化支付体系基本历经了如图 3-1 所示的五个阶段。1999 年，北京"首信易"推出网关支付平台，标志着我国第三方互联网支付业务的起步。之后，互联网支付机构不断创新支付方式推动了整个支付体系的变革。2004 年支付宝首推信用中介模式的担保交易模式，解决了网上交易买卖双方之间资金和实物交割的信任问题，促进了电子商务的飞速发展。2013 年微信支付和支付宝钱包开创移动支付，紧接着，NFC 支付、二维码支付、声波支付和指纹支付等各种先进数字支付方式不断涌现。在短短的十几年时间里，以支付宝和微信支付为代表的第三方互联网支付发展非常迅猛，完全打破了传统支付结算方式，已经成为金融支付结算市场发展的新引擎。

截至 2016 年 8 月 15 日，中国人民银行分批次共颁发 270 个第三方支付牌照，其中"业务类型"中包含"互联网支付"的，共计 112 个。目前，第三方支付在整个结算体系中占据越来越重要的地位，对金融业的格局产生了巨大的冲击。中国人民银行 2016 年发布的《2015 年支付体系运行总体情况》显示，2015 年第三方网络支付完成业务约 821.5 亿笔，金额约 49.5 万亿元，同比分别增长约 119.5% 和 100.2%。而且，最近几年正值中国互联网金融的飞速发展期，在这个过程中，第三方支付也渗透到多个领域，给整个金融市场带来了巨大冲击。总的来说电子支付的发展历经以下五个阶段：

与普通支付相比，数字化支付具有方便、快捷、高效、经济的优势。近年来随着电子支付相关法规的完善，我国电子支付市场实现飞跃式发展，其中电子支付与传统支付的对比如表 3-1 所示。

图 3-1 中国的数字化支付体系发展阶段

资料来源：观研天下整理。

表 3-1 电子支付与传统支付的对比

对比维度	电子支付	传统支付
进行方式	通过数字流转完成信息传输，各种支付方式均采用数字化方式进行款项支付	通过现金流转、票据转让及银行汇兑等物理实体流转来完成款项支付
系统环境	开放因特网系统信息平台	封闭运作系统
配置要求	要求最先进的通信手段，如因特网、Extranet；对软、硬件设施要求较高，一般要求联网微机及相关软硬件设施	传统通信媒介即可，配置要求不高
经济效益	具有方便、快捷、高效、经济的优势；用户只要拥有一台上网的机器终端，便可足不出户、在短时内完成整个支付过程；支付费用仅相当于传统支付的几十分之一，甚至几百分之一	比较耗费时间与精力、经济效益较低

观研报告网发布的《中国电子支付行业发展现状研究与投资前景预测报告（2022—2029 年）》显示，2020 年，我国数字化支付业务量为 2 352.25 亿笔，较上年同比增长 5.3%；我国数字化支付业务金额为 2 711.81 万亿元，较上年同比增长 4%。2021 年，我国数字化支付业务量为 2 749.69 亿笔，较上年同比增长 16.9%；我国数字化支付业务金额为 2 976.22 万亿元，较上年同比增长 9.8%。

按照电子支付指令发起方式,电子支付分为网上支付、电话支付、移动支付、销售点终端交易、自动柜员机交易和其他电子支付,其中网上支付、电话支付、移动支付为电子支付主流支付方式。此前我国电子支付以网上支付为主,近年来随着移动互联网加速发展,移动支付渗透率提高,在电子支付体系中的占比不断提升。2018年,我国移动支付业务量正式超过网上支付,为605.31亿笔,占比达34.55%;移动支付业务金额为277.39万亿元,占比为10.92%。2021年,我国移动支付业务量及业务金额占比保持增长,分别达到55%、17.71%。

(三)数字化支付体系赋能乡村振兴的典型实践

数字化支付体系赋能乡村振兴的一个典型实践案例是惠农电子支付的引领者——"桂盛通"。"桂盛通"是广西壮族自治区百色市田东县农村商业银行推出的一种非现金支付产品。田东县农村商业银行立足于实际,根据当地农村地区的经济发展状况,在农村地区设置了"桂盛通"惠农支付便民服务点,极大地方便了农村居民的生产和生活,同时这也是金融扶贫工作的重要举措之一。惠农支付便民服务点具有小额存取款、转账汇款、代领补贴、代理缴费等功能。农村金融综合服务站在开展支付服务的基础上,又开展了信贷服务类、征信类及金融消费者权益保护类业务。"桂盛通"便民服务点的设立,在一定程度上填补了农村非现金支付领域的空白。

"桂盛通"产品的开发极大地方便了当地农户的生活,促进了普惠金融在农村的发展。目前"桂盛通"实现了村村通,截至2015年12月,田东农村商业银行在全县162个行政村布设了166台"桂盛通"助农取款服务终端,实现了辖区内行政村的全覆盖。现正式挂牌的惠农支付便民服务点有161个,农村金融服务站有5个。2015年度累计办理查询业务2.1万笔;办理助农取款业务2.53万笔,金额为1 055万元;办理助农存款业务1.1万笔,金额为580万元;办理转账业务0.6万笔,金额为2 698万元;办理消费业务0.5万笔,金额为1 988万元。从以上数据可以看出,"桂盛通"惠农支付便民服务点在农村支付环境建设过程中确实发挥了一定成效。

"桂盛通"使广大农户实现了足不出村就能享受到高效便捷的金融服务。2012年以前,农户办理存取款业务需要乘车到最近一个镇上的营业网点方可办理,既需要支付车费又要花费一天的时间。现在通过村里便民服务点的"桂盛通",既可有效缩短办理金融业务的时间,又节约了前往营业网点办理业务的成本,同时也提高了支付效率。农户在家门口就能办理银行账务查询业务,了解资金到账情况,掌握资金动态,实现现金存取,及时领取粮补、低保、农保等各项补贴，办理转账汇款，为外出务工的亲人、在校学习的子女汇生活费，办理流程安全快捷，大大降低了携带现金的风险，真正实现了"方便群众，惠及万家"。

二、数字普惠信贷

（一）概念界定与相应政策

数字普惠信贷是利用大数据、云计算、人工智能等数字技术，对信贷业务进行数字化改造和升级，实现信贷业务的在线化、智能化和自动化处理，扩大普惠信贷业务覆盖面、降低普惠信贷服务成本的信贷与数字技术结合的新型普惠信贷产品。

随着普惠金融不断深化，新型金融信贷模式不断涌现。普惠信贷作为普惠金融中重要工具之一，其发展之势非常迅猛，已成为普惠金融发展的核心业务。普惠信贷需求量大且符合国家政策导向，因此发展潜力巨大。普惠信贷作为一种创新的缓解贫困的金融服务工具，其良好成效已在国际社会得到普遍认可并广受推崇。传统上，银行往往更愿意将贷款提供给风险较小、信用记录良好、收入稳定的客户，从而导致了一些弱势群体，如创业者、低收入家庭、农民工等人士，难以获得融资支持的问题大量涌现。为此，许多国家通过政策法规，鼓励银行加大对普惠金融的投入。2015 年，中国央行出台《关于完善信贷政策支持再贷款管理政策 支持扩大"三农"、小微企业信贷投放的通知》，改进支农和支小再贷款发放条件，明确金融机构借用央行信贷政策支持再贷款发放"三农"、小微企业贷款的数量和利率量化标准，加强对再贷款使用效果的监测考核。这表明了中国政府对普惠贷款的重视，同时也为金融机构提供了更大的自主决策权和市场竞争空间。

（二）国际与国内发展实践情况

自互联网技术普及以来，互联网＋金融的模式也得到了迅速发展。从1995 年，全球第一家网络银行 Security First Network Bank 成立算起，至今网络借贷已经发展了近三十年。2007 年苹果 iPhone 手机的出现引爆了智能手机的发展，2008 年全球智能手机销售量仅占全球手机销量的 11.4％，到 2013年，这一数字已达 53.56％，智能手机的普及推动了手机银行的出现。互联网技术的普及，一方面使得个体通过网络实现借贷业务成为可能；另一方面，也为电商平台拓展金融业务、推广电商贷款提供了支持。

根据北京大学数字金融研究中心课题组编制的"北京大学数字普惠金融指

数"中对数字信贷指数的统计，可知中国目前的网络借贷主要有两个特点：一是东部沿海地区的数字借贷明显比西部地区发达，说明东部地区个人和小微企业更倾向使用互联网平台进行借贷活动，网络借贷在西部地区的推广还有较大的发展空间；二是 2011—2015 年，数字信贷指数在各个省基本是呈上升趋势的，说明随着时间的推移，个人和小微企业对网络借贷的接受度在不断上升，网络借贷在今后很有可能发展成为个人和小微企业借贷的主要方式之一。

　　根据北京大学数字金融研究中心发布的数字普惠金融发展第三期（2011—2020 年）指数，可知数字信贷指数呈增大趋势，实现了快速发展。市级数字信贷指数的均值如图 3 - 2 所示，市级数字信贷指数总体均值呈上升趋势，2011 年的市级数字信贷指数的均值约是 58.4，2020 年增长到 170，2020 年市级数字信贷指数的均值约是 2011 年的 2.9 倍，增长效果明显。由折线图可知，数字信贷指数在 2014—2016 年增长尤其明显，其中原因可能是 2014 年中国互联网金融协会已正式获得国务院批复，标志着中国互联网金融行业开始走向规范化，自此，以余额宝、理财通为代表的互联网金融产品百花齐放，互联网金融爆发式增长，极大地促进了信贷行业发展。2016 年后趋于稳定，且近年趋势仍在上升，可见数字信贷强大的发展潜力。

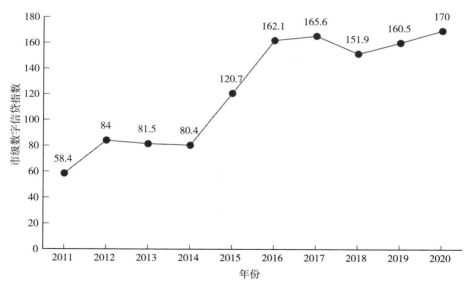

图 3 - 2　数字信贷发展趋势

数据来源：北京大学数字金融研究中心。

（三）赋能乡村振兴的典型实践

数字普惠信贷赋能乡村振兴的一个典型实践案例是"宜农贷"。该案例为反映农村金融市场内普惠金融状况的典型案例。国家统计局数据显示，2015年中国城镇化率为 56.1%，农村人口占比依然还有将近 44%。随着农村居民生活水平的提高，农村地区的金融需求也在增加，但是，传统金融机构在农村的业务量很小。根据北京大学数字金融研究中心课题组《数字普惠金融的中国实践》可知，《中国金融年鉴 2015》提及 2014 年农林牧渔业贷款余额为 3.3 万亿元，占各项贷款余额比重为 4.0%（统计口径是本外币）。"宜农贷"是宜信公司在 2009 年推出的公益理财助农平台，具有一定的公益扶贫性质。截至 2016 年 8 月 30 日，"宜农贷"累计吸引爱心助农人士 167 083 人，累计资助农户 19 868 人，累计资助金额达到 2 亿元。

"宜农贷"借款人为贫困地区 20～60 岁的农村妇女，投资方为社会公益人士，年利率水平为 8.124%～18%，平均年利率为 12% 左右，利率中的 2% 返还给资金的投资方，1% 用于支付"宜农贷"平台的服务费，剩余部分用于合作机构日常运营、社会绩效、风险控制等项目的花销，若依然有盈余，则转为合作机构的资本金。2017 年，"宜农贷"网站的标准产品有 1 年期、9 个月期和 6 个月期的贷款。单人借贷的增信方式，根据地区和合作伙伴不同，要求并不完全一致，主要采用五户联保、第三人个人保证等常用方式。

宜信公司与地方小额信贷公司、扶贫协会、合作社等第三方机构签署协同协议，由第三方机构先把款贷给农户妇女，签署相关的手续。然后由宜信公司购买第三方机构的债权，并把债权适当分散或整合，在"宜农贷"平台上公开出售，由社会公益人士购买。债权购买门槛很低，100 元以上就可以参与竞买，支付对价以后，出借人取得对农户的贷款债权。整个过程中，宜信公司负责考察合作机构。作为合作伙伴的公益性小额信贷机构负责甄选农户，识别风险，收集农户信息，帮助农户建组并普及金融知识，执行放款、收款。贷款到期后，也由合作机构负责收款，并通过"宜农贷"平台支付给出借人。农户如有逾期及坏账情况，根据"宜农贷"与合作机构签订的合作协议，合作机构需要先回购出借人的债权，然后自行负责清收。

"宜农贷"的经验教训可以总结为以下三点来评价：第一，宜农贷的借款人为 20～60 岁的农村妇女，这个年龄段的妇女具有一定的经营能力。"宜农贷"并不是纯粹的扶贫项目，但尚不具有商业可持续性。第二，"宜农贷"业务模式的风险防范能力尚待探讨。从其业务模式看，"宜农贷"通过第三机构贷款，不直接放贷；又通过出售债券筹集资金，不直接吸储；另外若农户不能按时还款，由合作机构负责催收款项。在该模式中，由于农户的选取由第三方机构确定，如何避免道德风险和逆向选择问题尚不够清晰。同时，由于农户逾期由第三方机构负责催收款项，而第三方机构已经收到"宜农贷"购买债券的款项，如果第三方机构在农户逾期时选择跑路，那么"宜农贷"平台存在很大的兑付风险。第三，虽然农村金融市场具有广阔的发展前景，但目前"宜农贷"规模仅为2亿元，风险控制相对较为容易。由于商业可持续性条件尚未满足，在网络借贷推动普惠金融方面，"宜农贷"式的网络借贷目前主要是对现有其他运营模式的有益补充。

三、数字普惠储蓄和理财

（一）概念界定与基本特征

数字信息技术使得小额理财发生了巨大变化，最显著的变化是微型理财（0.01元起）的上线，这个变革冲破了传统银行设置的理财门槛最低限额（5万元），使人人可以理财，随时理财变成可能。2013年6月余额宝推出，由于其操作简便、零手续费、存取灵活，上线3年后，用户数已超过2.95亿。在余额宝类理财产品的冲击下，传统金融机构也积极迎接挑战，推出新的理财产品，降低起购金额，提高了传统金融机构理财产品的普惠性。

随着数字信息技术的发展，越来越多的理财产品基于互联网场景形成，或者通过互联网渠道销售。微型理财产品余额宝推出后，互联网理财产品成为描述这类理财产品的代名词。针对余额宝以及之后迅速出现、遍地开花的类似产品，本书将这种新型理财产品的特点归纳为以下四个方面：

第一，低门槛。普惠首先是要解决公平、低门槛的问题。普惠金融最主要的是回答"有没有"这一问题，即有没有一个产品可以很公平、公允地让所有投资者都能享受到。在过去四年中，银行理财在这方面取得了长足进步。在2018年《商业银行理财业务监督管理办法》出台之前，个人投资者要有5万元以上才可以购买银行理财。《商业银行理财业务监督管理办法》出台之后，净值型理财产品起投金额降到1万元起。从2019年开始，银行理财子公司陆续成立，之后银行理财就是1元钱起。2020年光大理财发行了起购金额为1分钱的"阳光碧乐活1号"理财产品，投资门槛降低，让所有人都能公平享受理财产品。

第二，低费率。普惠理财要回答的第二个问题是"贵不贵"。根据招商银行理财产品平台，不含销售服务费的银行理财管理费率是0.15％，而且普遍不收申购费和赎回费，这使银行理财成为当前资管行业中管理费率较低的子行业之一。可以说银行理财践行了服务千家万户和普通老百姓的职责和社会担当。

第三，收益稳健。投资者有没有获得感，是评价普惠理财好不好的特别重要的一个方面。普通老百姓有没有获得收益，投资过程中的波动大不大，这些都决定了普惠理财要以绝对收益策略为基本的投资策略。银行理财在过去四年坚持绝对收益策略导向，取得了不错的成绩，即便2022年市场低迷，但银行理财行业仍为投资者贡献了8 800亿元收益，2023年上半年则累计为投资者创造收益3 300多亿元。在监管部门的管理下，银行理财行业基本上实现了让投资者有获得感的使命。

第四，场景融入。普惠理财不仅要体现在服务老百姓的财富增长上，也要体现在服务到老百姓的日常生活中，因为日常生活的需求比财富管理更常见。比如在银行理财子公司成立后的最初两年内，支付触发的理财产品基本不存在，但在过去两年中，银行理财行业做了很多的摸索，把理财和日常的生活消费、还房贷、购物结合起来。再比如市场里的养老理财产品，它们聚焦养老场景，在监管部门的带领下，从4个城市、4家机构发展到了10个城市、10家机构，全行业发行了51只、共1 000亿元规模的养老理财产品且全部正收益，2023年上半年平均收为5％以上。再比如结合教育成长场景，光大理财发行了教育成长场景产品"24M"，考虑到家长半年交一次学费，因此该产品每半年分一次红，目前这个产品已经累计7次分红，最近一年的平均年化收益为5.26％，尽管不是太高，但满足了交学费这一教育场景的产品设计目标。总体而言，普惠理财的场景融入才刚刚开始探索，未来还有很多空间。

（二）国际与国内发展实践情况

1. 国际发展实践情况

在探讨发达国家家庭理财规划的普及现状与数字理财的发展态势时，不难发现，这些国家在此领域相较于其他地区展现出了显著的优势与快速进步。自20世纪末以来，发达国家的人均金融资产数量就已颇为可观，美国、日本、英国和德国的人均金融资产早在1999年就分别达到了12.7万美元、10.4万美元、7.7万美元和4.4万美元。这一数据不仅深刻反映了其家庭理财规划的深入人心，也预示着普惠理财在国外相较于其他地区有着更大的需求与更快的发展速度。

在数字理财这一新兴领域，发达国家更是展现出了领先的创新能力与市场活力。以美国的 Gambit Financial Solutions 为例，该公司凭借先进的算法工具，为客户提供投资组合的分析与优化、风险与绩效管理等全方位服务。其庞大的用户群体和管理的巨额资产（超过 100 万用户，管理着 400 亿欧元的资产）充分彰显了数字理财的市场潜力与广阔前景。同时，智能投顾行业在美国蓬勃发展，以 Betterment 等为代表的公司，通过低成本、简便操作和无最低交易额等策略，吸引了大量投资者，进一步推动了数字理财市场的扩张与深化。这些公司不仅提供了便捷的投资渠道，更通过智能化的投资建议，使得更多普通民众能够参与到资本市场中，实现财富的增值。此外，国外的理财市场还呈现出丰富多样的投资工具、完善便利的金融服务以及全面到位的市场监管等特点。这些因素共同促进了理财业的成熟与完善，使得理财业务十分发达。以美国为例，其理财市场一般具有以下三个显著特点：

一是相关法制的健全。美国政府对资本市场的严格监管，为投资品种的丰富和投资环境的良好提供了有力保障。这种严格的监管不仅保护了投资者的权益，也促进了资本市场的公平竞争和健康发展。

二是重视理财的基础教育工作。联邦政府深知金融投资理财需要投资者具备相应的专业知识，因此对于投资者的教育和保护工作十分重视。具体表现为将金融知识教育纳入中小学课程，从小培养公民的金融意识和理财能力。同时，通过各种渠道向普通消费者宣传介绍理财知识和投资技巧，提高他们的金融素养。此外，还建立相关法规条例以保护投资者的利益，确保他们在资本市场中的权益不受侵害。

三是具有正确的投资理念。在美国家庭中，"长期投资、理性投资"是被广泛尊崇的投资理念。许多家庭会寻求专业的理财机构和顾问的帮助，以制定符合自身需求的理财规划方案。他们注重资产的保值增值，通过多元化的投资组合和长期的投资策略，实现财富的稳健增长。

国外不仅拥有丰富的投资工具和完善的金融服务体系，同时还注重投资者的教育和保护以及正确的投资理念的引导。在数字资产投资成为全球竞争新赛道的背景下，各国都在积极探索和创新理财教育和服务模式。例如，俄罗斯制定了全国性金融扫盲五年计划，提高民众金融行为的效率。这些举措不仅提高了民众的金融素养和理财能力，也为他们更好地适应数字资产投资的新趋势提供了有力支持。

2. 国内发展实践情况

传统理财模式为何难以普惠，寻求资产增值服务需要具有专业金融信息处理能力和风险承担实力。对于不具有这些能力的投资者而言，他们很难从拥有海量信息数据的金融市场选出有价值的投资方向，因此需要借助专业理财投资顾问的帮助。

然而，国内传统的财富管理行业的重要约束在于专业的财富管理服务供给紧张。具体表现在两个方面：第一，从服务供求数量上来看，理财市场供不应求。中国近年来财富增长迅猛，理财需求市场日益扩大。过去五年，我国个人可投资资产的潜在规模由 2011 年的 72 万亿元扩大至 2015 年的 129 万亿元。而根据 2015 年财富类的白皮书调查显示，当前拥有专业理财资格的从业人员不足 50 万，远远无法满足巨大的市场需求。第二，从服务质量上来看，从业人员专业素养、道德素养良莠不齐，而培养一个优质的理财从业人员需要很高的时间成本和资金成本，这就导致提供优质资产增值服务的成本进一步增加。这一约束条件导致理财机构优先服务高收入人群，实际上提高了理财门槛，导致大多数人被挡在了理财投资的门外，同时，由于理财成本升高，降低了投资者的实际投资收益，所以传统理财模式无法做到普惠。在 2016 年 3 月 24 日发布的《中国人民银行　银监会关于加大对新消费领域金融支持的指导意见》中，希望通过金融创新推动普惠金融的发展，让更多人能享受到金融服务。

随着国内中产阶级和大众富裕阶层的快速崛起，以及"互联网＋"和数字化趋势的出现，互联网财富管理行业遇到了恰当的发展时机。近年来我国国民收入的提高带来了私人财富规模的迅速攀升。招商银行和贝恩公司联合发布的《2015 年中国私人财富报告》显示，我国个人可投资总额逐年上升，从 2008 年的 39 万亿元增加到 2015 年的 129 万亿元。而中国人民大学在《2014 年中国财富管理报告》中曾预计，到 2020 年我国的私人财富管理规模将达到 227 万亿元。随着本市场的发展，居民通过金融资产管理来实现财富增值的需求。在财富管理需求的推动下，以云计算、大数据、社交网络等为代表的新一代互联网信息技术不断向金融业渗透融合，催生了一种新型的财富管理模式，即互联网财富管理模式。

互联网财富管理以投资者为中心，对客户的资产、负债、流动性进行管理，以满足客户不同阶段的财务需求，并帮助客户达到降低风险、实现财富增值的目的。随着互联网技术的发展，市场上互联网理财产品和服务的种类越来越多样化和个性化，其中互联网基金和智能化投顾产品尤其受到中小投资者的青睐。

互联网基金是运用互联网平台进行投资理财活动的一种新型金融模式。2013年6月13日，支付宝网络公司开通余额宝功能，与天弘基金公司合作，直销互联网基金，作为一种创新性互联网金融产品，其上线后两个月规模已超200亿元。2014年，天弘基金一度成为全球第七大货币基金公司，互联网基金的出现引起了金融市场的高度关注。互联网基金凭借其便利性、流动性和高收益，在较短时间内迅速抢占了传统金融机构的市场。互联网基金最主要的投资渠道是第三方支付平台、网上银行、基金官网，其次是手机银行、电子商务平台。第三方支付拥有广泛的用户基础，且得益于"宝宝"类货币基金的发展，使其成为最主要的投资渠道。中国投资用户对银行的信任度和依赖性较强，因此，手机银行、网上银行也是不容忽视的投资渠道。基金官网能够提供专业化的服务和针对性强的投资产品，也是用户最主要的选择之一。因此，近年来互联网基金规模的迅速增长。2021年3月，中国基金总资产净值达到21.1万亿元，比2020年3月末增加4.48万亿，同比增长27.0%，中国基金规模再创历史新高[①]。截至2021年3月下旬，中国证券基金投资者人数超过1.8亿，除银行及证券公司渠道外的基金线上选购平台，月活用户峰值超5000万，互联网基金用户已经成为重要的线上金融投资消费群体。近五年基金离柜交易率持续快速提升，2020年超95%的基金投资者参与了线上选购基金，基金交易线上化进程已经接近完成。

（三）赋能乡村振兴的典型实践

数字普惠理财赋能乡村振兴的典型实践工具创新是余额宝理财产品。余额宝于2013年6月成立，被普遍认为是互联网理财模式的创始者。现在，余额宝理财产品的普惠金融定位已经深入人心。余额宝上线后，不仅激发了公众的理财意识，而且促进了金融行业技术和模型的创新。余额宝的出现，一方面降低了理财门槛，满足了居民日益增长的资产配置需求，对传统投资产品做了一个很好的补充；另一方面，拓展了大众理财的渠道。在余额宝效应下，传统金融机构纷纷推出类似的基金产品，如平安银行的"平安盈"、民生银行的"如意宝"、中信银行的"薪金煲"和兴业银行的"兴业宝"等。

余额宝理财产品的普惠优势在于：一是为中低收入人群提供了较为安全的低门槛的理财产品。我国中等收入家庭的规模在快速增长，收入分配问题亟待

---

① 数据来源于2021年Fastdata权威发布的《2021年中国互联网基金投资用户报告》。

解决。改善国民收入结构的一条有效途径便是提高广大中低收入群体的财产性收入。相比于证券期货，货币基金的特点在于风险低、收益稳定。然而货币基金申购途径少、手续烦琐，因此在余额宝理财产品推出之前主要是通过银行代销，但银行的基金代销门槛一般设置在 5 万元以上。余额宝通过嵌入式直销的模式，提供了低成本的基金产品，同时借助平台优势和技术优势，进一步降低成本，强化其普惠性。而事实上，余额宝也为解决货币基金流动性管理问题提供了极大帮助。余额宝依托其数据优势，可以对流动性状态进行有效的预测，从而形成有效的管理机制。二是深挖用户信息，提高产品服务的丰富度。余额宝理财产品同时构成客户的消费账户和理财账户，沿着拓展货币基金的支付功能的方向，可以开拓丰富的理财场景。此外，余额宝的客户行为数据，对分析市场的风险偏好、消费倾向、客户投资理财和消费行为等提供了有价值的应用空间（如天弘基金推出的余额宝入市意愿情绪指数）。

四、数字普惠保险

（一）概念界定

目前对普惠保险内涵、服务对象、业务类别没有一个权威的、统一的界定，行业尚未形成统一的认识。根据国际保险监督协会（IAIS）的定义，普惠保险是针对保险市场上被排斥或被服务不足人群的所有保险产品服务，强调可及性和商业可持续性。从福利经济学角度出发，普惠保险是以弱势群体利益最大化为目标的、市场化的政策性保险的统称。具体到我国，依据 2015 年国务院公开发布的《推进普惠金融发展规划（2016—2020 年）》中对普惠金融的定义，我国普惠金融的重点服务对象包括小微企业、农民、城镇低收入人群、贫困人群和残疾人、老年人等特殊群体。依此内涵，普惠保险是传统保险业在服务对象上的延伸，相比于传统保险业务，普惠保险的客群具有基数大、教育程度低、可支配收入低且来源不稳定等特征。相应的，普惠保险产品应该具有低门槛、低成本、易操作的特点。

2022 年银保监会向各保险机构印发的《关于推进普惠保险高质量发展的指导意见（征求意见稿）》指出，普惠保险包括普惠性质的保险和专属普惠保险两种保障形式。普惠性质的保险是面向广大人民群众和小微企业提供的公平可得、保费较低、保障适度的保险产品和服务，主要包括大病保险、长期护理保险、城市定制医疗保险、税优健康保险、专属商业养老保险、农业保险、出口信用保险等，以及保费或保额相对较低的意外伤害保险、健康保险、人寿保险、财产保险等保险产品和服务。专属普惠保险主要指针对社会保险保障不足、商业保险覆盖空白的领域，面向特定人群或特定风险群体开发的普惠保险产品和服务。

（二）国际与国内发展实践情况

1. 国际发展应用创新

国外数字保险产品的发展实践已取得了多方面的显著进展，这一进程不仅涵盖了传统保险业的数字化转型，还延伸至了新兴保险科技（InsurTech）的广泛应用。以下对几个关键国家和地区的具体案例进行阐述：

美国的保险业在数字化转型方面已展现出高度的成熟性。该国成功地将传统代理模式、直邮营销、电销策略与线上营销方案相融合，促使消费者越来越倾向于使用线上服务，并充分利用自身的数据资源整合推出符合各群体的保险产品。例如，MassMutual 公司推出专门针对年轻客户群体设计的 Haven Life 平台，提供在线申请和购买人寿保险的服务，彰显了数字化在保险产品与服务创新方面的潜力。此外，美国还涌现出了专门的网络保险产品，如 Cyber Insurance，旨在帮助企业和个人有效应对日益严峻的网络安全风险，进一步体现了数字化在风险管理领域的应用价值。

欧洲各国同样在积极推进保险业的数字化进程。以德国为例，Friendsurance 公司开发了数字银行保险平台，该平台允许客户通过在线金融服务管理他们的保险合同，并预测了未来 5～10 年内数字保单销售的巨大潜力。这一创新不仅提升了客户体验，还为保险业的未来发展提供了新的增长点。同时，慕尼黑再保险公司推出了 Automated EHR Summarizer 工具，该工具能够分析电子健康记录，为保险业在健康管理领域的应用提供了新的技术手段。而怡安保险公司则通过收购策略扩大其业务范围和竞争力，展现了数字化时代保险业竞争与合作的新态势。在英国，互联网保险市场同样在快速发展。保险公司通过数字交付和可穿戴设备数据收集等方式吸引年轻客户群体，不仅丰富了保险产品的形态和服务方式，还提升了客户体验和忠诚度。

在亚洲，日本的保险公司在数字化转型方面也表现出色。它们利用个人号码和银行账户 ID 来简化合同流程并提供便利服务，这一举措极大地提升了保险服务的效率和客户满意度。同时，日本的传统保险公司也与保险科技平台展开合作，共同扩大业务范围，为普通公民提供既负担得起又有效的健康和财务保障。

随着数字化和互联技术的不断进步，澳大利亚企业面临着日益严重的网络风险。因此，网络保险作为一种新型保险产品应运而生。FWD 富卫公司通过其新一代保险平台将传统保险与数字化创新相结合，利用大数据和人工智能技术为客户提供便捷、高效和个性化的保险服务。

从全球范围来看，保险科技公司利用远程监控和物联网技术开发出多种保险产品。数字保险的创新不仅提高了客户参与度和留存率，还为保险业的持续发展注入了新的活力。机器学习、更详细的消费者数据以及智能设备的应用也使保险科技公司能够更好地了解客户需求并提供个性化服务，这一趋势将进一步推动保险产品的创新和多样化发展。同时，各国的经验也为我国保险业的数字化转型提供了宝贵的借鉴和启示，值得我们深入研究和借鉴。

2. 国内发展实践情况

党的十九大报告指出，农业农村农民问题是关系国计民生的根本性问题，必须始终把解决好"三农"问题作为全党工作重中之重。保险业充分运用保险机制积极创新，围绕农业农村农民风险保障需求，大力开发农业保险、农村财产保险等保险产品，在服务农业生产、守护人身安全、保障农村财产等方面强化供给，全面服务乡村振兴。

"十三五"期间，保险业遵循《国务院关于加快发展现代保险服务业的若干意见》的相关要求，发展小微企业信用保险和保证保险，提升小微企业融资能力。近年来，原银保监会、人民银行、工信部等部门多次发文鼓励在风险可控的前提下，深化"银行＋保险"合作，稳步发展小微企业融资性信保业务。保险业在监管部门的规范和指导下，发展以贷款保证保险、贸易信用保险为主的信用保证保险业务，不断完善小微企业金融服务体系，提升小微企业金融服务质效。保险公司作为金融机构助力间接融资的重要市场参与者，适应小微市场总量大、额度小、分布广的特点。信保业务能较好地缓解小微企业缺乏抵质押物、风险抵御能力较低、财务状况不透明等信用不足问题，激发小微企业活力，助推实体经济发展。根据中国保险行业协会调研统计，2017—2021 年，融资性信保业务保险金额自 4 555 亿元增至 7 347 亿元，年均复合增长率 12.7％，未了责任余额自 4 334 亿增至 7 752 亿元，年均复合增长率 15.7％。同期，支持小微企业融资的业务显著增长，助力小微企业获得融资金额自 2017 年的 547 亿元提升至 2021 年的 3 231 亿元，年化复合增长率达 56％，占总体承保融资金额的比例自 2017 年的 10.6％增至 2021 年的 36.7％。其中，融资性保证保险贡献突出，小微企业通过融资性保证保险获得融资金额占比自 2018 年起显著提升，4 年间扩大 4 倍，从 2017 年的 10.2％增至 2021 年的 46.3%。

数字技术和普惠保险的结合是普惠金融领域的重大进展，数字普惠保险深刻改变了普惠保险的发展方式。数字普惠保险，因其将大数据、云计算、区块链、生物识别等信息技术创新成果应用在为普惠保险目标群体提供服务中，不但具有共享、便捷、低门槛、低成本的特点，而且也使得目标群体享受到更多样化的保险服务，以及为目标群体设计多样且适应的普惠保险产品。保险业持续加强科技运用，一是提升农业保险"线上化、数字化、智能化"水平，切实提高承保理赔质效，促进农业保险全流程服务转型升级。推动农村数字金融创新，打造"保险＋科技＋服务"创新模式，提高空间信息技术、AI 识别、物联网养殖等科技手段应用深度，构建农业生产、风险信息数据共享平台。二是提升风险管控水平，探索建立灾前检测体系，积极在农业防灾救灾工作上投入人力、物力、财力，做好防灾减损工作。三是加强与气象、农林、水利等部门的合作，实现信息共享和协调联动，与政府部门共同开展防灾减损工作。四是采用传统服务与智能化服务并行方式，满足老年群体不同需求，加大互联网应用的适老化和无障碍化改造升级。

数字金融拓展了保险业务形态。数字金融有效地拓展了保险业务，尤其是保险科技的广泛应用，催生了新的市场，构建了新的生态，并形成引领行业发展的新引擎。我国数字普惠保险的发展实践具体表现在两个方面：一是丰富了保险业务种类，如将原本不可保的风险转变为可保的风险；二是由单一保险产品或单纯保障型保险服务向业务组合转变，或者通过与新兴行业合作制定行业风险解决方案，满足客户多方位的风险管理需求。下面对其内容进行展开：

一方面，将原本不可保的风险转变为可保的风险。在应用了物联网等数字技术之后，保险人可以获得数据并进行精确定价，使保费在客户负担能力之内，从而实现了保险业务的创新。比如，科技创新领域一般具有复杂度高、难度大、成功率低等特点，保险业通过应用数字技术对科技企业产品研发、知识产权保护、关键研发人员健康等提供保障，提高科技企业的风险保障水平。典型案例有人保财险的"科创知产保险贷"业务、由 18 家财产保险公司和再保险公司共同组建的"中国集成电路共保体"业务等。

另一方面，研发个性化、差异化、定制化保险组合或生态圈，如康养生态复合保险等。其中，康养生态复合保险是保险公司基于客户对养老和健康的两方面需求，发挥长期资金优势，布局康养生态圈，根据客户的财务状况、风险偏好、健康水平、行为习惯等,以产品组合配置差异化的一种保险方案。典型案例有太保人寿、中邮保险、泰康养老的"财富管理＋健康＋养老"保险组合等。

数字金融可以缓解市场失灵问题。数字技术可以通过提高管理效率、降低经营成本、扩大保障范围、精准定价、改善用户体验等方式解决保险市场失灵问题。首先,通过升级原有保险业务、开发新产品、精准定价,满足市场的差异化需求,并将潜在需求转化为有效需求,提升保险公司的盈利能力;其次,通过智能化和自动化的营销、核保、理赔和服务,进一步避免逆向选择和道德风险;最后,通过创新保险业务组合,形成适应区域经济社会发展的一揽子保险产品和服务,有助于缓解保险发展的区域不平衡问题。

(三)赋能乡村振兴的典型实践

数字普惠保险赋能乡村振兴的一个典型的工具创新是金瑞期货股份有限公司在甘肃省皋兰县开展的猪饲料"保险＋期货"试点项目。2023年中央1号文件提出,要发挥多层次资本市场支农作用,优化"保险＋期货"。自2016年以来,到2023年"保险＋期货"连续八年被写入中央1号文件。金瑞期货股份有限公司(以下简称"金瑞期货")充分发挥风险管理专业优势,面向全国近20个乡村振兴地区开展了以"保险＋期货"试点项目为主、产业帮扶和消费帮扶为辅的精准帮扶工作,交出了一份金融发挥专业优势赋能"三农"产业的高分答卷。

当沾着泥巴站在田间地头的农民与精密复杂的金融衍生品市场发生紧密联系时,金融创新服务"三农",支持乡村振兴的美好画卷便徐徐展开。甘肃省皋兰县,这个地处甘肃中部的小县城,曾是兰州脱贫攻坚的主战场。近年来,当地政府积极推动生猪标准化规模养殖,加大规模养猪场信贷支持,积极促进生猪稳产保供,每年扶持新改扩建以生猪为主的标准化养殖场10家,2022年全省净调出生猪89.9万头。随着全县生猪饲养量大幅提升,饲料价格的波动对养殖业利润的影响越来越明显,养殖户压力加大,行业面临多重考验。

养殖户对期货并不了解,但很容易理解规避风险的概念,在2023年"金瑞期货"推出的"保险＋期货"项目试点下养殖户再次避免了饲料价格上涨的风险。2023年,"金瑞期货"在大连商品交易所的指导下,与中国太平洋财产保险股份有限公司皋兰中心支公司携手,在皋兰县第二次开展猪饲料"保险＋期货"项目。本次项目为猪饲料〔玉米(2413,-11.00,-0.45%),豆粕

(3185，－45.00，－1.39％）] 价格险"保险＋期货"模式，由"金瑞期货"全资子公司金瑞前海资本管理（深圳）有限公司（以下简称"金瑞资本"）设计场外期权方案，投保人向保险公司购买猪饲料价格险来转移市场风险，保险公司扣除部分费用后用剩余保费向"金瑞资本"购买场外期权进行再保险，由"金瑞资本"在期货市场进行风险对冲。项目服务对象覆盖皋兰县 24 家养殖户和 1 个合作社，投保猪饲料 24 000 余吨。

6 月底进行保险到期结算，由于观察期内饲料价格上涨触发理赔条件，皋兰县参与该项目的养殖户共计可获得理赔金额约 184.30 万元，赔付率达到 184.30％。以参保农户为例，在项目进场时猪饲料标的价为 2 413 元/吨，项目到期猪饲料结算价上涨至 2 487.62 元/吨，期权按每吨理赔 74.62 元发生赔付，成功规避了饲料价格上涨带来的损失。

事实上，皋兰县的生猪养殖户，对"保险＋期货"经历了一段从陌生到熟悉、从犹疑观望到踊跃参与的过程，这是巩固拓展脱贫攻坚成果、全面推进乡村振兴道路上生产经营一线农户的自然心路历程，也是地方政府、期货公司、保险公司等"保险＋期货"参与主体强化责任担当、智慧助农扶农的宝贵经历。据了解，"金瑞期货"带着"保险＋期货"工具首次来到皋兰县是 2021 年。当年落地了生猪"保险＋期货"试点项目，当时"保险＋期货"在皋兰县仍属于创新型项目，虽然当地政府已出资赞助，养殖户只需要自付 20％的保险费用，但由于对全新工具的陌生，多数参保人员仍持保守观望的态度，第一期保费迟迟未能缴纳。直到得知由"金瑞资本"实施交易的对冲效益已经远远超过需承担的保费这一情况后，养殖户才上缴保费。随着 2021 年两期项目最终到期，赔付率高达 158.35％，皋兰县的农户第一次切实体会到参与"保险＋期货"带来的有力保障。

2023 年，结合市场价格变动特点，皋兰县的生猪保险由"保生产"调整为"保价格""保收入"，皋兰县当地政府也加大支持力度，由县农牧局组织农户参保，加大宣传培训力度，耐心解释项目运作机制和参与模式，吸引了众多农户的积极参与，农户参保意识明显增强，保费很快征集到位。随着项目到期结项，赔付效果依旧显著，"保险＋期货"这一金融工具对农户的护航功能再一次在实践中得到验证，为"保险＋期货"模式在皋兰县的应用推广奠定了良好的基础。不仅是这个猪饲料项目，2023 年"金瑞期货"坚持党建引领，积极履行社会责任，接续推进乡村振兴，以涉农风险管理为主、产业帮扶为辅，在全国多地开展"保险＋期货"项目，有效地激发了农户运用金融工具管理养殖风险的热情，农户的风险管理和抵御能力得到了提升。

五、数字化微型股权众筹

（一）概念界定

股权众筹是指小微企业对自己的项目发起融资，并出让相应比例股权，从而公开募集股本的一种活动。但是，目前我国的数字网络股权众筹是通过互联网形式进行的非公开股权众筹融资或私募股权基金投资的募集行为，也就是说，并不属于真正意义上的股权众筹融资。只有在获得公募股权众筹试点牌照后才属于证监会明确界定的股权众筹范畴，并且国内成熟的股权众筹网站还比较少，目前做得最大和最好的非公开股权众筹网站平台是天使汇，其次是大家投（原名众帮天使网）。不过，2015 年 6 月 9 日，蚂蚁金服获得了上海市黄浦区工商局颁发的股权众筹营业牌照，这是地方政府颁发的首个公开股权众筹牌照，蚂蚁金服旗下的股权众筹融资平台"蚂蚁达客"也于同年 11 月上线进行测试。2015 年 7 月 9 日，首家股权众筹行业自律组织"中关村股权众筹联盟"成立，它是由天使汇、京东众筹、众筹网等 80 多家数字网络众筹平台组成的，主要职责是建立行业自律的技术标准，规避行业系统性风险。

（二）国际与国内发展实践情况

国外数字化微型股权众筹的发展相较于国内监管更完善，形式更具多样化。通过创新平台设计和获得监管政策支持，实现了广泛参与与高效融资。股权众筹平台如 AngelList 采用"领投＋跟投"模式和低门槛策略，结合严格的项目审核，吸引了大量投资者与优质项目。英国和爱尔兰拥有多个活跃的众筹平台，如 UKCFA、Crowdfunder、Funding Circle 和 Seedrs 等，这些平台不仅为初创企业和小企业提供融资渠道，还促进了当地经济的发展。特别是 Crowdfunder 其最低投资额度仅为 10 美元，这使得更多的小额投资者能够参与股权众筹，从而扩大了投资者群体，提高了融资效率，并且平台还能通过基金投资和专业管理降低了个人投资风险。同时，各国政府通过制定法规，明确了股权众筹的合法地位，设定了投资者、筹资人和平台的规范，为行业健康发展提供了保障。这些实践有效支持了中小微企业的融资需求，促进了资本市场的多元化与包容性发展，展现了数字化微型股权众筹在推动经济创新中的重要作用。

当前，由于所涉及相关主体的权利义务较复杂，受资本市场的法律约束众多，国内的股权众筹仍处于探索期。2015 年 8 月，证监会发布《关于对通过互联网开展股权融资活动的机构进行专项检查的通知》，该通知要求，未经国务院股权监督管理机构批准，任何机构和个人不得开展互联网形式的非公开股权众筹或私募股权投资基金募集行为。这一规定导致很多股权众筹平台纷纷改名或者重新定位，例如，中证众筹平台改名为中证众创平台，天使客改名为创业融资平台，众投帮定位为新三板股权投融资平台，路演吧定位为私募股权融资平台。很显然，数字网络众筹融资仍然是一个监管上不明朗的地带，未来的监管趋势何去何从，值得拭目以待。

中国的股权众筹起步于 2011 年，随后大批众筹平台相继成立。截至 2015年 7 月，我国有 107 家股权众筹平台，各类众筹平台个数及占比分别为：奖励众筹 66 家（29%）、混合众筹 47 家（21%）和股权众筹 107 家（48%）。到2023 年底，中国在运营状态的众筹平台数量超过 400 家，涵盖了股权众筹、产品众筹、公益众筹等多个领域。随着互联网技术的发展，股权众筹企业正在向数字化转型和智慧升级方向发展。《2024—2030 年股权众筹企业数字化转型与智慧升级战略研究报告》指出，股权众筹企业的数字化转型是必要的，并探讨了智慧升级的战略方向和实施步骤。例如，京东数科利用大数据和人工智能等新兴科技手段，有效衔接扶贫地区产品供给与发达地区消费需求，推动长效产业数字化扶贫。

农业众筹最早出现在美国，到了 2014 年才在中国出现。在中国股权众筹方面，农业众筹发展得更加完善在涉农小企业的融资中发挥了重要作用，其主要思路是通过创造吸引消费者和投资者的参与感和获利需求，将互联网和传统农业相结合，让农业搭上互联网思维和模式，使之实现更快速和明确的发展。投资者只需要通过这个购买平台，就能够选择自己所需区域的土地股票，也可以说这片土地间接地是属于该投资者的。2014 年可以说是国内农业众筹的伊始。从当前的实际情况不难看出，主要存在以下农业众筹类型：其一是消费型；其二是权益型；其三是平台型。

消费型农业众筹，以"大家种""尝鲜众筹"等为代表，即潜在投资者首先筛选农场推荐上传的项目，选好认种农场，签订协议。为了保护消费者的权益和平台的剩余，平台方会通过多种方式去监控生产流程，另外也鼓励认证方自主地建立监督管理组织。权益型农业众筹，站在"耕地宝"的角度来看，权益型农业众筹的经营理念实际上就是指对人民群众手中除吃喝穿用之外的钱进行统一的聚合，然后再将这部分钱进行投资的一种融资方式。通常情况下，合约都会规定消费者能够享有一年免费获取农场食品蔬菜的权利，还可以到农场进行免费参观。平台型农业众筹，例如"有机有利"公司在 2014 年的时候成立，大部分的创立成员都属于互联网公司的高管人物。在该公司中，研发了一款全新的系统——"生态通"，在这一系统之中，设定了五大主要功能：其一是销售；其二是农商；其三是展示专区；其四是项目发布；其五是网络推广。另外公司对农业众筹项目分 2 类，即回报型和股权型。

（三）赋能乡村振兴的典型实践

数字普惠保险赋能乡村振兴的一个典型的工具创新是海南雅新生态休闲枣园项目。雅新生态休闲枣园是由海南雅新园艺开发股份有限公司开发建造的一个结合生产、生活与生态三位一体的休闲旅游场所。作为传统的老牌农企，雅新园艺这次推出的众筹，一方面是为了通过众筹的方式去推广产品，提前回笼资金，引起市场的关注；另一方面，也希望能推广农家休闲娱乐的旅游新体验，让认筹者可以畅享田园乐趣。该项目基于海南雅新生态休闲枣园具有良好的口碑和高知名度的产品，以及其优越的地理位置和方便的交通。同时，该枣园由酒店、农家乐、农业主题公园、青枣（蜜枣）种植、黑山羊养殖、垂钓水塘、牧草种植等功能区组成，为支持者提供了良好的体验环境。枣园位于临高县博厚镇龙干村，风景秀丽，交通发达，距离海口市约 80 公里，从西线高速临高金牌出口走（金牌方向）4 公里即到。2015 年，枣园拥有青枣树 1 350 棵，可年产 35 万斤①优质成果。

在"互联网＋"开启了中国互联网方式的创业潮之下，海南雅新园艺开发股份有限公司与海南股权交易中心在 2015 年启动了海南第一个农业众筹项目，即认购 500 棵蜜枣活动，享种植、采摘、绿色果蔬品尝及农家休闲旅游新体验。众筹目标为 500 棵，众筹金额为 90 万元，众筹期限为 6 个月。6 个月后可以选择要实物青枣，也可以选择雅新园艺代为销售青枣后获得的本金和收益。此外，众筹者认购后如果不想要青枣或者配套的权利，则可以退钱，投资回报率照付。此次活动的认购者可以自己前来种植、管理，也可以免费委托庄园工人管理。庄园内的蜜枣是 13 年前从我国台湾通过农业实验引进的，经过嫁接和改良形成适应海南本地土壤和气候的优良品种。认购者不仅可以获得果树的收成，还将享有菜地的免费耕种权、所认筹果树的 1 年的冠名权、1 平方

---

① 1 斤＝500 克。

米菜地1年的使用权、1盒高级莲花茶的享用权，以及庄园休闲、观光、用餐、住宿会员专享等。

该项目得到了海南股权交易中心的大力支持，初次尝试认筹初期就达成20％的认筹率。这种先销售再生产的模式，不仅解决了海南雅新生态休闲园资金不足的问题，还在一定程度上将销售风险掌握在可控范围之内。而其中缺失的原因，不仅与自身消费习惯有关，还与产品流通环节的信息不对称密切相关。因此，培育产品的透明化、费用成本的明晰化、利益回报的翔实化、实施办法的具体化都应该归纳到农产品众筹项目的设计当中，从细节处消除项目发起人与投资者之间的信任危机，真正实现双方的信息交互与信任模式的建立。

通过海南雅新生态休闲枣园的众筹成功案例，可以得出农业众筹成功必须解决三个核心问题。一是保证产品质量。雅新园艺保证每棵枣树有180斤产量的同时，不断改良蜜枣品种，保证蜜枣的安全，并让认购者亲临园区来种植、采摘蜜枣，赢得了认购者的信赖与支持，还打响了自己的品牌知名度。二是要有好的想法，可以引起支持者的共鸣。众筹活动必须站在认购者的角度思考，了解认购者需要什么、想要什么，才能引起共鸣和认购。这个案例印证了有情怀的商品才会有价值，海南雅新生态园的蜜枣众筹活动方案设计不仅让参与者觉得有意义，还让认购者来到自己的休闲园亲身体会与了解自己的产品。三是要有好的品牌和众筹平台，才能解决价值问题。海南雅新生态园的知名度吸引了很多目光，在半个月内就认筹完500棵来自我国台湾的蜜枣树，还在认筹后拿出300棵进行众筹推介。为了让认购者更直观了解蜜枣的种植情况，该公司邀请数10名认购意向者来到枣园参观。海南雅新生态园蜜枣的成功案例充分显示了知名度的重要性。四是要有丰富多样化的认购商品。海南雅新生态园的蜜枣认购后，还能得到生态园游玩的优惠，这一举措不仅带动了海南雅新生态园其他商品和设施的发展，还让认购者觉得自己认购的商品丰富多样，更加具有吸引性。

该数字化微型股权众筹项目的成功之处在于借助了线上创新的影响力。借助互联网众筹平台，让供给方零距离面对需求方。通过社交网络挖掘社群的影响力，形成一种互联网发展进程下循环电商模式的农业发展新思路。该模式有利于减少农产品众筹中的运营成本，生产者与消费者面对面交易的方式不仅规避传统农产品流通中的中间环节，也简化交易流程，大大减少了中间成本，让传统的买卖双方转变为合作方，更有利于实现双赢。此外，农产品众筹项目的营销需要兼顾主要措施和辅助措施，不仅要善于利用众筹平台提供的推广工具、充分发挥项目发起人的主观能动性以及重视社交网络推广工具的作用，还要注重涵盖分期众筹、向众筹平台求助和外包专业营销团队等辅助推广措施。

>>>

第二篇
赋能理论机制与实践

数字普惠金融作为金融服务创新的重要形式，正逐步成为推动乡村振兴的重要力量。数字普惠金融，通过大数据、云计算等先进技术，将传统金融服务与现代数字技术相结合，打破了地理和时间的限制，极大地提高了金融服务的覆盖率和可得性。在乡村振兴的大背景下，数字普惠金融以其独特的优势，为农村地区提供了更为便捷、高效的金融服务，有效促进了农村经济的发展和农民生活水平的提高。本篇即第二篇在深入剖析数字普惠金融影响乡村振兴的相关理论与机制分析的基础上，结合数字普惠金融助力乡村振兴的实践模式与广东省实践效果进行逐步讨论与分析。首先，本篇将结合现代金融理论在农村金融问题的应用与演变对数字普惠金融赋能乡村振兴的主要理论进行梳理总结。随后，将从供求角度剖析数字普惠金融赋能乡村振兴的多层次机制。最后，将在总结数字普惠金融赋能乡村振兴的模式基础上，结合广东省的实际情况，分析数字普惠金融在乡村振兴中的实践效果，以期为其他地区的改进与实践提供借鉴和参考。

第四章　数字普惠金融赋能乡村振兴的相关理论基础 ///////////////////////////////

第一节　现代金融发展理论

一、第一代金融发展理论：金融抑制论与金融深化理论

20 世纪 30 年代的主要资本主义国家经历了经济大萧条的严重打击。在众多对大萧条原因的解释中，对于金融与资本市场的讨论为现代金融发展理论奠定了重要基础，自由市场利率被认为是引发危机的导火索之一。第二次世界大战之后，世界各国（包括发展中国家）也在不同程度上加强了对金融与资本市场的管制。对金融排斥问题的研究最早始于 20 世纪 50 年代，当时麦金农和肖在研究发展中国家"元"神经结构问题时最早发现了金融排斥现象。麦金农指出，发展中国家存在广泛的金融抑制（Financial repression），与金融抑制相关的政策主要包括对存贷款利率设定上限、高估本币利率、限制金融市场准入、对金融机构进行严格管制等手段，这些措施对金融体系进行了过度干预和控制等。

金融抑制在一定程度上遏制了金融风险，并有助于某些战略产业的发展。但同时也要意识到，金融抑制引发了新的问题，干预措施严重扭曲了金融资源配置，使得金融体系无法有效发挥其在经济增长中的作用。在金融抑制的环境下，政府往往将利率维持在低于市场均衡水平的水平。这种利率管制降低了储蓄的吸引力，抑制了资本积累。同时，低利率也鼓励了低效率的投资项目，降低了资源配置效率。此外，金融抑制还导致了一定程度的金融市场分割，各市场之间的资金流动受到限制，降低了金融市场的整体效率。金融抑制阻碍了金融体系的正常发展，导致金融体系无法为经济增长提供足够的支持。如果缺乏有效的金融服务，企业就难以获得必要的资金支持，创新活动受到抑制，经济增长受到阻碍。20 世纪 60 年代后期，主要西方国家出现了经济停滞与通货膨胀共存的现象。20 世纪 70 年代许多发展中国家（包括出口导向的新兴市场经

济体）的经济增长也逐渐趋于缓慢，金融抑制政策的后果被重新关注。通过对60多个国家近百年相关资料的研究，戈德史密斯发现，那些金融发展水平较高国家的人均 GDP 也比较高。此外，格利和肖进一步论述了金融对经济发展的重要性。麦金农和肖分别更加详细地论述了金融对发展中国家的经济增长的重要性。

为克服金融抑制的负面影响，金融抑制论主张实行金融深化（Financial Deepening）政策，即政府应减少对金融体系的干预和控制，让市场机制在金融资源配置中发挥主导作用。金融深化政策包括放松利率管制、扩大金融机构的自主权、发展多元化的金融市场等，旨在促进金融体系的正常发展和经济增长。金融深化的目的在于促进金融发展，具体体现在：金融规模的不断扩大，金融工具、金融机构、金融产品（服务）的不断优化和丰富，金融市场机制和秩序逐渐健全。通过收入效应、储蓄效应、投资效应和就业效应等，金融深化能够促进经济发展，实现金融与经济的良性互动等。金融深化（金融自由化改革）在一些国家取得了较大的效果，从总体上看，20 世纪 70 年代之后，世界各国的金融发展取得了较大成就。特别是相对于银行信贷等传统金融，股票市场得到了快速的发展。但由于缺乏必要的经济环境、有效的市场纪律以及不合适的自由化政策等因素，许多国家在金融市场化、自由化改革的过程中，也发生了金融危机。

二、第二代金融发展理论：金融促进经济增长的机理

无论是正面经验还是反面教训，第一代金融发展理论证明了金融发展对经济增长的重要性。接下来要回答的问题就是金融发展是如何或者是通过何种方式作用于经济增长呢？分析这个问题的框架主要有两个：第一个框架是从金融与资本市场的供给功能出发，从储蓄、风险管理角度分析金融通过促进技术进步、改善激励等机制赋能经济增长的作用；第二个框架是基于企业生产函数，从需求层面分析金融作为经济增长的源泉，在水平效应和效率效应两个方面的作用。

（一）金融功能论

长期以来，金融体系的主体部分是商业银行。在存款、贷款、信用卡、支付等各种金融市场中，商业银行所占的份额是最多的。但是，从时间趋势看，商业银行的市场份额是逐渐下降的。特别是进入 21 世纪 80 年代以来，随着股票和信用卡等市场的快速发展，银行在资本市场、信用卡市场中的份额继续下

降。基于这种现象，一些人对银行业的发展前途感到悲观。但是，在 21 世纪 90 年代之后，随着信息经济的发展，银行并没有明显地衰落，反而在金融市场的份额有所上升。基于这种现象，学者开始思考，观察金融的传统范式即机构观点（Financial institutional view）可能存在不足，因为它看到的只是现象。作为一种替代，学者们主张要以金融的功能观（Financial functional view）来观察银行机构。不同的时代背景，机构的形式可能会发生变化。但是，金融的功能是相对稳定的。进而，一些学者包括 Levine（2002）与 Merton 和 Bodie（1995）等，对金融的功能进行了归纳和分析。综合这些研究，金融的功能主要包括如下几个方面：沟通融资者和投资者供求；按照风险收益匹配原理积聚和配置资金（动员储蓄、优化资源配置）；提供信息；转移和管理风险；促进技术进步；改善激励；清算与支付等。

（二）金融促进经济增长的机理①

从金融作用于实体经济发展的过程而言，金融功能理论将金融促进经济增长的一般性机理归为以下四个途径。

一是储蓄促进资本形成。作为金融的最基本功能，金融机构能通过存贷款业务吸收个人（或企业）的零散资金形成储蓄，并提供给企业以满足其流动性尤其是固定资产投资的需求，通过提供流动性和实现流动性转换，金融促进了经济增长。具体可以通过储蓄-投资的转化率这个指标去度量金融效率。Hicks（1969）认为资本市场降低了流动性风险是英国工业革命的主要原因。

二是优化资源配置效率。为防止由于信息不对称带来的信用风险等问题，银行会对企业提出的贷款申请进行严格的筛选和甄别。由于银行等金融机构在存贷款等业务上具有范围经济效应，他们在了解、判断企业的投资项目质量方面通常具有信息优势和能力优势，如此可以促进资金流向高效率的企业、行业，进而优化资本的配置效率，促进宏观经济良性竞争发展。Bagehot（1873）认为金融系统能把资金从低效投资转向高效投资，从而增强投资的整体效率；Pagano（1993）也认为金融发展通过提高社会资本的边际生产率而提高经济增长率。

三是推动科技进步。科技是第一生产力，科技进步在经济增长中的重要作用不言而喻。但科技作为重要创新，其在初始阶段的投资需求巨大，且应用前景具有较高的不确定性和风险，单单依靠银行等传统金融机构无法承担如此的

---

① 本书仅选取金融促进经济增长机理的几个主要途径。

风险。以投行和私募为代表的金融机构应运而生，可以通过评估风险，并为技术的应用提供资金，通过甄别出最有可能实现产品和生产过程创新的企业家，向其提供资金来促进以企业为核心的科技进步，并带动投资与经济增长。King 和 Levine（1993）认为金融发展推动科技进步的主要途径有以下两个：第一，金融体系越发达，金融机构在评估企业家所进行的风险性创新活动时所耗费的代理成本越低（规模经济），从而促进技术创新，推动经济长期增长；第二，金融体系的分散化服务能够有效降低创新活动的风险。

四是补充激励机制。委托代理问题是困扰现代公司治理结构的顽疾。所有权与经营权的分离作为股份制企业的基本特点，往往会产生股东与 CEO 之间决策的矛盾。由于所有者（资本家）与经理人之间的目标并不一致，常产生代理冲突问题，即经理通过在职消费、过度投资等方式来提高其个人效用，但不利于企业价值的最大化。在缓解代理冲突和改善激励机制方面，金融工具与资本市场可以发挥重要的补充作用。比如，金融部门有助于降低投资者与企业之间的信息不对称，进而帮助企业克服"道德风险"和"逆向选择"的问题，减少由于信息不对称和契约不完备所导致的资本市场不完善（Rajan 和 Zingales，1998；Demirgüç - Kunt 和 Maksimovic，1998）。

综上，金融发展对经济增长来说显然是非常重要的。不同国家的金融市场结构存在一定的差异，直接融资（如发股、发债）和以银行借贷为主的间接融资的比例不同。哪一类金融结构更有利于促进经济的长期增长呢？关于这个问题，并未得到统一的定论[①]。

三、第三代金融发展理论：金融发展的影响因素

为何不同国家金融发展水平差异如此之大？为回答这个问题，形成了分别针对静态与动态的金融发展理论学派。

其一是金融发展结构理论学派。该学派认为，法律、政治、非正式制度等因素是决定金融发展的主要因素。根据该学派而形成的"法律和金融"（Law and Finance）认为，对投资者的法律保护程度以及法律的执行效果，对金融发展有重要影响。以英国判例法为起源形成的法律体系国家对投资者的法律保护程度以及法律的执行效果最强，而以法国成文法为起源的法律体系国家表现

---

① 一个国家的金融结构，也与其发展阶段相关。金融结构理论认为，发展中国家更适合银行借贷资本主义，发达国家更适合证券市场资本主义。

得最弱，以德国、北欧各国法律体系为起源的国家则表现居中。该理论也说明对投资者进行保护等法律制度的完善以及市场的发展阶段，是要依赖于该国整个经济的发展阶段的。即使是考虑到经济发展阶段的不同，以法国成文法为起源的国家在保护投资者以及资本市场发达程度方面还是比以英国判例法为起源的国家落后。

其二是利益集团理论学派，由 Rajan 和 Zingales（1998）等学者提出。他们认为"法律和金融"隐含给定一些国家的结构性因素（如法律渊源和文化等）将在较长的时期内保持不变的假设，将无法观察到国家金融发展出现大起大落的现象。然而，来自经济发展中的例证表明，事实并非完全如此。在同一个国家的不同阶段，相同法律起源的不同国家，金融发展水平也可能是天差地别。该学派认为，这主要是受到利益集团的影响。比如，早期证券交易所主要从事政府债券买卖，但现在则主要从事股份公司证券买卖，金融市场主流交易工具的变化也会影响货币金融政策发挥效果。

四、金融发展与经济增长的供求理论梳理

之前关于金融发展与经济增长关系的研究多聚焦于传统金融机构的供给侧功能。然而，随着学者们对金融发展与经济增长的研究，尤其是观察发展中国家与农村地区金融实践的逐渐深化，形成了对两者关系的更为丰富的供求分析与相关理论流派（姜美善和米运生，2025）。

在之前金融供给侧理论后，出现了金融需求论。以琼·鲁宾逊夫人和奥布希克·卡恩等提出的需求决定论为代表，该理论认为金融是跟随企业即实体经济的发展需求而提供资金供给的。如果企业家预期未来经济会增长，从而对资金的需求增加，他们会在当下投资成立金融中介体。Rajan 和 Zingales（2003）指出，当融资变得更加容易后，创造财富主要依靠技能、创新思维和努力工作，而不是已有的财富。实证研究结果发现，几乎没有数据支持金融发展领先于经济增长。经济学家过分强调了金融因素在经济增长中的作用，但也忽略了更多的证据表明经济增长促进了金融发展的事实。

美国经济学家 Patrick（1966）对两个观点进行了理论综合。他提出了金融发展的两种模式：供给引导型（Supply - leading）和需求追随型（Demand - following）。Patrick 在 1966 年 1 月发表的《欠发达国家的金融发展和经济增长》一文中指出，金融组织的发展模式包括两种，其一是"供给引导"模式，它是指金融组织的发展先于实体经济部门的金融服务需求，对经济增长起着积极的

推动作用。在供给引导型的金融发展中，金融部门主动地动员那些滞留在传统部门的资源，转移到能够推动经济增长的现代部门，从而促进金融资源配置效率的提高。因此，"供给引导"模式强调的是金融组织及相关金融服务的供给先于经济主体的需求。其二是"需求追随"模式，它是指金融组织的发展是实体经济部门发展的结果，市场范围的持续扩张和产品的日益多元化，要求更有效地分散风险和更好地控制交易成本。因此，需求追随型的金融发展在经济增长的进程中所起的作用往往是被动的，只是对实体经济部门金融服务需求的被动反映，更侧重于是经济主体的金融服务需求先于金融组织及相关金融服务的供给。同时，Patrick 还指出，在经济的不同发展阶段，金融组织模式也存在一定差异。例如，在发展中国家经济发展的早期，供给引导型组织模式多数居于主导地位，这种以供给引导为主的金融组织模式为有效的科技创新奠定了重要的投资基础。一旦该经济体的经济发展进入成熟期，企业也在前期积累中逐渐形成了更为多元化的融资需求，需求追随型的金融组织模式就会占据主导地位。发展中国家与发达国家之间的差距越大，发展中国家越有可能急切地人为模仿供给引导型的金融组织发展模式，以促进实体经济部门的增长和发展。事实上，Patrick 的这种观点得到了部分验证。比如，Jung（1986）利用 37 个发展中国家和 19 个发达国家数据，以货币化作为金融发展替代指标，度量了其对 GDP 的影响。研究发现，在发展中国家，供给领先的金融发展模式比需求引致的发展模式更为常见，而这一现象在发达国家中则刚好相反。王书华和杨有振（2011）对 40 个国家，1985—2004 年数据进行分析，结果也表明，在持续的现代工业增长步入正轨之前，供给领先的金融发展扮演了重要角色。随着经济的增长，供给领先的金融发展的推动作用将逐步弱化，而需求引致的金融发展将发挥主要作用。在经济发展的整个期间，二者有时可能是相互交叉、相互影响的。

第二节　农业融资模式与理论

之前内容主要分析一般性的金融发展与经济增长之间的关系。那么，农村经济与农村金融之间是什么关系呢？金融发展与经济增长的一般理论是否适合用于农业农村？要回答这个问题，首先需要明确农村经济是否可以依靠自身而发展，或者金融是否通过工业和城市经济或者现代生产关系向农村渗透而实现。大多数学者认为，由于地理空间、文化等方面的巨大差异，农村经济增长的影响因素要比城市复杂许多。越来越多的人意识到，除了资本、技术、劳动力等要素之外，文化、教育等社会因素也对农村经济发展起着非常重要的中介作用。农村金融发展与农村经济发展，不宜用简单的谁决定谁来加以概括的总结。同样，对于"金融是现代经济的核心"这一论断，是否适合用于农村地区？可以从多角度的金融经济发展理论中找到分析和支撑。

一、信贷补贴模式及其相关理论

（一）背景与环境

信贷补贴模式是对应早期工业化战略提出的附属的、被动的融资模式。第二次世界大战之后，为快速实现工业化和经济赶超，包括中国在内的大部分发展中国家都采取了不同程度的国家干预主义政策以促进工业化战略目标。由于这一时期的经济资源服从于国家战略而被优先配置于工业部门，尤其是具有一定战略性的工业产业，农业部门的主要功能逐渐转向为工业部门的发展提供粮食、外汇、劳动和市场。这种政策倾向势必体现在资金要素市场上，形成城乡资本市场在一定程度上的分割。列宁曾主张由国家来垄断信贷资本。结构主义发展经济学家 Lewis（1950）和 Myrdal（1968）均认为，从国家层面对金融进行控制有利于战略部门和国家经济发展。俄罗斯著名经济学家 Gerschenkron（1962）也认为，国有银行能有效克服信贷市场的失灵，通过银行国有化可以帮助政府将金融资源投向战略部门，满足大规模工业化的融资需要。因此，在实践中，为控制金融资源，社会主义国家对银行体系进行了系统而彻底的国有化，并通过政策手段使农村地区的资本以低于市场均衡的价格，便捷、快速地转移至工业和城市部门。发展中国家采取了以降低利率、信贷配给、高额法定存款准备金率等为主要内容的金融抑制政策。这些金融抑制政策大大限制了民间金融尤其是农村地区金融市场的发展。农业农村地区在为城市工业部门提供廉价资本的过程中，农户自身的金融需求往往被忽略，呈现出一定的信贷补贴的被动性需求。

（二）理论前提、政策与实践效果

城市和工业导向的金融政策客观上强化了"二元"经济结构，导致了"二元"金融结构。金融抑制政策产生了农村金融组织发展滞后、农村金融服务质量低下、农民贷款需求难以得到满足等一系列问题。为满足城市部门的粮食需求，提高农户种粮积极性和社会公平性，政府也会给农民尤其是贫困农民以某种程度的金融支持。优惠信贷（Cheap credit policy）或信贷补贴（Credit subsidy policy) 的农户贷款模式由此产生。无论是发展中国家还是社会主义国家，信贷补贴理论都有着相同的一些假设，即认为农民是贫困的，他们基本上没有储蓄能力。因此，要促进农村经济发展，就需要（政策性）资金的外部注入。但由于农村地区缺乏市场化金融运作的条件（单位交易成本较高且信息不对称性较强），商业银行难以在农村地区得到发展。农村地区的非正式金融是低效的并带来许多社会问题，民间借贷利率较高且具有剥削性。因此，当时提出信贷补贴的政策目标主要有三个：向贫困农民提供贷款，降低贷款利率，减少乃至完全取消农民对乡村职业放贷者的依赖。

在 20 世纪 50 年代至 70 年代，大部分发展中国家和社会主义国家的农村金融政策基本上是在上述理论的指导下制定的。然而，该政策的实际绩效与决策者和学者们的预期相去甚远。大量相关研究表明，优惠贷款多为乡村富裕农民所获，而不是贫困农民所得；职业放贷者继续控制着农村信贷市场；农村市场利率较高的问题也没有得到根本性的解决；信贷补贴模式失灵。

（三）信贷补贴模式失灵的解释与反思

针对信贷补贴模式为何会失灵，许多学者进行了解释。主要的观点包括如下五点：

1. 寻租与合谋

首先，资金要素作为重要的生产要素资源往往不会向贫穷农业农村倾斜。当资金价格因规制而低于市场水平、政府以数量配给方式分配资源实现均衡时，寻租和腐败现象的出现是难以避免的。在实施信贷补贴政策的国家，那些低于市场利率的信贷自然成为各方热烈追逐的对象，腐败和寻租相应产生。政府官员将优惠贷款作为个人施惠（Patronage machines）的工具，而将贷款分配给那些具有较大游说能力但经济低效的利益集团。银行官员也会将贷款投向那些与他有个人关系或向他提供了租金的经济主体。面对信贷约束的农户，银行会通过有意拖延等措施增加交易成本。为获得贷款，农民便试图贿赂银行官员，那些具有行贿能力的人，显然不太可能是那些缺乏讨价还价能力的贫困农户和中小农户。穷人仍然遭遇银行的信贷配给，而优惠贷款自然为富裕农户所获得（即出现了"精英捕获"现象）。而且，借款人（农户）的行贿增加了资金成本，贷款利率由此而上升。

2. 分类效应

此外，当农户之间有异质性特征时，它所产生的分类效应（Composition effect）也会产生类似结果。信贷补贴政策的实施使更多放贷者加入金融市场。

民间市场上有两类非正式放贷者，其中一类具有信息优势，作为局内人和知情者，他们拥有关于社区成员详尽的私人（Intimate）知识[①]；另外一类人则类似于局外者（Outsiders）。优惠贷款政策吸引了更多的放贷者参与农村信贷市场，但是，它们只能面向那些较穷的农户。也就是说，优惠贷款能够使具有信息优势的放贷者吸引到更好的借款人，并将坏的借款人留给未知情者。未知情者的违约风险一旦增加，他便会提高贷款利率。优惠政策使放贷者获得成本较低的资金。虽然它们的机会成本降低了，但同时较高的违约率则增加了信贷契约执行成本。执行成本外部性会导致契约成本的增加、较高的贷款利率和恶化的贷款条件（Hoff 和 Stiglitz，1998）。

3. 契约执行成本的外部性

在垄断竞争的市场中，农村信贷市场外生的执行成本或负外部性也可能使均衡价格即利率上升。在农村信贷市场，契约执行是一个关键问题，而契约的执行成本是非常重要的。Aleem（1990）对巴基斯坦农村地区放贷者的执行成本进行测算的结果表明，在交易成本总额中，执行成本占 39%，甚至超过 27% 的资本成本（包括资金成本和坏账）。在信贷补贴计划中，产生较高农村信贷市场契约执行成本及其负向的外部性的主要原因包括：缺乏规模经济、由于放贷者的增加对借款人的还款激励产生负面影响从而导致执行能力下降以及声誉机制的弱化。

4. 商业银行的态度

信贷补贴政策的实施还干预了市场化机制的正常运作，造成了以商业银行为代表的金融中介机构的信贷扭曲。当政府没有去弥补市场信贷的外部性时，优惠贷款政策确实也使事情变得更糟糕。政府干预改变了银行的性质，使银行部分缺失了独立经济金融结构的特征。优惠信贷政策（低利率政策）难以构成对银行的有效激励。既然政府能够弥补其亏损，那么银行便失去监督贷款用途和贷款回收的能力。商业银行因为参与信贷补贴计划而恶化了其资产质量。农村金融市场的外部性等特征使银行等正式金融机构难以解决信息不对称和契约执行等基本问题，它们也没有尽力去解决这些问题以及开拓农村金融市场。久

[①] 马克思在《资本论》中，提到生产要素越是不作为生产要素进入生产过程，不作为商品离开生产过程，货币转化为生产要素的行为就越表现为个别行为。流通在社会再生产过程中所起的作用越不重要，高利贷就越兴盛（参见人民出版社 1975 年出版的《资本论》第 3 卷的第 689 页）。在传统社会中，高利贷是民间借贷的一种形式。马克思的上述分析，也间接表明，民间中介在农村金融市场拥有信息的优势。

而久之，银行在对待农户方面便形成了一种特定的文化或价值观。在讨论农户时，它们的内心可能会认为，某些穷人是没有信用的；对穷人的贷款会损害银行的利益；穷人不是银行服务的对象，他们需要的是慈善而不是贷款；对穷人的贷款是社会部门（而不是作为商业机构的银行）的事情等。

这种观念一旦形成之后，商业银行也越来越难以接受这些观念——借款给穷人可能是具有自生能力的（Viable）商业活动。它们也越来越不愿意为提高农村金融化而进行努力，甚至会排斥必要的金融创新，银行的这种观念必然影响到信贷补贴计划的实现。在信贷补贴模式时期，尽管政府采取了一些引导性政策，但商业银行对农户根深蒂固的偏见使其不情愿开拓农村信贷市场，信贷补贴政策的效果也不很理想。银行的态度是中小农户尤其是贫困农户遭遇金融排斥的重要因素。相对于大农户，小农户与银行讨价还价的能力较低。

5. 利率抑制政策的影响

世界银行扶贫协商小组（Consultative Group to Assist the Poorest，CGAP）对40多个发展中国家进行研究，结果表明，利率上限的设定会导致市场竞争的不充分，伤害了贫困人口。竞争是降低小额信贷成本和贷款利率的唯一有效的方式，低利率的小额信贷项目不仅没有降低收入的不平等，还加剧了这种不平等。利率上限限制了商业性小额信贷机构向高成本的农村地区或小额信贷市场拓展业务的积极性。特别是当小额信贷利率设定的上限太低时，小额信贷机构由于无法覆盖其操作成本，他们常常会逐步退出市场，发展更加缓慢或者缩减他们在农村地区或其他成本更高地区的业务。因此，这会阻碍贫困人口获得这种金融服务。在设置小额信贷利率上限的国家里，小额信贷市场占有率远远低于那些没有设定利率上限的国家。利率上限的设定还降低了透明度，小额信贷机构试图通过收取新的费用来弥补自身的成本。客户并不总能清楚地理解所收取的这些费用是贷款成本的一部分。降低利率的初衷是使穷人受惠。但是小额信贷领域降低利率的最强有力机制就是市场竞争。竞争意味着小额信贷机构不得不通过更加关注客户的需求来吸引或保留更多的客户。

对信贷补贴模式的反思包括如下几个方面。第一，农民行为未必是短视的，也就是说，农民有足够的储蓄意愿。第二，农民需要的不仅仅是资本，人力资本、观念、生活习惯等也一样重要。对市场模式反思，使人们产生两个重要认识：其一，市场化不仅仅是放开价格（利率），"看不见的手"在农村金融市场的自我调节作用是非常有限的。其二，不能将新古典经济学成熟市场经济的商业关系简单地套用于农村，成熟市场经济的三个隐含假设对农村来说并不合适。这三个隐含假设分别是：独立性（Separability）、二重性（Duality）、时间无关性（Timelessness）。

二、市场化模式及其相关理论

（一）背景、环境与理论前提

20 世纪 70 年代末期和 80 年代初期，在"滞胀"这一普遍而严重的事实以及发展中国家经济因结构主义政策陷入困境的现实面前，曾经长期居于主流指导地位的凯恩斯主义经济学不再适用。新自由主义经济学盛行开来。自由化、私有化和稳定化是新自由主义经济学为发展中国家开出的主要药方，这一社会思潮也影响了金融领域。如前所述，信贷补贴模式失败的原因很多。但是，在 20 世纪 70 年代末期，随着新自由主义思潮的兴起，Mckinnon 等（1996）的金融抑制理论成为主流。金融深化和金融自由化理论与实践的强大影响也自然会波及农村金融领域，市场化改革成为这一时期农村金融改革的基本模式。在那个时期，以俄亥俄学派为代表的世界银行专家全力主张银行的私有化政策。世界银行的这种观点强烈影响了他们对农村金融问题的看法和态度。他们将市场化看成是解决农民贷款难的灵丹妙药。这一模式的倡导者是指以世界银行经济学家冯·皮司克为代表的"俄亥俄学派"（Ohio scholl）。俄亥俄学派批判传统农业信贷模式，并提出了与金融抑制针锋相对的理论模式即纯市场模式。该理论前提与信贷补贴模式完全相反，它认为农户有储蓄能力，低利率抑制了金融发展，本土中介有内生优势，非正规金融的高利率也具有一定的合理性。相应的政策主张是，放开利率限制、取消信贷干预；通过金融自由运作和商业关系、强化市场竞争；通过保障金融部门的财务和机构可持续、规范和合理利用民间中介，解决农民贷款难问题。

（二）实践效果

市场化观点所设想的前景是诱人的。客观上，它在促进金融发展特别是股票市场的发展，以及促进金融结构的优化升级等方面，确实发挥了巨大作用。市场化改革在改善银行的效率方面，也发挥了较大作用。但是，在一些国家，市场化并未带来预想的结果，它甚至使情况更糟糕。尽管许多国家在改革中实现了金融发展，但大量国家面临着金融危机。

市场化改革对农村金融的改善，也是差强人意。虽然曾经认为，市场化改革通过提高利率而促进储蓄，通过强化竞争而增加中小企业信贷的可获得性。尤其是，通过国有银行的私有化改革将会较大幅度提高农民信贷机会。研究发现，市场化改革在促进金融发展的同时，确实也增加了居民的金融机会，提高了居民在金融市场的参与率。不过，这种增加的机会，更多地为城镇居民所拥有。在转轨国家和发展中国家中，由于农村开办机构固定成本（拓荒成本）较高、缺乏规模经济，农村贷款信用风险较高等因素，所以市场化改革之后的银行贷款仍然偏向于公司，穷人获得的金融服务机会非常有限。在"二元"经济条件下，金融市场化使信贷从农村流入中心城市，一些国家农民的信贷机会反而更少了。中国也曾经历类似的情况。自 1998 年取消信贷规模控制和推进国有银行商业化改革以来，国有银行大量撤并农村机构，收回基层机构信贷权力。金融机构调整使金融资源加速从农村流向城市。

在消除非正式金融市场的影响方面，市场化模式的绩效也不尽如人意。在许多国家，随着经济发展和金融改革的推进，民间金融再度活跃起来，并发挥着重要作用，市场化模式在一定意义上也出现了失灵的状态。市场化模式的失败，引起了学者的深思，并开始反思传统信贷模式在服务农村金融市场中的适用性。

（三）市场化模式失灵的反思

第二次世界大战后几十年的农村金融政策实践表明，对低收入者和穷人的信贷既不可能像传统农业信贷那样在政府"捐赠"的基础上得以持续，也不可能靠假想的"商业信用关系"来运行。尽管包括"俄亥俄学派"在内的新古典经济学家看到了农村金融组织在产权和激励结构上的缺失是正规金融制度无效的根源，但他们因过多地相信竞争和市场的力量，且忽视了非正规制度下，农民的行为偏好和信用观念的巨大阻碍作用，从而过早地得出了"范式转变"的结论。

三、不完全竞争理论

信贷补贴模式和市场化模式的相继失灵，使人们真正认识到农村金融市场和农村金融改革的复杂性。不过，正是因为信贷补贴理论和市场观点的失灵，学者们才会更认真思考乡村社会与农村金融市场的特殊性，继而产生了农业融资理论的第三个范式即不完全竞争理论。

不完全竞争理论的基础是金融市场的失灵。斯蒂格利茨从七个方面概括了金融市场失灵：公共产品的监控，监督、选择和贷款的外部性，金融风险的外部性，市场的缺乏和不完善，不完全竞争、竞争性市场的帕累托无效率，信息不充分等。把金融约束理论和金融市场失灵理论应用到农业融资领域，便是农村金融的不完全竞争方式，其核心是信息问题。在 20 世纪 90 年代，世界银行经济学家开始重新思考农村金融的理论范式。在那个时期，《世界银行评论》期刊（The World Bank Economic Review，WBER）所有研究都在"不完全信息的框架"（The framework of imperfect information paradigm）下讨论农村信贷问题。新范式的产生是理解信贷市场运作机制的理论进展的结果。它强调不完全信息和执行问题和两个信贷市场借贷双方的行为模式。这个范式认为，农村金融市场的信息是碎片化的，内生于农村金融市场的民间中介在这方面具有垄断优势。无论是依靠政府还是依靠市场，都无法打破民间中介在农村金融市场的垄断地位。与不完全竞争理论相对应的政策建议是：考虑农村金融市场的特殊性，需要鼓励联保贷款、互助基金等形式的内生融资（贷款）模式；充分发挥民间中介的积极作用，通过互联性贷款等，在小额信贷和微型金融的基础上，以民间金融中介与商业银行的互惠合作即金融联结来降低贷款利率、增加农户的贷款数量（褚保金等，2012；米运生和吕长宋，2014）。农业信贷补贴理论、农村金融市场理论和不完全竞争理论的区别，如表 4-1 所示。

表 4-1　农业信贷补贴理论、农村金融市场理论和不完全竞争理论的主要区别

理论	政府干预	利率形成	金融监管	资金来源	专项贷款[①]	民间金融
农业信贷补贴理论	必要	政府干预	必要	外部注入	有效	以行政方式消除
农村金融市场理论	不必要	市场决定	不必要	内部筹集	无效	以市场方式降低其重要性
不完全竞争理论	适度	逐渐放松管制	逐渐放松管制	内部为主，外部为辅	方法适当时有效	适当引导

资料来源：董晓林，2012. 农村金融学 [M]. 北京：科学出版社；何广文和李树生，2008. 农村金融学 [M]. 北京：中国金融出版社；米运生，2014. 农村金融的新范式：金融联结 [M]. 北京：中国农业出版社。

注：①专项贷款是指建立政策性金融，以贫困阶层（农户）为目标（王曙光，2015）。

当然，不同的理论在农户是否有储蓄意愿及储蓄能力、农业经济发展的核心制约是资金还是人力资本、文化教育等方面也存在一定差异。此外，这三种农业融资的相关理论，对应的农户贷款模式是小额信贷、微型金融、金融联结等。随着数字经济和数字金融的兴起，不同农户贷款模式之间的边界也开始越来越模糊。

四、比较优势理论

由于不完全竞争理论的基础是金融市场的失灵，农村金融市场失灵主要源于信息不完全。因此，农村金融领域的不完全竞争理论更易被理解为不完全信息理论。不完全竞争理论的核心假设是，在农户信息领域，民间中介处于垄断地位。从借款人评估信用风险的角度看，它关注的信息主要有两方面：酗酒、吸毒、偷税或其他犯罪记录、离婚以及还贷记录等体现农户还款意愿的信息；收入、资产等体现农户还款能力的信息。然而，在熟人社区，无论是还款意愿或还款能力的基本信息，均主要由民间中介掌握。尽管可能并非完全垄断，但相对于商业银行等正规机构来说，民间中介的信息优势是显著的。

随着城镇化、工业化的推进，农村人口大量转移到城镇，并实现了非农就业与劳动力转移。农村金融市场的信息结构，逐渐发生了变化。非农就业的农户离开了熟悉的村庄并到外地就业（或创业）。许多农户的工作地点和从事的行业经常变化，尽管部分农户因为高技能等实现了较为稳定的就业，但这些农户分布在全国各地，有些甚至在国（境）外就业。农户所涉及的行业和岗位也是多种多样的。对民间中介来说，他们在收集和评估农户的还款能力信息等方面，遇到了巨大挑战，甚至变得不可能。民间中介既难以准确了解农户的工资、福利等收入信息，更难以评估农户所在企业的经营特征和行业特征。即便农户依然从事农业，情形也是类似的。相对于传统农业，现代农业的品种发生了很大的变化。施肥、配药等技术的改进，使生产风险的来源和特征等发生了巨大变化。特别是，如果农户从事的是营利性商品农业（包括自主经营或与新型农业经营主体建立起某种合作关系），那么因为价格变化和供求关系而带来的市场风险，也是复杂而巨大的。可以说，即使民间中介与农户在地理上是临近的，也不太可能准确评估农户的生产与市场风险，从而也难以掌握还款能力方面的基本信息。相比之下，借助支付结算系统、信贷关系、人力资源等优势，商业银行等正规金融机构在收集和评估农户还款能力的信息方面具有优势地位。

城镇化、工业化的推进和农村剩余劳动力的转移，农户的地缘、业缘关系可能在一定程度上被改变或弱化，农户品德等人格特征的信息分布也变得更加分散了。然而，农户在融入城市方面仍面临诸多制度障碍。由于社会保障体系的不完善和城乡公共服务不均等，尽管差序格局正在弱化，但农民与村庄依然保持着千丝万缕的联系。总体看，无论是民间中介还是正规金融机构，在了解农户还款意愿的基本信息时，都存在较大的困难。但是，考虑到品德、偏好等人格特征的相对稳定性以及农民与村庄之间的紧密联系，民间中介在了解农户的还款意愿信息方面，与商业银行等正规机构比较，依然拥有一定的优势。

一言以蔽之，城镇化和工业化的推进在极大程度地改变城乡"二元"经济、社会结构的同时，也从微观方面极大程度地改变了农村金融市场的信息结构，使其从不完全竞争的状态向更具效率的市场模式转变。具体来说，商业银行在农户还款能力信息方面形成了比较优势，尽管民间中介的优势有所弱化但在了解农户还款意愿的信息方面依然具有比较优势。相应地，农业融资的理论范式，也将从不完全信息下的竞争模式转变为基于信息优势的合作与竞争并存的模式。

在比较优势的理论范式下，农户的信贷决策、融资模式与融资政策都具有相应的特征。就市场结构来说，正规金融机构与民间中介的市场地位发生了倒置，即由民间中介主导转变为正规金融机构主导。贷款者（农户）的决策模式也发生了变化，即农户由道义小农转变为理性小农。贷款的主要用途不是缓解流动性约束，而是购置生产设施和耐用消费品。在信贷决策中，信贷是否可得的考量已经让位为信贷价格（利率）的高低。市场结构和农户信贷决策模式的改变，也影响着信贷模式。比如，尽管金融联结依然是重要的，但主要模式可能从垂直联结变为水平联结。随着竞争性金融体系的形成和农户理性动机的强化，贷款联结的重要性将会下降，而信息联结的重要性将逐渐上升。同时，随着农业规模化、组织化程度的提高，建立在民间中介信息优势前提之下非组织化的互联性贷款和金融联结的重要性有所降低。基于农业产业化组织的信息和契约执行等优势而实现对农户增信的新型融资模式，比如供应链融资等，将变得越来越重要。就政策来说，政府的主要作用已经不是促进金融机构下沉和建立健全竞争性金融体系，而是通过促进规模化经营、转换增长动能等措施，激发农户的信贷需求，进而促进金融机构形成以客户为中心的信贷管理体制，不断完善金融服务，使农户通过信贷市场融入现代农业体系，从而不断提高生活质量和提高生产效率等。

五、生命周期理论

Weston 和 Brigham 将企业金融成长周期划分为创立期、成长期Ⅰ、成长期Ⅱ、成长期Ⅲ、成熟期和衰退期六个阶段，在阐述企业不同时期的融资来源的过程中结合企业销售收入、盈利状况和资本结构等因素的影响，在总结企业融资发展规律时基于长远和动态变化的视角，指出商业银行等正规机构更容易对处于成长阶段的小微企业提供融资支持。

企业创业初始阶段的资金来源主要是创立者的自有资金且规模较小，小微企业在这一阶段获得外部融资难度很大是因为信息不对称较为严重。随着企业的稳步成长，抵押担保物增多，在这一阶段小微企业能够从商业银行等信贷机构获取资金。当企业步入成熟期后，财务制度不断完善且信息更加对称，因此小微企业的融资来源增多，可借助于资本市场进行公开融资。当企业竞争力不断下滑走向衰退阶段后，面对资金不断撤出的情况，企业需要开拓新的融资渠道。因此，在不同的阶段，小微企业需要随时调整自身的融资结构和渠道。企业在初期阶段，对外融资约束较大且渠道较少，而在晚期则相反。

多数涉农企业规模较小，相较于大企业而言，中小企业的融资结构具有独特的复杂性，这使得传统融资结构理论中的典型问题（如委托代理问题和信息不对称问题）在中小企业身上表现得更为复杂。因此，中小企业融资结构理论成为学术界关注的焦点。众多研究发现，中小企业融资结构具有一定的共性特征。一是中小企业的股权融资中的私人股权占比较高。二是中小企业的债务融资中的银行贷款占比较高，且大多数是短期债务。三是商业信用在中小企业的债务融资中也占据较高的比重。四是保留利润在中小企业融资来源中占了非常重要的地位。鉴于中小企业特征，涉农企业的融资行为可参考生命周期理论，讨论涉农企业存续期的融资增长的阶段性需求。

中国农业银行首席经济学家曾学文在2023年清华五道口全球金融论坛上表示，畅通涉农科技、产业和金融良性循环，要充分考虑当前乡村振兴的阶段、特点和任务，突出金融工作的政治性、人民性和专业性，聚焦解决涉农金融的堵点和难点问题，努力构建中国特色的涉农科技金融服务体系。一是完善涉农领域"科技-产业-金融"良性循环的顶层设计；二是加强对涉农科技细分行业的研究；三是构建适应涉农科技企业的全生命周期融资体系，针对涉农科技企业发展不同阶段提供差异化、组合式的融资模式；四是充分发挥金融科技和数据驱动的作用；五是优化风险分担和风险防控体系。

基于生命周期理论的融资需求理论补充为农业企业和投资者提供了一种分析和预测农业项目融资需求变化的方法。通过了解农业企业在不同生命周期阶段的特征和需求变化，投资者可以更加准确地评估项目的风险和收益，从而作出更加明智的投资决策。同时，农业企业也可以根据自身的实际情况和发展阶段来制定合适的融资策略，以满足企业的资金需求并推动企业的持续发展。

六、优序融资理论

优序融资理论认为若企业大量使用内源融资，则说明企业营业情况良好，现金流稳定，企业利润足以支撑企业的扩大再生产。若债权融资作为一种强行还本付息的融资方式，则说明企业对融资的投资项目信心足，能够较大概率地获得收益，市场反应会比较积极。而股权融资作为一种风险共担、利益共享的融资方式，反映了企业对投资项目信心不足，收益情况不明，且相较于债权融资，股权融资的手续、成本更高。因此企业一般优先选择内部融资，其次是债权融资、股权融资。

根据优序融资理论，企业在初创阶段通常依赖于内部融资，如留存收益、股东投资等，以降低融资成本和减少风险。随着企业的发展和规模的扩大，企业开始寻求外部融资，如银行贷款、债券发行、股权融资等。而小微企业在多种外部融资方式中选择股权融资时，会使得融资成本进一步提高。初步股权融资作为外部融资的一种形式，可以满足涉农企业在发展过程中的大部分资金需求，帮助企业扩大规模、提高生产效率和技术创新，从而推动乡村经济的发展。

第三节　农业供应链金融理论

结合农业产业特征，农业供应链金融理论融合了长尾理论、供应链融资理论与协同效应理论，通过整合农业供应链中的信息、物流和资金流，为农户、合作社、加工企业及销售企业提供全面金融服务。长尾理论强调关注零散、小众需求以聚沙成塔。供应链融资理论则利用供应链上的真实交易信息降低融资风险。协同效应理论则通过多方合作实现资源高效利用。这三者共同构成了农业供应链金融的理论基石，促进了农业金融的包容性增长与可持续发展。

一、长尾效应理论

长尾效应理论是由美国《连线》杂志主编克里斯·安德森于 2004 年提出的。该理论认为在互联网时代，小众市场的产品虽然冷门但需求不小，当边际成本不断降低时，其需求不断累积且十分可观，小众市场的产品也能作为利润的来源。在之前的市场中，企业或者商家更加注重需求多的产品，忽略需求少的产品，但是互联网以及长尾理论的出现改变了这种"二八定律"的局面，使得需求低的商品也有机会进行销售，可以被市场接纳，市场曲线中的小众产品也可以获得利润，成为新的利润增长点。在如今互联网快速发展的时代，更应该关注具有潜在价值需求低的产品，挖掘长尾市场中存在的市场价值。互联网搜索技术和连接技术的快速发展可以使得供给方和需求方的交易成本降低，同时寻找成本也可以降低。

类似地，传统金融市场更加关注高端客户，而中小微企业在融资时面临着贵和难的问题、低收入人群面临着借贷门槛高的问题，这些问题使得他们难以享受金融服务和金融产品，由此催生了互联网金融的长尾市场。互联网的发展促进了数字金融的发展，使中小企业和低收入者可以通过数字金融来解决融资难融资贵、借贷门槛高等问题。具有长尾特征的农村金融市场可以借助网络技术，获得广大群众的需求，减少交易费用，降低中小企业的融资门槛，更多服务于中小企业以及贫困弱势群体，即通过数字化手段，将传统上被忽视的农村长尾客户群体纳入金融服务范围。尽管农村客户群体单个贡献的金融价值可能较低，但其庞大的数量足以形成显著的规模效应，从而弥补单个客户低利润的不足。通过运用大数据、云计算等金融科技手段，金融机构能够降低服务成本、提高服务效率、精准对接农村客户的金融需求、实现商业可持续。因此，金融科技可以作为促进农村普惠金融深入发展的关键破冰者与驱动力。

长尾效应理论在农村普惠金融中的一个典型应用体现在翼龙贷等金融服务平台上。翼龙贷是北京同城翼龙网络科技有限公司旗下的一个互联网金融平台，专注于为农村地区提供普惠金融服务，其产品包括新手标、翼农惠享、翼农计划、芝麻开花和私人定制等，这些产品均支持小额起投，并具有不同的锁定期和预期年化利率，满足出借人的不同需求。翼龙贷通过互联网技术，深入农村市场，为那些传统金融机构难以覆盖的"长尾"客户群体，如农户、小微企业等提供便捷的融资服务。这些客户虽然单个贷款额度小、风险较高，但数量庞大。通过规模化运营，翼龙贷成功实现了商业可持续。在具体成效方面，翼龙贷的服务覆盖了全国数千个区县及村镇，帮助数 10 万户次的"三农"家庭、个体工商户及小微企业获得有效资金支持。其高延展性、具备长尾效应的服务模式，满足了农户等分散化、差异化、小额度的资金需求。通过合作商体系，翼龙贷将金融服务下沉至农村一线，提高了金融服务的可获得性和便捷性。此外，翼龙贷还积极探索金融扶贫，与地方政府合作，为贫困农户提供资金支持，助力其脱贫致富，进一步促进了农村普惠金融的深化发展。

长尾效应理论在农村普惠金融中的应用虽然具有广阔前景，但也面临着信息不对称、商业可持续性较弱、基础设施和人才短缺以及法律和监管环境稳定性较低等方面的问题。一是信息不对称问题突出。农村地区的长尾客户群体，如农户和小微企业，往往存在信息不对称的问题。这些客户的财务状况、经营能力等信息难以全面、准确地获取，导致金融机构在风险评估和贷款审批时面临较大困难。这种信息不对称不仅增加了金融机构的运营成本，也降低了金融服务的效率和覆盖面。二是商业可持续性较弱。尽管长尾客户群体数量庞大，但单个客户的贷款额度小、风险高，导致金融机构在提供普惠金融服务时难以获得足够的收益来覆盖成本和风险。这影响了金融机构开展普惠金融服务的积极性，也限制了普惠金融在农村地区的深入发展。三是基础设施和人才短缺。农村地区的基础设施相对落后，互联网普及率较低，金融科技的应用受到一定限制。同时，农村金融人才短缺，特别是既懂金融又懂科技的复合型人才匮乏，制约了金融科技在农村普惠金融中的推广和应用。四是法律和监管环境稳定性较低。农村金融市场的法律和监管环境相对复杂，不同地区的政策差异较大。这增加了金融机构在拓展农村普惠金融业务时的合规成本和风险。

为解决以上长尾理论应用不畅的问题，应该在以下四个方面进行改进：一是应结合信息不对称理论，通过正式与非正式制度设计，加强信息共享与信用体系建设。信息不对称是制约长尾客户获得金融服务的关键问题。因此，应推动构建完善的农村信用体系，加强政府部门、金融机构与第三方数据平台之间的信息共享，提高信用数据的可获得性和准确性，降低金融机构的信息收集成本，从而扩大普惠金融的覆盖面。二是加强政策扶持与激励机制，如提供税收优惠、风险补偿和财政补贴等，降低金融机构运营成本与风险。同时，鼓励金融机构创新业务模式与产品，满足农村多元化金融需求，提升服务效率与盈利能力。此外，加强农村金融教育与培训，提升农民金融素养，促进金融市场的有效需求，从而增强农村金融的商业可持续性。三是加大基础设施与人才投入，农村地区的金融科技基础设施相对薄弱，专业人才匮乏。因此，应加大对农村金融科技基础设施建设的投入，提升互联网、移动通信等技术的普及率，同时加强金融科技人才培养和引进，为农村普惠金融的发展提供有力支撑。四是完善政策与监管环境，政府应制定和完善相关政策法规，为农村普惠金融的发展提供法律保障和政策支持。同时，加强金融监管，防范金融风险，确保农村普惠金融的健康发展。此外，还应加强跨部门协调合作，形成政策合力，共同推动农村普惠金融的深入发展。

二、信息不对称理论

在农村金融供给中，信息不对称理论是一个深刻影响农村金融市场的运作效率和资源配置的重要理论。信息不对称理论兴起于20世纪70年代，用于研究市场中交易各方因获得信息渠道不同、信息量多寡不同而承担不同的风险和收益。农村金融市场是一个典型的信息不对称市场，由于农业生产具有不确定性和低收益特征，加之农村信息闭塞、居民居住较为分散，银行很难获取完善可靠的信息来筛选出低风险、高收益的优质客户，且获得信息的成本十分高昂，因此，信息不对称问题远比城市普遍。首先，在发放贷款之前，银行对借款者进行背景调查的成本非常高，往往很难知道借款者的实际经营能力和还款能力，许多本应发放给那些具有较高预期收益或稳定收入客户的贷款，最终落入高风险客户手中；其次，在贷款获批之后，银行无法监督客户是否按照合同约定用途使用资金，也无法监督客户是否会尽最大努力经营项目以确保投资成功。最后，即使投资成功，借款者也可能以投资失败为由请求延期偿还贷款。信息不对称导致农业信贷在整个申请、获得和使用过程中暴露出逆向选择和道德风险问题，农村金融实践直观地显示出市场失灵。

为了有效控制信用风险，银行通常会要求客户提供实物抵押品或者第三方担保。冯兴元等（2019）指出，建立正式的土地产权和明确的资产产权制度，是解决农村信贷问题的根源。但现实情况是，即使建立了明晰的产权制度，但无论从社会伦理角度还是法律执行角度，银行想要没收穷人的抵押资产非常困难，可能会遭受村民的强烈反对，同时也和许多金融机构反贫困的使命背道而驰。一方面，由于农户对自己的信用状况、还款能力、项目风险等信息有更深入的了解，而金融机构则难以全面掌握这些信息。这导致金融机构在评估贷款申请时面临较大的不确定性，从而可能采取更为保守的贷款政策，加剧了农户的融资难问题。此外，在农户之间，也可能存在信息不对称问题。例如，一些农户可能更了解当地的市场情况、技术信息或政策导向，而其他农户则可能相对滞后。这种信息不对称可能影响农户的生产决策和经济效益。另一方面，在农村金融市场中，不同金融机构之间也可能存在信息不对称。例如，某些金融机构可能更了解当地农户的实际情况，而其他金融机构则可能相对陌生。这种信息不对称可能导致金融机构在竞争和服务提供上存在差异。上述原因导致金融机构对农户实行信贷配给，农户也会出于自身考虑不提出贷款申请，继而加剧自我排斥。因此，农村金融改革的关键任务是解决信息不对称问题，或找到合适的抵押品替代机制。

与正规信贷市场相反，农村社会的非正规信贷市场却表现出优越的信息优势。在人口流动性小，地域相对封闭的村庄，村民之间长期共同生活和互动交往，信息主要通过闲言碎语的方式传递，信息收集费用很低。从相对意义上来说，个人信息是对称的。而且，借贷双方常常还存在除信贷联系之外的其他联系，如生产、经营、贸易，甚至是血亲关系。非正式放贷人可以利用信息优势甄别出"好客户"，且一旦出现问题贷款，也能及时运用社会压力或其他手段对违约者施加压力，迫使其还款。现实中广泛存在于发展中国家的各种非正规金融组织形式，如合会、民间私人借贷等，本质上都建立在人缘、地缘、血缘关系基础上，都利用了低信息成本的优势。正是因为农村非正规金融有效解决了信息不对称问题，才对正规金融形成了较好的补充甚至是替代。许多研究都表明，在发展中国家和地区，非正规金融的成本更低，工作方式更灵活，表现也更积极。但是，非正规金融的信息优势也是相对的，与放贷者的活动范围之间存在此消彼长的关系。这决定了非正规放贷者只能在一个较小的范围内针对少数客户开展业务，而且这些客户通常是相对固定的。非正规信贷市场呈现出高度分割的特征，不具有内生扩展性。

正因为正规金融和非正规金融各有优势与不足，在向农村地区尤其是偏远贫困地区延伸信贷服务时，两者之间进行专业化分工和互惠合作就成为一种可行且必然的选择。正规金融机构具有资金规模、技术和金融基础设施等方面的优势，而非正规机构具有信息优势，两者若以金融联结的方式整合起来，各自发挥比较优势，将有效提高农村信贷服务的可及性。在联结方式上，各国都进行了许多探索和尝试，比如在菲律宾和印度，常常有非正规放贷者从银行获得贷款，再以较高的利率转贷给客户；在美国，农村信用合作体系通过生产信贷协会或农民专业合作社向农民提供贷款等金融服务；也有很多国家的正规金融机构通过向贷款代理人支付佣金的方式，委托其搜寻客户、审查客户资质、维护客户关系等。自20世纪80年代起，金融联结逐渐成为许多国家金融发展战略的一部分。

三、供应链融资理论

供应链融资作为一种新兴的融资模式，通过引入供应链管理理念，将金融服务嵌入供应链管理的各个环节，实现了金融与产业的深度融合。供应链金融融资基于核心企业与上下游企业之间存在大量业务往来，核心企业可以凭借真实贸易信息作为放贷评估标准，进而实现融资。供应链金融能将整条供应链的信息流、物流和资金流利用起来，采用更丰富的增信手段，从而提升供应链的协同性，并优化整条供应链的结算和融资成本。

供应链融资理论起源于 19 世纪初的存货质押融资模式，并在美国逐渐发展完善。随着全球经济的快速发展和供应链管理的日益复杂，传统融资模式已难以满足供应链中企业的多元化融资需求。供应链融资理论的核心理念在于通过整合供应链资源，优化资金配置，提高资金利用效率，从而降低整个供应链的融资成本，提升供应链的整体竞争力。迈克尔·拉莫洛克斯等学者强调了核心企业在供应链融资中的主导作用，通过信息共享和成本控制，优化供应链资金流动。同时，还有学者如权衡理论的代表人物罗比切克（Robichek）和梅耶斯（Myers），他们提出公司的市场价值并非随负债无限增加，需权衡财务风险与收益。此外，信息不对称理论的贡献者如斯蒂格利茨等，揭示了信息不对称导致的信贷配给现象，为理解供应链融资中的挑战提供了视角。这些观点和理论共同推动了供应链融资模式的发展与应用。

供应链融资是一种创新的金融模式，它将供应链上的核心企业及其上下游配套企业视为一个整体，基于供应链中的交易关系、行业特点及货权、现金流控制，设计综合金融解决方案。这种融资模式旨在解决供应链中上下游企业，尤其是中小企业，面临的融资难、担保难问题。通过整合供应链资源，实现资金的有效配置，降低融资成本，提升整个供应链的竞争力。供应链融资不仅关注单一企业的信用状况，更重视供应链整体的稳定性和协同性，通过金融手段促进供应链上下游企业的紧密合作与共同发展。供应链融资在解决中小企业融资难题、降低融资成本、减少供应链风险等方面是一个十分有效的手段。随着实践的不断推进，供应链金融的概念也从最初的"要素融资"到"过程融资"，从单纯的"贷款"到"全生态"的融资。

供应链金融模式是核心企业利用其雄厚的实力背景与上下游企业进行合作，以较小的融资成本满足中小企业的资金需求，从而实现整个体系高效的发展的一种模式。具体而言，供应链融资的三种典型模式主要包括应收账款融资、预付款融资和存货融资，每种模式都有其独特的应用场景和优势。

一是应收账款融资模式。当由于上游企业向下游企业提供赊销服务，导致销售款回收放缓或应收账款回收困难时，上游企业可以通过应收账款融资来解决资金周转问题。这种模式主要基于上游企业与下游企业签订的真实合同所产生的应收账款，上游企业可以将其应收账款质押给金融机构或供应链服务平台，从而获得融资。这种融资方式有助于上游企业快速回笼资金，提高资金利用效率，同时降低因应收账款积压而带来的财务风险。

二是预付款融资模式。在供应链中，下游企业往往需要向上游企业预付货款以获取商品或服务。然而，对于资金紧张的下游企业来说，一次性支付大额预付款可能会带来较大的资金压力。因此，预付款融资应运而生。下游企业可以通过向金融机构或供应链服务平台申请预付款融资，获得的所需资金用于支付上游企业的预付款项。这种融资方式有助于下游企业缓解资金压力，提高采购能力，同时也有助于上游企业提前锁定销售订单，确保生产经营的稳定。

三是存货融资模式。在企业存货量较大或库存周转较慢的情况下，企业可以利用现有存货进行融资。存货融资主要包括静态抵质押、动态抵质押和仓单质押等方式。其中，静态抵质押是指企业以自有或第三方合法拥有的存货为抵质押物进行融资；动态抵质押则允许企业在设定最低限额的前提下，对用于抵质押的商品进行滚动操作；仓单质押则是以仓单所代表的提货权为质押物进行融资。这些方式都有助于企业盘活积压存货的资金，提高资金利用效率，同时降低因库存积压而带来的财务风险。

供应链融资在多个领域得到了广泛应用，并取得了显著成效。在制造业领域，供应链融资通过为核心企业及其上下游供应商、分销商提供定制化融资方案，促进了供应链上下游企业的紧密合作与协同发展。在电商平台上，供应链融资结合大数据、云计算等先进技术，为平台上的卖家和买家提供灵活便捷的融资服务，有效缓解了中小企业融资难题。此外，供应链融资还在物流、农业、能源等多个领域得到了推广和应用，为各行业的供应链优化和产业升级提供了有力支持。供应链融资理论在农村金融市场的应用，不仅为传统金融难以触及的农村地区带来了新的融资解决方案，还促进了农村金融服务的创新与升级。第一，供应链融资通过整合农业产业链上下游的资源，将农民、合作社、农产品加工企业、销售商等紧密连接起来，形成了一个闭环的供应链生态系统。在这个生态系统中，金融机构可以基于供应链的真实交易数据和物流信息，为各环节提供定制化的融资服务。例如，针对农民在种植、养殖过程中面临的资金短缺问题，金融机构可以推出以农产品预期收益为质押的融资产品，帮助农民提前获得资金支持，保障农业生产的顺利进行。同时，对于农产品加工企业和销售商，金融机构则可以提供应收账款融资、预付账款融资等灵活多样的融资方式，满足其不同阶段的资金需求。第二，供应链融资理论在农村金融市场的应用还促进了产品服务的创新。一方面，金融机构利用大数据、区块链等金融科技手段，对供应链中的交易数据进行深度挖掘和分析，建立起了更为精准的风险评估模型。这使得金融机构能够更准确地把握供应链中各环节的风险状况，从而提供更加精准的融资服务。例如，通过区块链技术实现供应链的透明化和可追溯性，金融机构可以实时掌握农产品的生产、加工、运输和销售情况，有效降低了融资过程中的信息不对称风险。另一方面，金融机构还积极与农业科技公司、电商平台等合作，共同打造综合化的金融服务平台。这些平台不仅提供融资服务，还涵盖了农业技术咨询、市场信息发布、农产品销售等多元化服务，为农民和农业企业提供了全方位的金融支持。例如，电商平台可以与金融机构合作，推出基于电商交易的供应链融资产品，为农民提供更加便捷、高效的融资服务。

供应链融资理论在农村金融市场的应用虽前景广阔，但也面临着多重困境。首先，信息不对称问题是制约其发展的主要因素。农村金融市场长期存在信息不对称的现象，金融机构难以全面了解农民、合作社及农业企业的真实经营状况和信用状况，导致风险评估和信贷审批难度加大。这不仅增加了金融机构的运营成本，也限制了供应链融资的普及和深入应用。其次，农村地区的金融基础设施相对薄弱，如支付结算系统、征信体系等尚不完善，给供应链融资的顺利实施带来了挑战。再次，农业产业本身具有周期性、风险性等特点，使得供应链融资在风险控制和产品设计上需要更加精细化和个性化，而当前农村金融市场的产品和服务尚难以满足这些需求。最后，供应链融资在农村地区的推广和普及还需要克服农民和农业企业传统融资观念的束缚，以及金融机构对农村地区市场的认知偏差和重视程度不足等问题。

为破解供应链融资在农村金融市场的主要应用困境，关键在于构建一套高效、透明的数字化融资体系。一是利用大数据和人工智能技术对农业供应链进行深度剖析，精准识别供应链上的融资需求和风险点，为金融机构提供科学的决策依据。二是搭建供应链金融服务平台，实现供应链上下游企业间信息的实时共享与互通，降低信息不对称带来的融资障碍。同时，引入区块链技术，确保交易数据的真实性和不可篡改性，增强融资过程的安全性和信任度。三是推动金融机构与农业合作社、农产品加工企业等农村经济主体的深度合作，通过数字化手段优化供应链资源配置，提高整体运营效率。其中，数字供应链金融就是典型应用。

数字供应链金融是各类数字技术与传统供应链金融深度融合的产物，它运用金融科技手段，如区块链、物联网、大数据与人工智能等，对物流、资金流、信息流等信息进行整合。在真实交易背景下，数字供应链金融构建了供应链中占主导地位的核心企业与上下游一体化的金融供给体系和风险评估体系，以系统性地满足产业链上企业的结算、融资、财务管理等综合需求。这一模式旨在降低企业成本，提升产业链各方价值，并有效解决传统供应链金融中存在的信息传递不畅、信用难以多级传递等问题。

数字供应链金融的兴起源于供应链金融的发展需求与现代科技的进步。随着全球化和企业国际化步伐的加快，供应链上的企业为了降低成本、提高效率、增强竞争力，开始加强合作，形成紧密的供应链关系。然而，供应链上的企业常面临资金流不同步的问题，导致融资难、资金压力大。为解决这些问题，供应链金融应运而生，通过集成物流、资金流、信息流等资源，为供应链上的企业提供金融服务。随着数字技术的飞速发展，金融机构、科技公司等市场主体开始探索将数字技术应用于供应链金融领域，从而催生了数字供应链金融这一创新模式。由于传统供应链金融业务风险事件频现，数字供应链金融成为人们关注的焦点，大数据、区块链等新兴技术能解决许多传统供应链金融业务场景下的痛点。大数据技术能为融资企业建立精准用户画像，降低企业融资风险。区块链则可以解决信息孤岛，利用智能合约防范履约风险，创造可信的贸易场景。

数字供应链金融在实际应用中展现出强大的生命力和广泛的适用性。首先，它通过区块链等技术实现了信息的透明化和可追溯性，有效解决了信息孤岛问题，使得资金方能够更准确地评估供应链上企业的信用状况和风险水平。其次，数字供应链金融利用大数据和人工智能技术进行风险评估和决策，提高了融资效率和准确性。最后，数字供应链金融还广泛应用于应收账款融资、存货质押融资、预付账款融资等多种融资模式，为供应链上的企业提供了多样化的融资选择。目前，数字供应链金融已成为支持实体经济发展的重要力量，尤其是在解决中小企业融资难、融资贵问题方面发挥了积极作用。例如，腾讯利用区块链技术与联易融合作打造出供应链金融服务平台微企链，该平台便是通过区块链技术联通供应链中的各方企业和金融机构，完整真实地记录资产（基于核心企业的应付账款）的上链、流通、拆分和兑付，从而保证链上资产的可信。

四、协同效应理论

目前，许多运行的供应链金融模式都是以核心企业为主导的，而在供应链中，企业通过整个供应链系统进行协同创新。在这一视角下，产业链上下游企业获得了核心企业的贷款，并为其提供了资金支持，进而为核心企业提供更优质的产品和服务，使其获得了较高的投资回报率。因此，有必要引入协同效应理论进行深入分析研究。协同效应是指多个主体通过合作从而实现整体发挥的效应大于各部分单独组合的效应的行为。协同效应的第一层含义就是将不同的个体组合在一起进行相互配合，使个体在单独运作时无法充分利用的资源在合作过程中得到充分利用。第二层含义就是指不同的个体之间进行信息的交流互换，从而提高资源的利用效率。哈肯在 1971 年提出了协同的概念，为协同效应理论在各个领域的应用奠定了基础。协同效应理论在商业管理领域的应用认为，通过战略协同、资源共享和流程优化等方式，企业可以实现成本降低、效率提升和市场竞争力增强的目标。例如，企业通过并购或合作，整合双方的资源和技术，形成优势互补，从而产生协同效应。在供应链管理领域，供应商、制造商、分销商等各个环节的协同合作，可以确保供应链的顺畅运行，降低库存成本，提高响应速度。

随着现代信息技术的发展，供应链上的企业、商业银行和物流公司在各自领域发挥自身优势。供应链金融融资模式的出现能够将三者紧密联系在一起，相互之间进行信息的共享，实现资源的高效运作。例如，国美控股集团建立供应链融资平台，国美利用此平台对接外部企业的信息，收集上游供应商的销售数据和下游客户的订单信息。同时引入合作的外部商业银行资金，将物流公司、上下游企业和商业银行联系起来，整合信息流、物流、商流、资金流进而为融资方提供资金支持，实现协同效应。协同效应理论在农村金融中的应用主要体现在，促进不同金融产品和服务之间的协同合作，以及加强金融机构与农村经济主体之间的紧密联系。通过协同效应，农村金融能够更有效地满足农村地区的多元化金融需求，提升金融服务的覆盖面和深度。具体而言，银行和保险公司可以在产品融合和业务代理等方面进行广泛合作，如推出"保险＋信贷"的金融产品。"保险＋信贷"模式利用保险为贷款户增信，减少金融机构的顾虑，增加"三农"信贷的有效需求。同时，保险赔偿金可用于还贷或帮助贷款主体迅速复工复产，保障贷款按时偿还。而"保险＋期货"模式则通过期货的价格风险转移和风险分散机制，使农业保险能够承保价格波动等市场风险，为农民提供价格保险、收入保险等产品，进一步稳定收入。这些创新产品不仅有利于农民抵御风险，还促进了金融机构的业务拓展和风险管理能力的提升。它们既能为农民提供贷款支持，又能通过保险保障降低信贷风险，从而实现双赢。此外，金融机构还可以与农业合作社、农产品加工企业等农村经济主体建立紧密的合作关系，共同推动农村经济的发展和繁荣。如"农业企业＋农业合作社＋农户＋金融机构"运作模式，该模式下，金融机构提供资金支持，农业企业发挥市场引领和技术优势，农业合作社组织农户进行规模化生产，形成紧密联结的供应链，各方通过协议明确责任与义务，实现信息共享与风险共担，共同推动农村产业升级和农民增收，展现了协同效应在农村金融中的巨大潜力。这种协同效应不仅有助于提升农村金融服务的整体效能，还能为农村地区的脱贫攻坚和乡村振兴提供有力的金融支持。

协同效应理论在农村金融中的应用虽前景广阔，但在实际推行过程中仍面临诸多困境。首先，农村金融基础设施相对薄弱，包括支付结算系统、征信体系等的不完善，制约了金融服务的协同效率和覆盖面。其次，农村金融产品与服务的创新不足，难以满足农民和农业企业的多元化需求。再次，农村金融市场的发展不平衡也是一大困境。最后，政策支持和监管机制的不完善也影响了协同效应的发挥。政府在农村金融改革和乡村振兴中的引导作用有待加强，相关政策和法规的制定和执行需要更加精细化和具有针对性。同时，监管部门也需要加强对农村金融市场的监管力度，防范金融风险的发生。

化解农村金融市场协同效应的困境，关键在于利用大数据、人工智能等先进技术提升金融服务的智能化水平。通过构建数字金融平台，实现金融机构与农村经济主体之间的信息共享与互通，打破信息孤岛，提高协同效应的精准度和效率。同时，推动金融产品与服务的数字化创新，如开发线上贷款、移动支付等便捷工具，降低服务成本，扩大服务覆盖面。此外，加强农村金融数字化基础设施建设，如网络覆盖、智能终端普及等，为协同效应的发挥提供有力支撑。通过这些措施，可以有效化解农村金融市场协同效应的困境，促进农村金融市场的健康发展。

第四节 农村金融供给与普惠金融理论

农村金融市场的供求关系是影响农村金融供给的重要因素，更是在金融市场发展初期，影响农业农村资本要素、农业农村发展的关键。一般来说，农村金融需求主要来自农户和农村企业，他们对资金、贷款、保险等金融产品有着迫切的需求。然而，由于农村地区经济发展相对滞后，金融基础设施不完善，金融机构覆盖面有限，导致农村金融供给不足，难以满足广大农户和农村企业的需求。金融机构在农村金融供给中扮演着重要角色。传统的商业银行由于追求利润最大化，往往不愿意将资金投入到风险较高、收益较低的农村地区。因此，需要建立适应农村特点的金融机构，如农村信用社、农村商业银行等，它们更了解农村地区的实际情况，能够提供更贴近农户和农村企业需求的金融服务。内生金融发展理论认为，金融组织的发展有着自身的发展规律。商业银行等金融组织难以渗透到农村，民间中介在农村地区具有强大生命力。正反两面的事实表明，农村金融市场的发展，也需要内生金融组织。

一、宏观金融组织理论

宏观金融组织理论属于宏观分析研究领域，其代表性理论是由格林伍德、约万诺维克、罗斯·列文、帕特里克以及史密斯等人提出的旨在阐明金融组织和金融市场如何随人均收入水平变化而演进的内生金融发展理论。

格林伍德和约万诺维克通过引入固定进入费用和固定的交易成本，借以说明金融组织机构和金融市场是随着人均财富增加而发展的。罗斯·列文以及格林伍德和史密斯在金融发展模型中进一步指出，较高的固定成本会导致金融发展与经济增长之间的"门槛效应"。即只有当经济发展到一定阶段之后，金融中介市场才得以形成。这较好地解释了同一时期的发达国家与发展中国家之间的金融发展水平差距。在经济发展的早期，人均收入与财富均较低的条件下，人们无力支付固定的进入费或者即使有能力支付也会由于交易量太小而负担过高的单位成本，所以没有动机去利用金融中介和金融市场。反过来，由于缺乏对金融服务的需求，金融服务的供给无从产生，金融组织机构和金融市场也就没有存在的基础。当经济发展到一定阶段后，一部分先富起来的人由于其收入和财富达到临界值，他们才愿意支付固定的进入费用去利用金融中介机构和金融市场，从而形成各种类型的金融组织。同时，他们还指出金融体系在经济发展的不同发展阶段与发展水平上的作用是不同的。在经济发展初期，人均收入和人均财富较低，人们主要通过构建金融中介机构来降低信息和交易成本，对其他金融组织、金融服务与金融工具的需求较少。只有当经济发展和人均财富达到一定程度之后，人们才有能力和动力去积极参与更丰富的金融市场活动。

宏观金融组织理论从整个经济发展层面提出了金融组织的适应性与引导性发展的观点，对中国的金融体制改革尤其是农村金融体制改革具有很强的启发性。帕特里克的理论阐明了金融组织的发展与经济增长之间的两种可能的因果关系及主次关系，这对于研究中国农村金融组织的制度供给具有重要的指导意义。内生金融发展理论则为解释、分析中国农村正规金融组织发展的困境与农村非正规金融发展的必然性提供了一个有力的工具。尤其是针对经济比较落后的地区，它提供的思维模式具有很好的说服力。

然而，宏观金融组织理论也并非完美无缺。帕特里克的理论没有考虑金融组织发展与经济增长之间的相互促进作用。在经济发展的同一个时期，金融与经济增长有可能是交织在一起的，相互推动向前发展或者相互抑制阻碍对方发展。供给引导型的金融发展模式可以加速经济增长，但需求追随型的金融组织模式也不只是消极地适应实体经济部门对金融的需求。相反，实体经济部门的增长能够促使金融体系自发地向更高层次演进，因为持续的经济发展使人们有可能建立高成本和日益复杂的金融中介组织。而内生金融发展理论仅仅是从资金盈余者的角度考察投资者对金融组织的影响，并没有从资金短缺者的角度来分析金融组织的发展。即使从资产盈余部门的角度分析，金融组织的发展也不仅仅与收入水平和财富有关，它往往还与人们对待风险的态度等有关。这些是我们在实践中运用这些理论时必须注意的问题。

二、微观金融组织理论

微观的金融组织理论主要是在金融中介理论基础上发展起来的，其代表理论包括詹姆斯·托宾、格利和肖（Gurley & Shaw）以及乔治·本斯顿（George Benston）以"规模经济"和"交易成本"分析为主提出的金融中介发展理论，以及在此基础上提出的金融组织形式科学设置理论。

詹姆斯·托宾在 1963 年指出，金融中介组织能够发行间接证券的原因在于，金融中介专门从事资金融通活动，规模巨大，能够在资金借入与资金借出过程中能够发挥规模经济效应，从而节约交易成本。也就是说，当交易规模增大时，平摊在每 1 美元上的成本就降低了。此外，詹姆斯·托宾还强调银行经营管理面临挑战，银行业发展的规模应该依赖于在扣除吸收或持有更多存款所造成的成本基础上，发放贷款和投资所获得的回报，而不是有多少储备和放多少贷款。乔治·本斯顿提出，交易成本应成为金融组织理论分析的核心内容。乔治·本斯顿视金融中介组织为特殊的金融产品制造者，金融产品制造与生产其他产品一样，需要人力、物力、财力，并较其他企业更加广泛使用提供的证据、信息和监督。同时，由于金融产品代表着债权，在一定条件下可以转化为其持有者的购买力或手中的商品，所以金融产品的制造，要具有一定的合规性。他们认为金融产品的制造取决于其未来销售价格能否弥补该产品生产时的直接成本和机会成本。乔治·本斯顿还指出，金融企业之所以能够制造有上述特殊要求的金融产品，是因其所具有的三大优势：其一是专业化导致的规模经济；其二是更易以低成本获取大量信息的优势；其三是能通过范围经济降低搜寻信息的成本。交易成本与金融产品种类、消费者偏好之间有一定的内在关系，技术和消费者偏好的变化将使交易成本发生变化，从而促使金融中介组织调整产品，因此，实现规模经营、降低交易成本将是金融中介组织存在和发展的基础。

此后，在詹姆斯·托宾和乔治·本斯顿等的研究基础上，微观金融组织理论得到了进一步发展。盖尔、赫尔维格、艾伦等人的相关研究普遍认为，除了传统因素外，金融企业组织形式也是影响金融组织规模经济与交易成本的重要变量。从管理理论来说，随着企业规模的扩大，其内部可分离的基本经营单位会越来越多，下属人数亦会相应增加，随之而来的上下级间、平级间的关系复杂程度就会非线性增加，从而使得企业内部的交易成本非线性地增加，同样，交易的边际成本也会非线性增长。要克服交易边际成本的急剧增长，企业就必须增加管理层次以降低交易的边际成本。然而，管理层次的增多，会迅速加重层次增加带来的各种弊病——信息遗漏和失真以及计划与控制的复杂化，从而降低管理效率，增加边际成本，就会出现规模不经济。因此，必须寻求新的管理方式以降低由规模扩大带来的边际交易成本增加，这样才能继续扩大企业规模经济的边界。这种新的方式就是进一步分工和专业化。以银行为例，其具体表现就是上级行对下级行的授权与分权以及职能系统的分化。这样就简化了金融机构管理者的管理工作，将原本相当复杂的管理工作变成相对简单的母公司对子公司或职能部门的监督、考核工作，同时也避免了管理层次增加所带来的各种弊端。无疑，这种组织形式极大地扩大了金融机构规模经济的边界，为拥有越来越多的分支机构的大型金融机构的存在，提供了体制上的依托。因此，企业的组织形式是影响金融业规模经济的决定因素之一，只有那些可以降低企业内部边际成本的组织形式，才能扩展企业规模经济的边界，实现规模经济，并降低交易成本。

微观金融组织理论在农村金融的研究方面，有以下启示。第一，降低交易成本是农村金融组织存在和发展的基础，而降低交易成本又必须要求实现规模经济。对于中国农村正规金融组织来说，中国农村幅员广阔，各农村经济主体（包括农村居民和农村企业）分布零星，经营分散，增加了金融机构管理金融资产的成本。而且，农村的资金需求频率高、次数多，需求额度低，金融机构在组织金融交易、管理金融业务中所支付的直接人力、物力所折合的生产成本和人员费用与城市相比，差异显著，表现出明显的高成本、低收益特征。在缺少必要的信贷保证和保险保障的前提下，各金融机构在农村金融服务中承受的机会成本远远超过城市金融服务。因此，农村正规金融组织更应追求规模效益，控制交易成本。第二，由于农村正规金融组织的生存和发展必须同追求规模效益、控制交易成本联系起来，所以农村正规金融组织不可能在农村经济运行中面面俱到，甚至占领整个金融市场。而非正规金融作为农村金融体系的补充，有其存在的合理性。

进一步地，农村金融供给与普惠金融理论是探讨农村金融市场中金融资源如何有效配置以满足农村经济发展需求的理论体系，以下将从信贷配给理论、金融排斥理论、信息不对称理论、不完全合同理论与机制设计理论逐层进行梳理。

三、信贷配给理论

信贷配给理论最早的思想萌芽可以追溯到亚当·斯密的《国富论》。他在书中虽然未直接使用"信贷配给"一词，但在论述高利贷的最高数额时，已经扼要地探讨过信贷配给现象。他指出，当法定利息率低于最低市场利息率时，信贷会呈现非价格配置的情况，即债权人因报酬过低而不愿借钱，导致部分借款人无法获得贷款。这一观点为后来的信贷配给理论奠定了基础。19 世纪 20 年代至 20 世纪初，英国银行学派与通货学派在讨论多种金银块和货币问题时，也曾涉及信贷配给问题。特别是 1833 年英格兰银行受贷款利率上限管制所限，无法调节贴现利率，只能以限制贷款供给作为政策工具，这一现象进一步引发了人们对信贷配给的关注。此后，凯恩斯在《货币论》中讨论了未被满足的借贷需求，明确指出了市场经济背景下银行以非价格手段独立地配置信贷资金的现象。现代最早研究信贷配置理论的是 Roosa 等人。Roosa 和 Robert（1951）正式提出"信贷可获性学说（Credit availability doctrine）"，后经 Scott 等（1957）和 Lindberk 和 Assar（1962）以及美国联邦储备系统的其他学者进一步研究，这些研究开始将信贷配给与可获得性理论联系起来，并深入探讨了信贷配给的成因和机制。随后，Hodgman（1960）、Freimer 和 Gordon（1965）、Jaffee 和 Modigliani（1969）等众多学者开始深入探索信贷配给的成因。他们从银行对贷款危机的判断和态度以及银企关系等角度，逐步为信贷配给理论确立了微观基础。到了 20 世纪 70 年代中期以后，信贷配给理论渐入成熟阶段。

Baltensperger（1974，1978）将信贷配给分为广义和狭义两类，进一步丰富了信贷配给理论的内容。

信贷配给是指信贷机构在对利率、风险、利润等方面进行综合考量后进行放贷的活动。在这一理论中，信息对称和利率对信贷风险管理具有重要影响。当利率上升时，一方面，部分优质企业由于借款成本较高而不会向银行借款；另一方面，欠优质企业却往往想要获取银行更多的资金。因此，利率上升更可能会降低银行的风险溢价。在这一情况下，商业银行会采用筛选客户的方式，而不会盲目提高利率。信贷配给理论能够较好地解释小微企业等普惠客群"融资难、融资贵"问题的成因。

信贷配给理论认为只有在商业银行等信贷机构自身利率机制的基础上，进行有计划的非价格干预，才有可能实现信贷配给效率的提高。商业银行不会只考虑利润最大化而忽略信贷风险管控。因此，商业银行将会对利率、抵押担保物等进行综合考量，对不同风险等级的借款者制定差异化的信贷合同，从而管控风险。此外，商业银行还可以通过尽职调查以及各种信息渠道获取普惠客群信息，并据此刻画客户画像。这些措施都将为长期合作关系的建立以及普惠信贷体制机制的完善提供帮助，满足普惠客群的资金需求。

在农村金融市场中，信贷配给现象尤为突出，主要因为农户的融资能力相对较弱，难以通过正规金融渠道获得足够的贷款支持。由于农户普遍缺乏有效的抵押品和担保，同时收入水平较低且不稳定，导致他们在申请贷款时面临较高的门槛和限制。因此，很多农户即使有强烈的贷款需求，也无法从正规金融机构获得贷款。即使农户成功获得贷款，其贷款额度也往往低于实际需求。这主要是因为金融机构在评估农户的还款能力和风险时，会采取较为保守的策略，从而限制贷款额度以控制风险。此外，在农村金融市场中，不同农户之间的贷款利率可能存在较大差异。这主要是因为金融机构会根据农户的信用状况、还款能力等因素进行差异化定价。然而，这种差异化定价也可能导致部分农户因为利率过高而放弃贷款申请。

四、金融排斥理论

对金融排斥问题的研究始于 20 世纪 50 年代，是罗纳德·麦金农与爱德华·肖在研究发展中国家二元经济结构问题时最早发现的金融排斥现象。即在一些尚未被金融体系覆盖的经济落后地区，有大量企业或家庭缺少足够的途径或方式接近金融机构，以及在利用金融产品和金融服务方面存在诸多困难与障碍。1993 年，英国金融地理学家 Leyshon 和 Thrift 正式提出金融排斥概念，将其定义为贫困阶层和社会弱势群体因远离金融服务机构及其分支机构而被排斥在主流金融服务之外。随着研究的深入，金融排斥的内涵被不断外延和扩展，FSA（2000）等将金融排斥拓展为社会排斥的一个子集，认为受到金融排斥的群体往往也无法获得其他关键性的社会资源，并失去许多重要的发展机会，比如获得更好的投资、教育、医疗，以及社会保障等，进而产生综合性排斥。

　　金融排斥分为六种类型：地理排斥、条件排斥、评估排斥、价格排斥、营销排斥以及自我排斥。其中，地理排斥指因营业网点、ATM 机分布不足等原因，居民无法就近获得金融服务，不得不依赖距离较远的金融中介机构。条件排斥与金融产品设置的苛刻条件有关，担保抵押不足、收入低下、信用评级困难的人群更容易被排除在外。评估排斥是指金融机构通过严格的风险评估手段，将部分客户合理的金融需求拒之门外的行为。价格排斥和营销排斥分别反映了金融机构通过不合理的产品定价手段和差异性营销方案，忽视了弱势群体对正常金融服务的需求。自我排斥则是指居民对金融服务有需求，但因曾经在申请金融产品时被拒绝或听说很难获得，或对金融产品不了解等而主动放弃申请的行为。可以看出，金融排斥是需求和供给双方共同作用的结果。对金融机构来说，它们更偏爱信用品质较佳的客户，并针对这部分客户不断开发、细化金融产品和服务，但这些产品和服务并不适合贫困阶层的需求。对需求方来说，贫困居民因为金融素养不足、不愉快的金融经历等，更容易放弃申请使用金融产品，从而造成金融排斥。

　　众多研究表明，金融排斥在世界范围内普遍存在。根据世界银行普惠金融指数（Findex）数据，2017 年全世界依然约有 17 亿成年人没有银行账户，尤其是在发展中国家，女性人口和贫困人口的账户拥有率更低。金融排斥会对一个区域的经济社会发展带来诸多影响。在受排斥程度高的地区，经济增长、减贫脱贫、收入分配改善等许多发展指标均停滞不前，而且随着排斥程度不断加深，连锁的经济社会问题也会更严重。从微观层面看，因缺乏必要的储蓄、贷款、汇款等基本金融服务，金融排斥严重影响了受排斥群体的收入水平和生活水平的提高。

　　随着金融排斥引发的社会效应逐渐凸显，各国陆续从不同层面上推进普惠金融的发展。2005 年，联合国首次提出普惠金融的概念，强调将那些被排斥在传统金融服务和整体经济增长轨道之外的低收入人群纳入普惠金融服务范围，分享经济增长带来的福利改善。虽然普惠金融概念提出的时间较晚，但其包容性思想早已酝酿并形成。普惠金融理念认为，通过建立一个广覆盖、平等、可持续的金融体系，可以为社会所有阶层，尤其是那些被传统金融体系排除在外的贫困、低收入人群提供包括储蓄、保险、信贷、信托等在内的差别化服务，进而消除金融排斥。这种理念和信仰推动世界各国通过产品创新、机制创新和政策扶持，将农民、小微企业、城镇低收入人群和残疾人、老年人等特殊群体纳入金融服务的重点对象，一起推动普惠金融的实现。

农村金融中的金融排斥理论是一个复杂而重要的研究领域，它主要关注农村地区居民在获取和使用金融服务过程中所面临的障碍和限制。首先，农村地区金融机构网点少，物理距离远，导致农村居民难以获得金融服务。特别是在偏远地区，这种排斥现象尤为严重。其次，金融机构在评估贷款申请人时，往往要求提供抵押品、担保人等条件，而农村居民由于资产有限，难以满足这些要求，从而被排除在金融服务之外。金融服务的成本过高也可能导致农村居民遭受金融排斥。一方面，一些金融机构对小额贷款的利率设置较高，使得农村居民望而却步。另一方面，金融机构在营销策略上可能更偏向于城市地区或高收入群体，而忽视了农村市场和低收入群体，导致农村居民在获取金融服务时受到排斥。此外，由于部分农村居民缺乏金融知识或对传统金融机构不信任，也会主动将自己排除在金融服务体系之外。

金融排斥理论揭示了农村金融市场中特定群体被排斥在金融服务之外的现象，提示我们需要采取措施提高金融服务的包容性，确保所有农村居民都能平等地获得所需的金融服务。针对地理排斥问题，应优化农村金融服务网点布局，增加金融机构在农村地区的覆盖面，降低农村居民获取金融服务的成本和时间。金融机构也应针对农村市场特点，开发适合农村居民需求的金融产品和服务，降低条件排斥和价格排斥的影响，提高金融服务的可得性和适用性。由于金融排斥部分源于金融机构对农村地区的高风险评估，所以需建立更加科学合理的风险评估体系，同时也应加强风险管理和控制，提高金融机构对农村市场的信心，更应加强金融知识普及教育，提升农村居民的金融素养和信用意识，帮助他们更好地利用金融服务改善生活。此外，由于信息不对称是造成农村金融排斥的重要原因之一，所以其被进一步关注和研究。

五、不完全合约理论

信息不对称理论阐释了农村金融市场呈现出特殊性的原因，但是并没有讨论合约实施问题。从现实来看，只要存在信息不对称问题且缺乏足够的约束，就可能出现借款者有偿还能力但拒绝履约的问题。20世纪80年代，随着不完全合同理论的兴起，农业信贷合同的有效执行问题成为研究热点。该理论假设的三点内容：①当事人至少具有一定程度的有限理性，且无法预期未来的各种或然情况；②当事人具有机会主义行为；③存在关系专用性投资，与农村信贷市场的特征高度吻合。由于金融机构在签约时无法预测合同执行过程中可能出现的所有情况。即使能预测，也无法将这些情况一一写入合同。即使写入合同，由于存在一些"双方可观察但无法向第三方证实"的特征，法院也难以执行或执行成本过高，所以现实交易中签订的信贷合同通常是不完全的。特别是在偏僻和人烟稀少的地区，一方面金融机构很难监督借款者对贷款资金的实际使用情况，贷款资金可能被恶意投放到高风险经营项目，从而增加违约风险；另一方面，由于借款合同的有限责任设计，当违约收益大于违约成本时，借款者就可能以经营失败为由，拒绝还本付息。

在农村金融市场中，农户与金融机构之间存在严重的信息不对称问题。农户掌握自身农业经营状况、还款能力等重要信贷信息，而金融机构却难以充分获取这些信息。这种信息不对称使得金融机构在评估贷款申请时往往面临较大的不确定性风险，从而使金融机构更倾向于采取保守的贷款政策，即具有惜贷少贷的倾向。一方面，由于农村金融市场的特殊性，许多贷款合同中的条款可能相对模糊，未能明确规定所有可能的情况和双方的权利义务，增加了合同履行过程中的不确定性和风险。另一方面，农村金融市场的复杂性使得合同难以涵盖所有可能的未来情况。一些重要的条款可能因疏忽或未能预见而被遗漏，导致合同在履行过程中出现争议。

在不完全合约理论假设下，如何保证信贷合同顺利实施，自然成为无法回避的本质性理论与现实问题。在实践中，为了降低借款者的机会主义行为，提高交易效率，各国在长期实践中自发探索出了包括正式制度和非正式制度在内的一系列制度安排来规避不完全合约带来的不确定性风险。

（一）正式制度与不完全合约

正式制度是农村金融实践中最常用也是约束力最强的确保交易双方履约的规则，许多研究都证明，一个功能完善的法律体系是金融市场有效运转的可靠保证，能够降低交易的不确定性和交易费用。正式制度下的农村金融机构，如传统大型商业银行的农业农村分支机构、农村商业银行、农村信用联合社等金融中介，通常拥有较为雄厚的资金实力以及比较完善的风险管理体系。这使得它们在面对市场波动和信贷风险时，能够展现出较强的抗风险能力，从而保障农村金融市场的稳定。正规金融机构，尤其是传统大型商业银行，通常具有较为完善的硬件设施平台和信息共享系统，能够随着交易数量的增加而降低边际信息获取与处理的成本。这不仅有助于金融机构更全面地了解农户的信用状况和还款能力，从而更准确地评估贷款风险，降低不良贷款率；也有助于规范农村金融市场的秩序，减少非法金融活动和欺诈行为的发生。通过法律手段对金融市场进行监管和治理，能够起到保护农户和金融机构的合法权益、维护市场公平和公正的作用。

正式制度对金融基础设施与基础征信数据的较高要求，易将农村金融需求排斥在外。金融机构往往对贷款申请人的信用状况、还款能力等方面有较高的要求，这可能导致部分信用状况不佳或还款能力较弱的农户被排除在金融服务之外，形成金融排斥现象。这种排斥现象可能加剧农村地区的贫富差距和金融服务的不平等性。而且相比非正式金融，正式制度下的金融服务往往需要更加烦琐的手续和程序。这可能导致农户在申请贷款时需要花费更多的时间和精力，并承担更高的成本。且一些农户可能因缺乏必要的担保物或抵押品而无法获得贷款支持。目前，我国农村金融领域的立法相对滞后，部分政策性金融机构的经营范围、运行规则、违规处罚等尚未明确规定。这可能导致农村金融市场的监管存在漏洞和空白地带，增加了农村金融市场的风险和不确定性。同时，农村政策性担保体系和保险体系的缺乏也制约了信贷业务的发展。

（二）非正式制度与不完全合约

正式制度往往需要法律加以稳定，然而法律的完善过程是一个制度演进的过程。一方面，许多发展中国家并不存在有效的法律体系；另一方面，即使在存在有效法律的国家中，正式制度所相应的法律的实施也需要投入巨额费用，因而大多正式制度并不是金融机构的首选。在法律规则之外，还有很多巧妙的非正式制度设计能够实现对借款者合约执行的激励相容，包括互联交易、重复博弈、特殊信任等，从而解决不完全合约带来的农村金融抑制问题。民间金融活动通常局限在一定的区域内，贷款人对借款人的信息情况比较了解，能够以较低的信息成本找到优质客户。这种信息优势使民间金融在贷后监督管理上也具有较低的信息成本。首先，在发展中国家的农村地区，许多信贷交易往往与劳动、土地、商品等市场上的交易相互联系，比如商人向农民提供贷款，而农民将其产品卖给商人，或通过商人来销售；佃农向地主租种土地，并从地主处获得借款等。这种关联交易是民间金融治理信用风险的主要方法。与单纯的信贷交易相比，这种关联交易往往使放贷者在信贷市场上的损失，能从劳动、土地或商品等市场上得到补偿，从而更好地克服信息不对称条件下的道德风险问题，提高整个农村地区的金融交易水平。其次，民间借贷市场上广泛流传着"有借有还、再借不难"的共同规则，说明这种关联交易往往能衍生出动态博弈的有效性。发展经济学家德布拉吉·瑞曾建立了一个无限重复博弈下的长期交易模型，表明交易双方如果存在长期合作预期，放贷者一方就可以对策略性违约者做出"从下一期开始终止交易"的威胁，比如未来不再为其提供友情借贷、不再与其继续合作或往来等，这能在一定程度上解决恶意违约问题。最后，借款者与放贷者在长期交易中所形成的牢固的特殊信任关系，可能深入人们的交易观念，也在保证契约执行方面起着重要作用。在相对封闭的村庄里，村民们世世代代相处，抬头不见低头见，彼此间有着完全透明化的充分信息，以及高频率和多维度的交往，并建立起了独有的圈子主义和熟人社会规则。这种基于明确人格指向的特殊信任，在交易双方熟悉、交易范围狭小、重复性博弈成立的农村地区是有效的，因为一个人不守信用的消息很快会传遍全村，大家的指责和流言蜚语足以约束借款者减少道德风险和机会主义行为。但是一旦走出狭小的农村社区，这种信任体系便立刻失效，只能转为寻求正式制度来建立普遍信任体系。

此外，民间金融的业务操作灵活简便，甚至在任何时间都可以进行。部分交易没有契约，有契约的交易也可以就贷款的期限、利率、偿还方式等合同内容进行协商，一般不需要提供抵押，更不需要资产评估和公证，缔约成本较低。而且民间金融不像正式金融那样要求有严格的抵押品和担保，这与农户、中小企业缺乏合格的抵押品、担保的特点是天然吻合的，因此它更契合农村地区经济发展的实际需求。民间金融的存在和发展也会促使正规金融反思其服务范围和功能，从而推动正规金融加大对农村的支持力度，促进金融市场的全面发展与升级。

然而，非正式制度应用于农村金融也存在一定弊端。一是缺乏正式的法律和制度保障，容易引发信用风险、道德风险等问题。同时，信息不对称和监管缺失，可能导致资金链断裂和破产等风险。二是民间金融的定价机制较为灵活，没有固定的利率水平，利率变化空间大。这可能导致农户在借款时面临较高的利率风险，增加农村发展的成本。三是由于民间金融长期处于监管之外，其法律地位不明确，容易引发法律纠纷和社会问题。同时，这也使得民间金融难以获得正式制度的支持和保护。四是民间金融的趋利性及贷款不问用途等特点使得其资金配置可能不考虑国家的产业政策，从而在一定程度上抵消了宏观调控政策的影响，使国家的宏观调控效果大打折扣。五是由于缺乏相关法律法规约束，民间金融活动，如高利贷、非法金融等，可能会对金融秩序造成冲击，甚至引发社会安定问题。

六、机制设计理论

在不完全合约理论兴起的同时，机制设计理论也被引入农村金融与普惠金融研究领域。机制设计理论起源于 20 世纪 60 年代，是微观经济领域中一个快速发展的分支，主要研究在自由选择、自愿交换、信息不完全及决策分散化的条件下，如何设计一套机制（规则或制度）来达到既定的社会或经济目标。该理论的主要内容包括三个维度：一是信息效率，关注的是经济机制要想实现既定社会目标其所需的信息量是多少的问题，即机制运行的成本问题。设计机制时，要求尽可能降低关于消费者、生产者及其他经济活动参与者的信息成本。二是激励相容，这是赫尔维茨 1972 年提出的核心概念，指如果在给定机制下，如实报告自己的私人信息是参与者的占优策略均衡，那么这个机制就是激励相容的。这意味着即便每个参与者按照自利原则制定个人目标，机制实施的客观效果仍能达到设计者所要实现的目标。三是资源有效配置，这是评价经济机制优劣的核心标准之一，通常采用帕累托最优标准。有效的资源配置有助于实现经济增长、提高生产率和促进社会整体福祉。

与传统理论相比，机制设计理论不仅指出了农村金融存在的主要困境，还提供了走出困境的途径，即如何通过机制或者规则设计，确保信贷合约的达成和执行，以实现金融市场的帕累托改进。在信息不对称条件下，抵押品的设置是为了降低交易成本以及提高信息获取效率。而农村金融的主要困境在于信息不对称和抵押品缺失。因此，机制设计理论重点是在抵押替代机制上实现创新。此处重点介绍农村金融实践中使用最广泛的三种创新机制，包括连带责任机制、动态激励机制和声誉机制。

（一）连带责任机制

连带责任制度是农村信贷市场上最受欢迎，也是使用最广泛的机制。该制度强调借款者在自愿基础上组成连带责任小组，以小组形式向金融机构申请贷款，小组中每个成员都对其他成员的贷款负有连带责任，任何一个成员出现违约，其他成员需要代为偿还，否则整个小组都会失去未来借款机会。连带责任制受农村金融市场欢迎的主要原因在于其能有效降低金融机构的信贷风险。在农村地区，由于信息不对称和抵押物不足等问题，金融机构往往面临较高的贷款违约风险。而连带责任制通过要求借款人之间或借款人与担保人之间承担连带责任，增强了借款人的还款意愿和责任感，提高了贷款回收率。这种机制不仅有助于金融机构更好地管理风险，还促进了农村金融市场的稳定和可持续发展。

从 20 世纪 90 年代初期开始，Stiglitz（1990）、Varian（1990）、Ghatak和 Guinnane（1999），以及 Tassel（1999）等相继构建了较为完整的理论模型，用来解释连带责任制度如何依赖组员间的多维博弈，完美解决了农村信贷市场上因信息不完全带来的逆向选择、道德风险、监督和合同执行问题。连带责任制度最大的优点在于通过组员间担保实现了风险分担，将本应由金融机构承担的筛选、监督以及合同执行等成本巧妙转移到了客户身上。为了有效降低信贷风险，金融机构通常要求小组成员来自同一村庄，这样成员之间能够获取完整的家庭收入水平、还款能力、风险偏好、信用程度等信息。通过这种方式，同风险类型或进行同类投资的客户能够通过自我选择组合在一起，而不是随机混在一起，极大地降低了逆向选择风险。类似地，在获得贷款之后，组员们为了避免因他人违约而承担连带责任，会严格监督所有成员的资金去向以及资金使用情况，而且一旦有人违约，投资成功的组员将会承担连带责任，从而使机构风险降到最小。虽然借款者因此承担了过高的交易成本和风险，但是金融机构的交易费用却得到了显著的下降，从而能够支撑为其提供更低息的贷款。因此，在这种连带责任制的安排下，即使小组监督收益可以超过监督成本，但借款者的净收益和还款率都实现了显著提高。此外，以连带责任制度为主要特征的团体贷款也被证明是解决逆向选择和道德风险问题最适宜的合同类型。

然而，连带责任制度也存在一些局限性。最受争议的问题是现有理论模型在解释该制度能取得高还款率时，需要以一系列严格的假定为前提。比如，借款者是风险中性的、组内监督成本为零、组员的投资回报不相关等。然而，在大多数情况下，小组成员并不具有同质性，互相间也缺乏完备信息，这些情况都为小组监督和社会惩罚带来了高昂成本。社会资本的采用并不足以确保高还款率，甚至在某些情况下还会出现合谋行为。此外，连带责任制度获得成功有几大关键要素，如顺利组建连带责任小组、成员间存在重复博弈、社会制裁有效、金融机构能够及时甄别并惩罚违约客户等，但这些在现实中均存在偏差。因此，在 2000 年前后，一些小额贷款机构开始放弃连带责任制度，比如，孟加拉国的社会进步联盟、玻利维亚的阳光银行等都扩大了个人贷款规模，甚至是连带责任贷款的先驱者——孟加拉国的格莱珉银行也在第二代产品中放宽了连带责任条款，以动态激励机制以及更为灵活多样的信贷产品取而代之。

（二）动态激励机制

动态激励机制是指根据企业、机构或个人的发展阶段、环境变化以及实际情况，灵活调整激励方式，以达到最佳激励效果的机制。这种机制强调激励的灵活性和适应性，能够随着条件的变化而动态调整，以确保激励措施的有效性和针对性。在农村金融与普惠金融市场中，动态激励机制是指当借贷双方存在多期重复博弈时，在契约设计中融入对借款者历史履约记录的考察，通过提供溢价建立起一种正向激励，促进借款者自动自觉履约的一种还款机制。动态激励机制包括终止贷款威胁（Threatening to Stop Lending）和累进贷款（Progressive Lending）等，其设计思路同样源自非正规信贷交易经验。

在传统农村信贷市场上，放贷者主要依靠与借款者建立重复博弈关系，以及确保借款者无法与其他放贷者缔结合约来保障债务偿还率。只要借款者有继续融资需求，就会权衡当期的履约收益和违约收益，当履约收益更高时，就会主动放弃策略性违约的行为，从而降低道德风险。当存在连续借贷需求时，金融机构向违约者施加的终止贷款威胁，实际上是将违约惩罚内生化。此外，累进贷款同样也是农村金融中最常用，也是最重要的动态激励机制之一。累进贷款是指借款者第一次申请贷款时，只能获得较小的资金额度，在按期还款之后，放贷者会给借款者一个更大的贷款额度，随着贷款次数和信用记录的提高，信贷额度会不断增加，直到达到一个最高限额，而针对未能按期还款的客户，则会关闭其信用渠道的一种贷款方式。累进贷款机制从三个方面降低了违约风险：一是渐进式的贷款方式有利于金融机构在缺乏征信信息的贷款早期，通过对借款者进行测试，筛查出"糟糕的客户"；二是当借款者存在持续信贷需求时，为确保未来的贷款机会，会降低先期违约可能性；三是递增的信贷规模，本质上通过增加违约的机会成本，在贴现率很低的情况下促进了借款者的自我履约。

但是，动态激励机制同样也存在一些局限性。农村金融机构往往具有较为明显的计划经济特点，与市场经济不相协调，使得动态激励机制在执行过程中容易受到行政干预，无法完全按照市场规律进行。由于农村金融市场相对复杂且信息不对称，动态激励机制往往难以精准地反映员工的实际贡献与业绩，导致激励效果大打折扣。激励机制缺乏科学性和规范性，常常依赖于领导的主观判断，难以形成公平、公正的竞争环境，进一步削弱了员工的积极性和创造力。动态激励机制在农村金融市场中的实施还面临着人力资源匮乏、员工流动性大等挑战，这些因素都限制了激励机制的有效性和可持续性。如果信贷市场上存在多个竞争者，而金融机构之间又没有实现客户数据共享，那么违约者很容易在另一家机构重新申请并获得贷款。此时，借贷双方重复博弈的基础将遭到破坏，动态激励机制也就无法再有效约束客户的还款行为。过度竞争还可能带来过度负债，借款者通过向另一家机构申请贷款来支付前一家机构的贷款，这会导致债务螺旋上升，最终更易陷入财务困境。

20世纪90年代中后期，孟加拉国、印度、玻利维亚等国家的小额信贷危机均源于过度竞争导致的动态激励机制失效。这些国家的小额信贷机构为追求高利润，往往设定较高的贷款利率，增加了借款人的还款负担。同时，监管的缺失和滞后，未能及时遏制市场无序竞争和暴力催收等行为，进一步恶化了小额信贷环境。此外，部分小额信贷机构在运营过程中偏离了服务贫困群体的初衷，过度追求商业化，导致风险积累并最终爆发危机，使得这些国家的小额信贷市场陷入困境。

这场危机也深刻反映了要提高信贷合约的可执行空间，金融机构之间需要充分合作，共享客户的信用以及还贷记录等信息。

（三）声誉机制

在没有成熟征信体系的农村地区，声誉作为一种信息显示机制，由于其能够减少经济社会生活中的机会主义行为。有利于解决不完全契约的执行问题，而被广泛应用。声誉机制的隐形契约功能，主要通过信息效应和资本效应两大基本功能实现。其中，信息效应指声誉能够在一定程度上显示交易主体的历史行为和特征，有助于交易者更快更有效地筛选出可信赖的合作者。资本效应指声誉可视为一项长期无形资本，能够给行为主体带来"声誉租金"，同时，声誉贬值也会给当事人造成相应损失。在长期交易中，如果声誉资本大于当期违约收益，声誉效应便可以确保契约的自我执行。

声誉机制是维护金融机构信誉、促进金融稳定与发展的重要手段。它强调金融机构通过提供优质的金融服务和产品，积极履行社会责任，赢得客户和社会各界的信任与好评。良好的声誉有助于金融机构吸引更多的客户和业务，降低融资成本，提高市场竞争力。同时，声誉机制也要求金融机构加强风险管理，确保业务合规，避免负面事件对声誉造成损害。在农村金融实践中，借贷双方以及连带责任小组成员之间的信任关系能够建立起来，声誉机制起着非常重要的作用。由于一旦被发现存在欺骗行为或策略性违约行为，村庄中所有人都会知道，就没有人愿意与其再次合作，甚至还会遭受驱逐，例如，被拒绝参加村庄的各类集体活动、受到村民指责和冷眼相待等，借贷者会因此减少违约行为。而且借款者对自身声誉投资越多，丧失声誉的机会成本也就越高，相应造成的损失也越大，从而可以激励借款者按期履行贷款契约，约束其机会主义行为。

声誉机制在农村金融中的作用虽然显著，但也存在一定的局限性。首先，声誉机制发挥主要作用依赖于重复博弈或关联博弈的连续借贷需求的存在。声誉机制的建立和维护需要较长时间，且依赖于金融机构的持续努力和良好表现，如果借贷双方或小组成员之间只是单次借贷行为的博弈，那么借款者没有维持声誉的需要，放贷者也无法对违约者施加惩罚。这在农村金融市场中可能受到多种因素的掣肘，如信息不对称、法律法规不健全等。其次，声誉机制对金融机构的约束主要依赖于道德和舆论压力，缺乏强制性的法律手段。违约惩罚必须是可信和可实施的，放贷者能够对违约客户施加惩罚，如终止交易、诉诸法律等，声誉机制才能发挥作用。因此在面对利益诱惑或风险挑战时，部分金融机构可能难以坚守原则，导致声誉受损。最后，声誉机制在农村金融市场的传播范围和影响力相对有限，可能无法全面覆盖所有金融机构和借款人，从而限制了其作用的发挥。

在普惠金融实践中，各种巧妙的机制被广泛运用并取得了一定具有借鉴性的成效。例如，孟加拉国的格莱珉银行（Grameen Bank）是全球最著名的微型金融机构之一，其小额贷款模式为全球普惠金融的发展树立了典范。银行通过团体贷款方式，在小组成员强制储蓄的基础上，为农村女性客户提供小额贷款，并利用累进贷款承诺、终止贷款威胁等动态激励方式保证农户按期还款，有效满足了农户资金需求。格莱珉银行由穆罕默德·尤努斯于1976年创立，旨在为贫困人群提供小额贷款服务，帮助他们创办小企业、增加收入、改善生活。格莱珉银行的成功在于其独特的业务模式和理念。该银行采用小组贷款模式，小组成员之间负有连带担保责任。这种模式不仅降低了银行的信贷风险，还促进了小组成员之间的相互监督和帮助。此外，格莱珉银行还坚持"以人为本"的服务理念，注重培养借款人的金融素养和创业能力，帮助他们实现可持续发展。通过多年的发展，格莱珉银行已经成功地为数百万贫困人群提供了小额贷款服务，帮助他们摆脱了贫困的困境。这些借款人利用贷款资金创办了各种类型的小企业，如手工业、农业、零售业等，不仅提高了自己的收入水平，还促进了当地经济的发展。格莱珉银行的成功模式在全球范围内得到了广泛认可和推广，许多国家和地区纷纷效仿其经验开展普惠金融项目。格莱珉银行的案例表明，普惠金融不仅是一种金融服务模式，更是一种社会变革的力量。通过创新的金融产品和服务模式，普惠金融可以大大改善贫困人群的生活状况，促进经济的发展和社会的和谐稳定。格莱珉银行的成功经验为其他发展中国家在推行普惠金融方面提供了宝贵的借鉴和启示。

又如，肯尼亚的 MPesa 移动支付案例，通过移动通信技术实现金融服务的普及化，降低了金融服务门槛，使得偏远地区居民也能享受到便捷的金融服务，极大地促进了金融包容性，展现了技术驱动普惠金融发展的新路径。肯尼亚的 MPesa 移动支付是普惠金融领域的一个标志性创新案例，其成功不仅在于技术的创新，更在于深刻改变了肯尼亚人的金融生活方式。MPesa 于 2007 年由肯尼亚移动通信公司 Safaricom 推出，是全球第一个成功的移动支付服务。在推出之前，肯尼亚的金融服务普及率很低，大部分人无法获得传统银行账户和支付方式，这给低收入人群和农村地区的经济发展带来了很大的障碍。MPesa 利用已经广泛普及的移动电话网络，为用户提供了便捷的移动支付服务。用户只需通过简单的手机操作，就能完成转账、存款、取款、支付账单等多种金融交易。这种基于移动电话的支付方式极大地减少了现金交易的风险和不便，使得金融服务更加普及和便捷。MPesa 的成功在于其创新地将移动通信技术与金融服务相结合，打破了传统金融服务的壁垒。MPesa 的推出极大地提高了肯尼亚的金融普及率。数据显示，截至 2020 年末 MPesa 已经覆盖了肯尼亚超过 80% 的移动电话用户，成为肯尼亚最流行的支付方式之一。通过移动支付和金融服务，MPesa 帮助了数百万肯尼亚人获得了金融服务，改善了他们的生活质量。此外，MPesa 还逐步拓展了借贷、储蓄、保险等金融服务，为低收入人群提供了更多的金融选择。这些服务不仅促进了商业活动和金融交易的便捷进行，还加速了资金流动和商业往来，对肯尼亚的经济发展产生了积极影响。肯尼亚 MPesa 移动支付的案例表明，普惠金融可以通过创新的金融产品和服务，为低收入人群和农村地区提供可负担的金融解决方案。MPesa 的成功推动了肯尼亚的金融科技创新和就业机会的增加，同时也为其他发展中国家在推行普惠金融方面提供了有益的启示。通过借鉴 MPesa 的成功经验，其他国家可以探索更多适合本国国情的普惠金融发展模式。

再如，印度数字普惠金融案例，通过构建以 Aadhaar 为基础的数字身份系统和统一支付接口（UPI），实现了金融服务的数字化、便捷化和普及化。这一创新机制不仅降低了金融服务成本，提高了金融包容性，还促进了金融科技的发展和应用，为普惠金融的可持续发展提供了有力支撑。印度在数字普惠金融领域也取得了显著成效，其成功在于将数字科技广泛应用于金融服务领域，为低收入人群提供了更加便捷和高效的金融服务。印度政府通过推广 Aadhaar 身份识别系统和数字支付技术，实现了金融服务的普及和升级。Aadhaar 系统为印度居民提供了唯一的生物识别身份标识，使得他们能够更加方便地获取金融服务。同时，印度还大力发展移动支付和互联网支付技术，使得用户可以通过手机等数字设备进行转账、支付、存款等操作。这些技术的应用极大地降低了金融服务的门槛和成本，提高了金融服务的普及率和便利性。印度数字普惠金融的推广取得了显著成效，数据显示，印度账户拥有率从 2011 年的 35％提升到 2017 年的 80％以上。这一变化不仅使更多的低收入人群获得了金融服务的机会，还促进了金融交易的便捷性和透明度。数字普惠金融的推广还促进了印度金融科技的发展和创新，涌现出了一批优秀的金融科技企业和产品。这些企业和产品不仅为印度金融市场注入了新的活力，还为全球金融科技的发展提供了有益的借鉴和启示。印度数字普惠金融的成功经验表明，数字科技在普惠金融领域具有巨大的潜力和优势。未来，随着数字技术的不断发展和普及，普惠金融将会更加便捷、高效和普及。各国可以借鉴印度的成功经验，加强数字科技在金融服务领域的应用和推广，为低收入人群提供更加优质的金融服务。同时，还需要加强金融监管和风险防范工作。

第五节　数字普惠金融理论

数字普惠金融理论是随着数字化技术在金融领域的广泛应用而逐渐形成的，其核心在于通过数字技术手段提升金融服务的普惠性，使得传统上难以获得金融服务的群体也能享受到便捷、高效、安全的金融服务，主要通过数字化或电子化技术，如大数据、云计算、人工智能、区块链等，为社会各阶层和群体提供广泛、便捷、安全的金融产品和服务。其内涵涵盖了支付、转账、储蓄、信贷、保险、证券等多种金融服务形式，旨在通过技术手段降低金融服务的门槛和成本，提高金融服务的覆盖面和可及性。根据《G20数字普惠金融高级原则》的定义，数字普惠金融泛指一切通过使用数字金融服务以促进普惠金融的行动，其目标是确保社会各阶层和群体都能以可负担的成本获得适当、有效的金融服务。

数字普惠金融理论主要由金融排斥理论、金融发展理论、包容性金融理论等演变而来。金融排斥理论揭示了传统金融体系下，由于信息不对称、市场失灵、政策干预等因素，导致部分群体难以获得正规金融服务的现象。数字普惠金融通过技术手段打破这些障碍，降低了金融服务的门槛和成本，提高了金融服务的普惠性。金融发展理论则强调了金融发展对经济增长的推动作用，而数字普惠金融作为金融发展的新形态，能够进一步优化金融资源配置，促进经济增长。包容性金融理论则进一步强调了金融服务的平等性和全面性，数字普惠金融正是实现这一目标的重要手段。数字普惠金融具有几个显著特点和优势：一是便捷性，通过数字化手段，用户可以随时随地获取金融服务；二是低成本，数字技术降低了金融服务的运营成本和风险成本；三是高效性，大数据、人工智能等技术手段提高了金融服务的处理速度和准确性；四是普惠性，数字普惠金融能够覆盖传统金融体系难以触及的群体和地区，实现金融服务的广覆盖和深渗透。

在数字普惠金融理论领域，有多位学者和专家作出了重要贡献，并提出了具有影响力的观点和理论。除在第二章列举的国外代表人物外，随着数字技术在中国的迅速发展与应用，国内也产生了几位在数字普惠金融领域有重要研究贡献的学者及主要观点。北京大学国家发展研究院的黄益平、黄卓教授，作为知名经济学家和金融学者，多次强调数字普惠金融在促进金融包容性、降低金融服务成本、提高金融服务效率等方面的重要作用，认为发展数字普惠金融既要坚持商业可持续性，又要提供负责任的金融服务。中国人民大学中国普惠金融研究院院长贝多广作为金融领域的资深专家，关注数字普惠金融在解决小微企业和农户融资难、融资贵问题上的潜力，认为数字技术能够降低金融服务的门槛和成本，使得更多的小微企业和农户能够获得金融支持。国内外众多研究普惠金融和金融科技的学者通过实证研究、案例分析等方法，深入探讨了数字普惠金融的发展模式、影响因素、风险防控等问题，为数字普惠金融的理论发展提供了丰富的素材和有力的支持。

数字普惠金融理论在农村金融、产品创新上的实际应用，正逐步成为推动乡村振兴、促进农村经济发展的重要力量。在这一进程中，金融机构充分利用大数据、云计算、人工智能等先进技术手段，针对农村市场的特点和需求，设计出了一系列创新性的金融产品和服务模式，有效解决了农村金融服务中的诸多难题，有效助力了乡村振兴。

一方面，数字普惠金融通过移动支付、电子银行等渠道，将金融服务延伸至农村地区的每一个角落，打破了传统农村金融服务的地域限制。农民们不再需要长途跋涉到镇上的银行网点办理业务，只需通过手机等移动设备，就能轻松完成转账、支付、查询等操作，极大地提高了金融服务的便捷性和可及性。这种"指尖上的金融"不仅节省了农民的时间和成本，也让他们更加信任并依赖现代金融服务。这不仅为农村居民的生产生活带来了极大的便利，也为其创新创业、扩大生产规模提供了有力的金融支持。

另一方面，在产品创新方面，数字普惠金融针对农村市场的特点，推出了众多贴近农民需求的金融产品。例如，针对农户融资难的问题，金融机构利用大数据风控技术，开发了"惠农贷""农机贷"等专项贷款产品，通过线上申请、快速审批、灵活还款等方式，有效缓解了农户的资金压力。一些金融机构还推出了基于区块链技术的农产品溯源保险，利用区块链的不可篡改性和可追溯性，为农产品提供全链条的保险保障，降低了农户的经营风险。通过"金融＋龙头企业＋农民专业合作社"等模式，结合电子商务平台的信息优势，数字普惠金融还能够提高农产品的标准化水平，拓展农产品销售市场，促进农村经济的多元化发展。

此外，数字普惠金融还通过金融科技手段，实现了对农村信用体系的重构和完善。传统的农村信用体系往往存在信息不全、更新滞后等问题，导致金融机构难以准确评估农户的信用状况。而数字普惠金融则通过整合政府、银行、企业等多方数据资源，建立了全面、动态的农村信用数据库，为金融机构提供了更加准确、及时的信用评估依据。这不仅降低了金融机构的信贷风险，也提高了农户的融资成功率，引导资金流向具有发展潜力的农业企业和合作社，推动其产业升级和规模扩张。

值得注意的是，在产品服务创新的过程中，金融机构还注重与农业合作社、农业企业等经济主体的合作，共同推动农村供应链金融的发展。通过整合供应链上下游的资源，金融机构可以为农户提供更加全面、高效的金融服务。例如，金融机构可以与农业合作社合作，为合作社成员提供统一的贷款服务；也可以与农业企业合作，为农产品销售提供融资支持。这种合作模式不仅促进了农村产业链的协同发展，也提高了金融服务的针对性和有效性。

　　当前，数字普惠金融在农村金融与乡村振兴应用中的发展虽然取得了一定成效，但仍面临诸多困境。首先，农村地区金融机构的经营结构相对单一，主要以农村信用社为主，这些机构在资金吸纳和服务能力上相对薄弱，难以满足农村多样化的金融需求。由于经营主体单一、缺乏活力，许多农村信用社在经营过程中往往处于亏损或维持状态，服务"三农"时显得力不从心。其次，农村金融机构的网点布局不合理，大多集中在集镇或县城，而更偏远的地区金融服务覆盖不足，导致"普惠"难以落到实处。这种地理上的限制使得农村居民在获取金融服务时面临诸多不便，限制了农村金融服务的普及和深入。此外，农村金融信息不畅也是制约数字普惠金融发展的一个重要因素。在数字时代，普惠金融的发展离不开大量数据的支撑，但当前农村金融数据共享机制尚未健全，金融机构之间缺乏交流共享，导致信息孤岛现象严重。这不仅增加了金融机构的风险，也限制了农村金融服务效率的提升。贷款门槛高、获得贷款数额少也是农村居民面临的一大难题。由于农民居住分散、抵押物价值不高，金融机构难以全面掌握农民的信用和经济状况，所以对贷款用途设置的门槛过高。最终，贷款数额有限，难以满足农民的生产经营需求。最后，农村地区的数字基础设施建设相对滞后，这也是制约数字普惠金融发展的重要因素。尽管近年来国家大力推广互联网宽带和 5G 技术，但在广大农村地区，网络信号基站建设仍不足，互联网普及率较低，这极大地影响了农村数字普惠金融的发展。

　　面对上述困境，数字普惠金融在农村金融应用中的启示主要体现在以下五个方面：第一，要推动农村金融机构的多元化发展。鼓励和支持各类金融机构进入农村市场，增加农村金融服务主体，提升金融服务能力。同时，要推动农村信用社等现有机构深化改革，增强其活力和竞争力，更好地服务"三农"。第二，要加强农村金融网点建设，扩大金融服务覆盖面。通过优化网点布局，增加偏远地区的金融服务网点，让农村居民能够便捷地获取金融服务。同时，要充分利用数字技术，推动线上金融服务的发展，打破地域限制，提高金融服务的可及性和便利性。第三，要加强农村金融信息共享机制建设。建立健全农村金融数据共享机制，推动金融机构之间的信息交流与合作，打破信息孤岛现象，提高金融服务的效率和质量。同时，要加强农村金融信用体系建设，提高农民的信用意识和信用水平，为数字普惠金融的发展提供有力支撑。第四，要降低农村贷款门槛，提高贷款额度。金融机构应根据农村实际情况，合理设置贷款门槛和贷款额度，满足农民的生产经营需求。

同时，要创新金融产品和服务方式，为农民提供更加个性化、定制化的金融服务。第五，要加强农村数字基础设施建设。大力推动乡村 5G 网络、互联网宽带、物联网等数字信息化基础设施建设，提高农村地区的网络覆盖率和普及率。通过改善数字基础设施条件，为数字普惠金融在农村的发展提供有力保障。

第五章　数字普惠金融赋能乡村振兴的多层次机制 //////////////////////////////////

　　结合乡村振兴的五大目标的内涵逻辑，以及数字普惠金融赋能乡村振兴的相关理论基础，下文将从乡村振兴演变的动态视角，将数字普惠金融赋能乡村振兴的机制划分为赋能乡村振兴的直接作用机制、促进生态宜居与治理有效的间接效应机制、推动乡村文明的溢出效应机制以及最终共同富裕的循环效应机制。

第一节　数字普惠金融赋能乡村振兴的直接作用机制

　　产业振兴是乡村振兴的核心和基石。只有通过发展壮大乡村产业，才能为乡村提供持续的经济支撑和发展动力。产业兴旺意味着农民收入增加、就业机会提升，进而推动乡村全面振兴。因此，在实施乡村振兴战略中，必须始终把产业振兴作为重中之重来抓。数字普惠金融在赋能乡村产业振兴中，从协调人、地、财三个维度展现出了强大的驱动力。它通过优化金融资源配置、激活人力资源潜力、促进土地资源整合，以及加速资金高效流动，为乡村产业注入了新的活力与动能，推动了农村经济的多元化、现代化发展，为实现乡村振兴战略目标提供了坚实的金融支撑。

一、人力资源激活机制

　　数字普惠金融通过提供便捷的金融服务，有效激活了乡村的人力资源。一方面，它为农村居民提供了更多的创业就业机会，使得有创业意愿和能力的农民能够更容易地获得启动资金，降低了创业门槛。相比传统金融方式，农村数字普惠金融能够实现服务对象的下沉，更好满足乡镇小微企业和个人分散化、小额的资金需求，为农民创新创业提供相对低成本的资金支持。同时，数字普惠金融还促进了农村教育与技能培训的发展，通过金融支持帮助农民提升技能水平，从而增强其就业竞争力。这种人力资源的激活，不仅提高了农民的收入水平，也为乡村产业注入了新的活力。另一方面，数字普惠金融通过提供便捷的金融服务，使得农民能够更方便地参与乡村产业，如参与农业合作社、农业产业链等，借助互联网、大数据等数字技术，农村数字普惠金融可以突破金融服务的空间限制，为农村居民提供更多信贷便利，使其快速获得融资。此外，数字普惠金融通过建立风险分担和容错机制，有效解决了乡村产业面临的融资难、融资贵问题。一方面，政府可以通过政策性金融资源为乡村产业提供担保、保险等支持，降低金融机构的风险敞口；另一方面，金融机构也可以利用数字化技术优化风险评估模型，提高风险识别和防控能力。同时，对于新型农业经营主体和创新创业项目，金融机构还可以采取更加灵活多样的融资方式，如信用贷款、股权融资等，降低其融资门槛和成本。这些都能够显著降低农村居民的融资成本与经营风险，最终有助于提高农民创新创业的积极性，进一步为乡村振兴解决人才紧缺的问题，增强了农民与乡村产业的紧密联系，促进了乡村产业的持续发展。

二、土地资源整合机制

在土地资源方面，数字普惠金融通过创新金融产品和服务，助力农村土地资源的整合与高效利用。一是数字普惠金融通过创新金融产品和服务，促进了农村土地资源的有效流转和集中利用。传统上，农村土地流转面临信息不对称、交易成本高等难题，限制了土地资源的优化配置。而数字普惠金融依托大数据、区块链等先进技术，为土地流转提供了更加透明、高效的交易平台，降低了交易成本，加快了土地流转速度。同时，金融机构还推出了土地流转信托、土地流转贷款等金融产品，为土地经营者提供了必要的资金支持，促进了土地资源的规模化、集约化经营。这种土地资源的整合，不仅提高了土地的产出效益，还为乡村产业的发展提供了更加坚实的物质基础。二是数字普惠金融通过支持农村基础设施建设，进一步改善了农业生产条件，提升了土地资源的利用价值。农村基础设施的完善是乡村产业振兴的重要保障，而基础设施建设往往需要大量的资金投入。数字普惠金融通过为农村基础设施项目提供贷款、债券等多元化融资方式，有效缓解了农村基础设施建设的资金压力。随着基础设施的不断完善，农业生产条件得到了显著改善，土地资源的利用效率和产出能力得到了进一步提升，为乡村产业的持续发展奠定了坚实基础。三是数字普惠金融还通过促进农村一二三产业的融合发展，实现了土地资源的深度开发和多元利用。在乡村产业振兴的背景下，农村一二三产业的融合发展已成为重要趋势。数字普惠金融通过为农村产业融合项目提供金融支持，促进了农业与加工业、服务业等产业的深度融合。这种融合不仅延长了农业产业链，提高了农产品的附加值，还实现了土地资源的多元利用和增值。同时，数字普惠金融还通过推动农村电商、乡村旅游等新兴业态的发展，进一步拓宽了土地资源的利用渠道和增值空间，为乡村产业振兴注入了新的活力。

三、资金流动优化机制

资金是乡村产业振兴的重要支撑。数字普惠金融通过优化资金流动机制，为乡村产业提供了更加充足的资金支持。一是数字普惠金融打破了传统金融服务的壁垒，使得资金能够更快速地流向乡村产业。通过数字化平台，金融机构能够精准对接乡村产业的需求，提供定制化的金融服务，有效缩短了资金从城市到乡村的流动时间，为乡村产业注入了新鲜血液。二是数字普惠金融降低了融资门槛和成本，使得更多乡村产业主体能够获得资金支持。传统金融服务往往因风险评估高、操作复杂等原因，对乡村产业主体存在排斥现象。而数字普惠金融通过大数据、人工智能等技术手段，实现了对风险的精准评估，降低了融资门槛，同时减少了中间环节，降低了融资成本，为乡村产业提供了更加便捷、低成本的融资渠道。三是数字普惠金融促进了资金在乡村产业内部的优化配置。通过数据分析，金融机构能够了解乡村产业内部的资金需求和流动情况，引导资金向高效益、高成长性的产业环节和项目流动，实现资金的高效利用。同时，数字普惠金融还推动了乡村产业与其他产业的融合发展，促进了产业链上下游的协同合作，进一步提升了资金的使用效率和产业的整体竞争力。四是数字普惠金融通过降低金融服务成本和提高服务效率，实现了商业模式的可持续创新。借助数字化技术，金融机构能够突破传统物理网点的限制，实现金融服务的远程化、在线化，降低了运营成本。同时，通过大数据分析和精准营销，金融机构能够更好地识别优质客户，提高服务质量和客户满意度。这种商业可持续机制为乡村产业振兴提供了稳定、可持续的金融支持。

四、数字产业链增值机制

数字普惠金融通过数字化赋能供应链金融，促进农业产业链增值与乡村产业振兴。一是农村数字普惠金融能充分发挥数字经济的长尾效应，尤其是带动具有长尾特征的农业产业链的增值。数字普惠金融将金融服务与农村产业场景深度融合，通过移动支付、网络借贷、供应链金融等多种方式，将金融服务渗透到农村产业链的各个环节。具体通过开发线上惠农金融产品，采取线上与线下相结合的方式办理贷款，利用多种支付方式，为农村产业融合发展提供方便快捷的基础金融服务，助力产业链各环节增值。二是通过创新"金融＋龙头企业＋农民专业合作社""金融＋交易市场＋家庭农场"等融资模式，运用数字金融平台对供应链上的农业企业、农户进行"数字授信""数字担保""数字保险"，为农业产业发展提供足额、便捷、便宜的融资服务，并结合电子商务平台信息优势进一步提高农产品标准化水平，拓展农产品销售市场。

第二节　数字普惠金融赋能乡村振兴的间接作用机制

数字普惠金融在赋能乡村振兴的过程中，不仅直接促进产业兴旺，还间接助力了农村生态宜居与治理有效等乡村振兴目标的实现。它通过提供绿色金融产品和服务，引导资金流向环保产业和生态项目，助力乡村环境改善与可持续发展。同时，数字普惠金融的普及也提升了乡村治理的智能化、精细化水平，共同为构建和谐乡村、实现有效治理提供了有力支持。

一、间接促进生态宜居的作用机制

数字普惠金融通过资金支持与绿色产业融合发展、促进产业结构优化与生态转型以及提升农民收入与环保意识三个主要机制，间接地促进了乡村生态宜居的实现。这些机制相互作用、相互促进，共同构成了数字普惠金融赋能乡村生态宜居的完整路径。

第一，数字普惠金融通过为绿色产业提供低成本的资金支持，促进了这些产业的快速发展。绿色产业，如生态农业、清洁能源、环保技术等，是乡村生态宜居的重要支撑。金融机构利用大数据、云计算等技术手段，对绿色产业项目进行精准评估，提供定制化的金融服务，如绿色信贷、绿色债券等。数字普惠金融通过提供绿色金融产品和服务，引导资金流向环保产业和生态项目，直接助力乡村生态环境的改善。在这一机制下，金融机构利用大数据分析等现代信息技术手段，评估环保项目和绿色产业的资金需求与风险，为符合条件的项目提供贷款、保险等金融支持。这种有针对性的金融支持，不仅促进了生态农业、清洁能源等绿色产业的发展，还推动了农村生活污水处理、垃圾分类与资源化利用等环保基础设施的建设，从而有效提升了乡村的生态环境质量。

第二，数字普惠金融的发展推动了乡村产业结构的优化升级。在资金的支持下，乡村地区能够发展更多高附加值、低污染的产业，如农产品深加工、乡村旅游等。这些产业的发展，不仅提高了乡村经济的整体实力，也为乡村生态环境的改善提供了有力支持。通过产业结构的优化，乡村地区能够减少对自然资源的过度依赖，降低生产过程中的环境污染，实现经济发展与生态保护的良性循环。

第三，数字普惠金融通过优化金融资源配置，促进了农业科技的进步与创新，为生态宜居提供了技术支撑。在数字普惠金融的支持下，农业生产经营者能够更容易地获得资金用于引进先进的农业科技和装备，如智能灌溉系统、精准施肥技术等，这些技术的应用有助于减少化肥农药的使用量，降低农业面源污染，提高农业生产效率和质量。同时，金融科技的发展还推动了农业物联网、大数据等技术在农业领域的广泛应用，为精准农业、智慧农业的发展提供了可能，进一步促进了农业与生态环境的和谐共生。

第四，数字普惠金融通过提升农民的金融素养和环保意识，增强了农民参与生态环境保护的主动性和积极性。金融机构在提供金融服务的过程中，注重向农民普及环保知识和金融知识，提高了农民的环保意识和金融素养。这使得农民在生产经营过程中更加注重生态环境保护，积极采用环保技术和措施，减少污染排放，保护自然资源。同时，金融素养的提升也使得农民能够更好地利用金融工具进行风险管理和资产增值，为生态宜居提供了坚实的经济基础。

二、间接推进治理有效的作用机制

数字普惠金融通过资金引导与产业升级、社会资本积累与治理主体多元化以及信息化提升与治理智能化三个主要机制，间接地推进了乡村治理的有效性。这些机制相互作用、相互促进，共同构成了数字普惠金融赋能乡村治理的完整路径。

第一，数字普惠金融通过提供精准、便捷的金融服务，引导资金流向具有发展潜力和创新能力的乡村产业。这种资金引导机制不仅促进了乡村产业的快速升级和转型，还带动了相关产业链的发展，形成了产业集聚效应。随着产业的兴旺，乡村经济更加多元化和可持续，为乡村治理提供了坚实的经济基础。产业兴旺带来的经济收益和就业机会，增强了农民对政府的信任和支持，促进了政府与农民之间的良性互动，为乡村治理的有效开展创造了有利条件。

第二，数字普惠金融赋能的产业兴旺有助于社会资本积累，从而促进治理主体多元化。数字普惠金融的发展促进了乡村社会资本的积累。随着产业兴旺、农民收入增加，他们有更多的资金投入到教育、医疗、文化等社会事业中，提升了乡村的整体发展水平。同时，产业兴旺也吸引了更多的社会资本进入乡村，包括外来投资、企业合作等，这些外部资源的引入为乡村治理带来了新的思路和模式。治理主体的多元化使得乡村治理更加灵活和高效，不同主体之间可以相互协作、优势互补，共同推动乡村治理的现代化和民主化。

第三，数字普惠金融在助力产业升级的过程中，间接地推动了乡村信息化水平的提升。金融机构在提供金融服务的过程中，广泛应用大数据、云计算、人工智能等现代信息技术手段，提高了金融服务的效率和准确性。这些技术的应用也为乡村治理提供了有力的技术支持。通过构建数字化治理平台、推广智能化治理工具等手段，乡村治理实现了信息的快速传递和共享，提高了治理的透明度和公信力。同时，信息化水平的提升也使得乡村治理更加精准和高效，能够及时发现和解决治理中存在的问题和矛盾，保障了乡村社会的和谐稳定。

第三节　数字普惠金融赋能乡村振兴的溢出效应机制

数字普惠金融在赋能乡村产业振兴的过程中，不仅直接促进了经济的繁荣，还产生了深远的溢出效应，对乡村文明的提升具有不可忽视的推动作用。它通过改善乡村经济结构、增强村民收入水平、拓宽信息获取渠道等方式，促进了乡村文化的传承与创新，加强了乡村社会的凝聚力与和谐度，为乡村文明建设注入了新的活力与内涵。

一、经济收入提升与文化消费增长机制

数字普惠金融通过为乡村产业提供低成本的融资支持和多样化的金融服务，促进了农业、农村工业和农村服务业的快速发展，从而显著提高了农民的经济收入水平。随着收入的增加，农民在满足基本生活需求后，有更多的资金用于文化消费，如购买书籍、观看演出、参与文化活动等。这种文化消费的增长不仅丰富了农民的精神世界，也促进了乡村文化的传承与创新，为乡村文明建设奠定了坚实的经济基础。

二、教育投入增加与人力资本积累机制

产业兴旺带来的经济收益使得乡村有能力加大对教育的投入，改善教育设施，提高教育质量。数字普惠金融通过提供教育贷款、奖学金等金融服务，帮助贫困家庭的孩子接受更好的教育，减少了因经济原因导致的辍学现象。教育水平的提升不仅提高了农民的文化素质，也为乡村培养了大量具有现代知识和技能的人才，为乡村文明建设提供了强有力的人力资本支持。

三、社会资本积累与社区凝聚力增强机制

产业兴旺促进了乡村社会资本的积累。随着经济的发展，乡村内部的合作与互助机制得到加强，农民之间的信任度和合作精神得到提升。同时，数字普惠金融的发展也促进了信息的流通与共享，使得农民能够更加便捷地获取市场信息、技术知识和政策动态，从而增强了他们的市场参与能力和社会适应能力。这种社会资本的积累与社区凝聚力的增强，为乡村文明建设提供了良好的社会环境和文化氛围。

四、乡村文化振兴与传承创新机制

产业兴旺为乡村文化传承与创新提供了重要的支撑。一方面，经济收入的增加使得农民有更多的时间和精力去关注和保护传统文化遗产，如传统手工艺、民间艺术、民俗活动等。另一方面，数字普惠金融的发展也为乡村文化创新提供了技术支持和平台支持。通过互联网技术、数字媒体等手段，乡村文化得以更广泛地传播和展示，吸引了更多人的关注和参与。同时，乡村文化也在与外来文化的交流与融合中不断创新和发展，形成了具有地方特色的新文化形态。

五、环保意识提升与生态文明建设机制

产业兴旺还促进了农民环保意识的提升和生态文明建设的推进。随着经济的发展和生活水平的提高，农民对生态环境的要求也越来越高。数字普惠金融通过支持绿色产业、环保项目等方式，引导农民关注生态环境问题，积极参与生态文明建设。同时，金融机构也通过提供环保贷款、绿色债券等金融产品，鼓励企业采用环保技术和生产方式，减少污染排放和资源浪费。这种环保意识的提升和生态文明建设的推进，不仅改善了乡村的生态环境质量，也提高了农

民的生活品质和幸福感，为乡村文明建设提供了重要的生态保障。

第四节　数字普惠金融赋能乡村振兴的循环效应机制

数字普惠金融在赋能乡村产业振兴的间接作用与溢出效应的过程中，形成了促进共同富裕的良性循环。它不仅为乡村产业提供了强有力的金融支持，激发了乡村经济的内在活力，还通过提升农民收入、促进产业融合与升级，逐步缩小城乡差距，为实现全体人民在物质与精神层面的共同富裕奠定了坚实基础。这一循环促进作用，彰显了数字普惠金融在乡村振兴中的战略价值。具体的循环效应机制主要体现在以下四个方面：

一、数字精准投融资与农业农村发展循环促进效应

一是数字化拓宽融资渠道，数字普惠金融通过运用互联网、大数据、云计算等现代信息技术，打破了传统金融服务的物理网点限制，为农村及欠发达地区的企业和农户提供了更为便捷、低成本的融资渠道。这不仅降低了融资门槛，还使得原本难以获得金融支持的小微企业和农户能够更容易地获得资金，促进了农村产业的发展和升级。二是数字化精准对接资金需求。数字普惠金融平台通过收集和分析大量数据，能够精准识别农村产业和农户的融资需求，为不同主体提供定制化的金融服务。这种精准对接有助于资金更有效地流向高效益、有潜力的产业和项目，从而推动农村经济的持续增长。以上两个途径均能激发产业活力。在资金的支持下，农村产业得以快速发展和升级。传统农业通过技术改造和模式创新提高了生产效率和产品质量；新兴产业（如数字农业、乡村旅游等）逐渐兴起，为农村经济注入了新的活力。这种产业振兴不仅增加了农民收入，还促进了农村经济的多元化发展。

二、资源配置优化与三产融合效率循环提升效应

首先，数字普惠金融更易于引导资本流向优质涉农产业，促进资金使用效率与三产融合升级。数字普惠金融通过大数据分析，能够准确识别农村地区的优势产业和潜力项目，引导金融资本向这些领域倾斜。这种精准的资金投放不仅提高了资本的使用效率，还促进了农村产业结构的融合优化与升级。其次，数字普惠金融能促进涉农产业链协同发展。数字普惠金融不仅关注单一企业的

融资需求，还注重整个产业链的协同发展。通过为产业链上下游企业提供综合性的金融服务，数字普惠金融促进了产业链各环节之间的紧密合作和资源共享。这种协同发展模式有助于降低交易成本、提高整体竞争力。最后，数字普惠金融能提高农业全要素生产率，即在数字普惠金融的支持下，农业生产逐渐实现了数字化、智能化转型，智能农机、精准种植、智慧养殖等技术的应用提高了农业生产效率和质量。同时，数字普惠金融还为农业科技创新提供了资金支持，推动了农业技术的不断进步和普及。这些措施共同提高了农业全要素生产率，为农民增收和农村经济繁荣奠定了坚实基础。

三、促进农民稳定增收与消费—生产的物质富裕循环效应

数字普惠金融不仅能通过拓宽增收渠道促进农民增收，还能通过提高农民金融素养与完善信用体系来降低农民收入与借贷生产行为的风险，从而缩小城乡收入差距，并形成稳定性的收入预期，促进农村居民消费，进而形成消费与生产之间的正向物质富裕循环效应。

数字普惠金融促进农民稳定增收的渠道如下：

第一，数字普惠金融通过支持农村产业发展为农民提供了更多的增收渠道。传统农业通过技术改造和模式创新提高了产量和品质；新兴产业的发展为农民提供了更多的就业机会和创业机会；农村电商、乡村旅游等新兴业态的发展也为农民带来了更多的增收来源。

第二，数字普惠金融的发展还提高了农民的金融素养和理财能力。通过金融教育和培训活动，农民逐渐掌握了基本的金融知识和技能，学会了如何合理规划和利用自己的资产。这种金融素养的提升有助于农民更好地把握市场机遇和应对风险挑战，从而实现收入的稳定增长。

第三，数字普惠金融的发展离不开完善的信用体系支撑。通过构建全面的信用评价体系和信用信息共享机制，数字普惠金融能够有效降低信用风险和道德风险的发生概率。同时金融机构还可以利用大数据和人工智能技术对借款人的信用状况进行实时监测和预警，确保信贷资金的安全和有效使用。为保障金融市场的稳定和健康发展，需要增强监管部门对数字普惠金融的监管力度与监管效率。通过建立健全监管法规体系、完善监管技术手段、加强跨部门协作等措施，监管部门能够有效防范和化解金融风险，从而保障金融市场的稳定运行。

在此基础上，随着农村经济的不断发展和农民收入的持续增加，城乡收入

差距逐渐缩小。根据预防性储蓄理论，当消费者未来收入存在不确定时，消费者会增加预防性储蓄，减少当期消费。农村数字普惠金融可以为农民提供数字保险、财富管理等金融服务，降低农村居民个人和家庭面临的不确定性，增加农民的财产性收入，有助于提升其消费水平。这会在数字技术的支持下，共同促进农民消费，并形成消费与生产互动的物质富裕循环效应。支付、信贷、保险、投资理财等数字普惠金融服务在广大农村地区的广泛应用，促进了线下商务线上化，这可以为农民提供与城市居民相似的购物消费体验，进而有效释放农村地区的消费需求。农村数字普惠金融有助于缓解农民长期面临的流动性约束，借助线上渠道为居民提供延期支付、小额贷款服务，这可以促进农村地区对家用电器、家具、汽车等耐用消费品的消费。

四、改善农村公共服务水平与收入—福利的精神富裕循环效应

公共服务具有均衡、普惠的特征，教育、养老、医疗等基本公共服务水平的提升将极大地缩小城乡差距，增加农民的获得感。农村数字普惠金融本身就是重要的农村公共服务基础设施，能够为农村居民提供包括支付、信贷、保险、理财等全面的金融服务，弥补传统金融服务城乡供给不平衡的缺口。农村数字普惠金融以"金融＋科技"赋能农村公共服务体系建设，运用互联网平台，借助众筹、股权融资等模式，推进农村公共服务更加普惠，稳步提升服务和保障水平，形成公共服务优质共享的良好机制，让农民享受到越来越多的便捷公共服务。金融机构还可以通过支持农村学校建设、资助贫困学生、推广数字教育等方式，提升农村教育水平。同时，金融机构也可以利用金融手段支持农村文化产业发展，丰富农民的精神文化生活。这些措施有助于培养农民的文化自信和价值观念，使得农民有更多的时间和精力去追求精神层面的满足，实现更高层次的精神富裕。而精神富裕则进一步激发了农民对美好生活的向往和追求，促使他们更加积极地投身于物质生产和社会建设。这种循环效应不仅提升了农民的生活品质，还促进了农村社会的整体和谐发展。

第六章　数字普惠金融赋能乡村振兴的政策效果与实践经验 ///////////////////////

第一节　我国数字普惠金融赋能乡村振兴的政策效果

为全面深入地理解我国数字普惠金融工具与服务的创新过程与未来趋势，下文将从信贷、储蓄和理财、保险与微型股权融资等主要数字普惠金融工具与服务入手，分别梳理总结其政策演变、创新发展阶段以及现存的主要困境。

一、数字普惠信贷赋能乡村振兴的政策效果

（一）数字普惠信贷的相关政策演变

中国普惠金融的政策发展历程可以追溯到 2013 年党的十八届三中全会，该会议首次正式提出"发展普惠金融"概念。此后，普惠金融逐渐成为中国国家战略的重要组成部分。2015 年，国务院颁布了《推进普惠金融发展规划（2016—2020 年）》，此规划作为中国首个国家级普惠金融发展战略性文件，详尽阐明了普惠金融领域的发展核心理念、根本性指导原则及预期达成的目标体系，体现了国家对普惠金融的高度重视，系统规划了未来五年间普惠金融发展的方向与路径。在这一规划的指导下，普惠金融服务体系逐步完善，金融机构加大对中小微企业、农民、城镇低收入人群和贫困人口的支持力度。与此同时，国家层面连续推出政策蓝图，为普惠金融的数字化转型铺设了明确路径，引领其向前发展。互联网、移动通信及云计算等先进技术的深度融合，拓宽了信息流通的边界，为金融服务数字化转型构筑了坚实的技术基石。此外，普惠金融的产品与服务体系持续优化升级，信用信息架构日益完善，相关政策与制度框架也更为健全，共同推动了普惠金融生态的良性发展。2023 年，国务院发布了《关于推进普惠金融高质量发展的实施意见》，旨在推动数字普惠金融

事业实现高质量发展。该文件强调未来五年内,高质量的数字普惠金融体系基本建成,经营主体融资更加便利,金融支持乡村振兴更加有力,金融消费者教育和保护机制更加健全。总体来看,中国普惠金融政策经历了从初步探索到系统规划再到高质量发展的过程,逐步形成了多层次、广覆盖的普惠金融服务体系,为经济社会发展提供了有力支持。我国数字普惠信贷相关政策梳理见表6-1。

表6-1 我国数字普惠信贷相关政策梳理

时间	政策文件	政策解读
2013年11月	《中共中央关于全面深化改革若干重大问题的决定》	首次正式提出"发展普惠金融",并将其确立为国家战略,标志着普惠金融在中国经济发展中的重要地位得到了国家层面的认可和重视
2015年12月	《推进普惠金融发展规划(2016—2020年)》	首个发展普惠金融的国家级战略规划,从普惠金融服务机构、产品创新、基础设施、法律法规和教育宣传等方面提出系列政策措施和保障手段,对推进普惠金融实施、加强领导协调、试点示范工程等方面作出了相关安排
2017年3月	《政府工作报告》国务院常务会议	鼓励大中型商业银行设立普惠金融事业部,国有大型银行要率先做到,实行差别化考核评价办法和支持政策,有效解决中小微企业融资难、融资贵问题
2017年9月	《中国人民银行关于对普惠金融实施定向降准的通知》	央行对普惠金融实施全面定向降准,此外国务院设立国家融资担保基金,首期募资不低于600亿元,预计三年内累计可支持相关担保贷款5 000亿元,银保监会等监督部门多次定向指导银行支持小微企业,国家政策对普惠金融的支持力度持续加大
2019年8月	《金融科技(Fin-Tech)发展规划(2019—2021年)》	提出到2021年,建立健全我国金融科技发展的"四梁八柱",进一步增强金融业科技应用能力,实现金融与科技深度融合、协调发展,明显增强人民群众对数字化、网络化、智能化金融产品和服务的满意度
2020年5月	《关于进一步强化中小微企业金融服务的指导意见》	强调落实中小微企业复工复产信贷支持政策,开展商业银行中小微企业金融服务能力提升工程,包括大幅增加小微企业信用贷款、首贷、无还本续贷,运用大数据、云计算等金融科技手段建立风险定价和管控模型,赋能小微企业金融服务,切实满足中小微企业融资需求

（续）

时间	政策文件	政策解读
2022 年 9 月	《中国普惠金融指标分析报告（2021 年）》	强调 2021 年普惠金融发展的重点举措：发挥货币政策工具的总量和结构双重功能、引导金融机构加大对乡村振兴领域的支持力度、开展中小微企业金融服务能力提升工程、优化小微群体的银行账户服务、推进数字人民币试点、完善普惠金融相关的法规制度和基础设施、健全金融消费者权益保护体制机制
2023 年 10 月	《关于推进普惠金融高质量发展的实施意见》	明确未来五年推进普惠金融高质量发展的指导思想、基本原则和主要目标，旨在推动普惠金融事业实现高质量发展，包括支持中小微企业发展、健全农村金融服务体系、巩固拓展脱贫攻坚成果、加强和完善现代金融监管等
2024 年 3 月	《关于做好 2024 年普惠信贷工作的通知》	指出 2024 年普惠信贷工作要立足于服务高质量发展的要求，牢牢把握金融工作的政治性和人民性，深化金融供给侧结构性改革，优化金融资源配置，形成与实体经济发展相适应的普惠信贷服务体系，更好满足小微企业、涉农经营主体及重点帮扶群体多样化金融需求

（二）数字普惠信贷赋能乡村振兴的阶段性发展与效果

伴随着普惠信贷体系的稳健运作，其在全球范围内所展现的扶贫成效赢得了国际社会的广泛赞誉。鉴于此，多国竞相借鉴国际典范中成效显著的普惠信贷模式，并因地制宜地引入各自国家实施。我国自 20 世纪 90 年代起，便积极吸纳普惠信贷理念，致力于探索符合我国国情的普惠信贷发展路径。大体而言，我国普惠信贷的发展历程可精炼地划分为以下几个关键阶段：

第一阶段，1993—1996 年，普惠信贷在中国的试验性启动阶段。1993 年，中国社会科学院率先将普惠信贷理念引入国内，其理念源自孟加拉乡村银行模式，随后我国在河北省易县创立了"扶贫经济合作社"，作为探索中国农村普惠信贷实践的先驱。此阶段，所有活动均定位于公益性质，核心目标聚焦于扶贫，并由非政府组织及社会团体作为驱动力，依托国际机构的赠款与优惠贷款，深入探究普惠信贷模式在中国农村的适应性与可行性。

1993 年，中国社会科学院首次将孟加拉国乡村银行的普惠信贷模式引入中国，并在河北省易县成立了"扶贫经济合作社"，开始了中国农村普惠信贷的发展探索。该合作社是在中国社会科学院农村发展研究所、美国福特基金会和易县县委、县政府的支持下成立的民间社团组织。在试点阶段，易县扶贫经济合作社主要依靠国际机构的捐赠资金和软贷款进行运作。这些资金主要用于支持贫困地区的农户，通过提供小额信贷服务来帮助他们改善经济状况和社会地位。合作社的运作模式包括项目、企业、富户带动贫困户的方式，特别注重成本控制和管理便利性。

易县扶贫经济合作社的创立，旨在借助小额信贷机制，赋能低收入群体，助力其实现自主成长与脱贫目标。此阶段，普惠信贷服务被明确界定为公益性质的支持项目，其推动力量主要源自非政府组织及社会团体，这些机构利用国际援助机构提供的赠款与低息贷款，积极探索普惠信贷在中国实践中的有效路径与模式。截至2006年6月，"扶贫经济合作社"在河北省易县13个乡镇共发展了170多个中心，惠及范围广泛。通过直接到村入户的形式，向贫困乡村广泛提供小额信贷服务，并为借贷者提供创业指导，有效利用扶贫资金，改善了贫困户的经济状况和社会地位。然而，这一模式也存在一些问题，由于主要依赖国际捐赠和软贷款，资金规模较小，政策限制较多，发展空间受限。此外，该模式不能吸收公众存款，程序相对简单但注重规范化运作。

第二阶段，1996—2000年，农村普惠信贷进入了项目扩展与深化阶段。此阶段，资金来源显著拓宽，涵盖了政府财政拨款与扶贫贴息贷款，由农业银行及农业发展银行负责运作。这些机构借鉴了格莱珉银行的经典集体贷款模式，并在山西、河北、四川、云南、贵州等多个省份实施了具有政策导向的扶贫项目，旨在进一步推广普惠信贷理念，促进农村地区的经济发展与社会福祉提升。这一阶段，政府作为主要力量，把农村普惠信贷模式在全国贫困地区进行全面推广，积极扶贫。

在这一阶段政府的主要目标是通过提供低成本的信贷服务，帮助农村贫困人口改善生活条件和经济状况，从而促进贫困地区的经济发展和社会进步。此外，普惠金融的深化不仅直接提升了个人收入水平，还间接地在收入、教育与就业三大关键维度上，为农村劳动适龄人口群体的贫困面貌带来了积极转变。然而，值得注意的是，在此阶段，普惠金融在促进健康条件改善及保险保障覆盖方面所展现的成效尚不突出，对于健康和保险维度的贫困状态改善作用相对有限。并且由于农村普惠信贷刚刚开始发展，政府所推出的金融产品单一、创新性较弱使得农民申请贷款成为一大难题。此外，扶贫小额信贷在构建精准扶贫长效机制的过程中遭遇了多重制约因素。其中包括部分地方政府过于追求短期扶贫成效的政绩导向、金融机构参与积极性不足，以及农户面临发展产业的高难度挑战等，这些因素共同限制了扶贫小额信贷在深度与广度上的有效应用与持续影响。

第三阶段，2000—2005年，普惠信贷进入制度化建设阶段。随着再就业与创业浪潮带来的庞大资金需求，正规金融体系开始全面融入普惠信贷领域，其中农村信用社崛起成为该领域的主导力量。此阶段，普惠信贷的服务范畴由初期的"扶贫助困"逐步拓宽至"广大农户及小微型企业"，依托农村信用社的资金基础与央行再贷款的支持，在政府的积极倡导与扶持下，普惠信用贷款与联保贷款业务得以高效推进。中国人民银行在此期间创新性地提出了"额度核定灵活、随需随贷便捷、余额动态管理、资金循环使用"的信贷管理模式，并启动了基于农户信誉评估的无抵押、无担保贷款项目，同时建立健全了农户贷款档案体系，为小额信贷在农村地区的全面铺开奠定了坚实基础。在该阶段尽管普惠信贷取得了一定进展但金融服务的覆盖仍存在不均衡现象，特别是在一些偏远地区和弱势群体中。同时，民间借贷与信用借贷并存，导致了劣币驱逐良币效应，影响了普惠信贷的健康发展。

第四阶段，2005年至今，普惠信贷进入商业化阶段。随着我国农村金融改革，中央相关部门开始鼓励民间资本投资我国贫困地区，倡导商业性普惠信贷试点，建立了很多经营资金的机构，如普惠贷款公司、村镇银行等。截至2013年末，全国共有小额贷款公司7 839家，贷款余额8 191亿元，全年新增贷款2 268亿元。同一时期，各普惠信贷机构纷纷意识到要把可持续发展作为其长期目标，整体上普惠信贷进入了商业化阶段。

2013年11月，党的十八届三中全会首次将"发展普惠金融"纳入国家改革战略发展目标。普惠金融概念，源自联合国于2005年的倡议，其核心聚焦于小微企业、农民群体及城市低收入阶层等社会弱势群体。面对当前"全民创业、全面创新"的时代潮流，唯有依托迅猛发展的互联网与通信技术作为关键驱动力，精准把握普惠金融的未来演进轨迹，并精心构建一套旨在实现长期可持续发展的普惠金融创新生态系统，方能有效激活小微企业、"三农"领域及低收入群体的庞大需求潜能，点燃其创造活力，从而在增进民众福祉、推动国民经济稳健增长方面展现出不可估量的正面效应。

在现如今的商业化阶段，普惠信贷的发展也面临着一系列的问题。例如，传统信贷受盈利性驱使将消费频次较多、消费潜力较大的大企业、大客户作为营销和服务的重点对象，而对于消费能力一般的广大农民、城镇低收入者以及小微企业，服务质量及营销强度明显降低，"长尾市场"中的中小消费群体和中小微企业金融消费者往往享受的金融服务极为有限。但随着金融科技的发展，互联网金融打破了传统信贷的高门槛，金融脱媒趋势明显，新冠疫情冲击下，各商业银行普惠信贷业务数字化转型迫在眉睫。我国在普惠金融领域的发展已取得了一系列阶段性显著成就，尤其是在基础设施建设、服务获取便捷性以及用户满意度方面。随着全球数字化浪潮的加速推进，数字普惠信贷作为一股新兴力量应运而生，正逐步成为推动普惠金融深化发展的新引擎，进一步拓宽了金融服务的广度与深度。

经过30多年有序的发展，我国的普惠信贷业务已发展了一套有着自己特色的普惠信贷体系，即把农村信用社作为主体骨干、把公益性和新型商业性的普惠信贷机构作为相应补充。自2018年起，国家金融监督管理总局将普惠型小微企业贷款纳入普惠金融统计范围，即单户授信总额在1 000万元以下（含）的小微企业。2018—2022年间，小微企业贷款户数不断上升，增幅达100％；截至2022年，全国普惠型小微企业贷款余额已经超过23.6万亿元。目前，全国范围内的银行机构网点已实现广泛布局，覆盖了高达97.9％的乡镇地区，实现了对基层金融服务需求的基本全面覆盖。

（三）阻碍数字普惠信贷工具与服务创新的主要困境

一是地区发展不均衡严重制约着数字普惠信贷工具与服务创新。根据现有研究，中国数字普惠信贷的发展程度在31个省份之间存在显著差异，这种集聚与收敛特征表明地区间的发展不平衡。东部沿海地区凭借其经济发达、基础设施完善及数字化水平高等优势，数字普惠信贷发展显著领先于中部与西部地区，而中部地区则依托较为坚实的经济基础与逐步提升的数字化能力，相较于西部地区展现出更为积极的发展态势。尽管数字普惠信贷在一定程度上解决了金融供给不足的问题，但供给与需求之间仍存在较大差距。特别是在经济不发达地区和偏远地区，金融服务的竞争性较低，难以满足当地居民和企业的多样化金融需求。此外，部分数字普惠金融产品与服务的效率和质量也有待提升。银行需深入了解普惠客群的实际需求，优化产品设计和服务流程，提高金融服务的针对性和有效性。

二是信息获取与服务成本高影响着数字普惠信贷工具与服务创新的商业可持续性。尽管数字技术的广泛应用已在一定程度上缩减了金融服务的边际成本，促进了金融包容性的提升。然而，商业银行在针对普惠客群（涵盖小微企业、个体工商户及农村居民等弱势群体）的信用信息获取上仍遭遇重重障碍。这些金融弱势群体普遍面临信用记录缺失或不完善、缺乏有效抵押物等问题，导致银行在信用风险评估过程中的不确定性与复杂性剧增，迫使银行采取更为审慎的信贷政策，并投入更多资源在尽职调查与风险评估环节，无形中推高了信贷服务的综合成本。此外，基础设施的薄弱与信息技术应用的局限性也在金融服务向偏远地区或经济欠发达地区延伸时成为一大制约因素。这些地区往往存在网络覆盖不足、数字设备普及率低及居民数字素养欠缺等问题，导致金融服务的有效触达与高效运行受阻。层层因素叠加不仅增加了服务提供的技术难度与运营成本，还限制了普惠信贷在这些地区的广泛覆盖与深度渗透，阻碍了金融资源向更广泛社会群体的有效配置，对实现金融服务的全面普惠构成了显著挑战。

三是来自信贷数据真实性与监管能力的挑战扭曲了数字普惠信贷工具与服务创新效果。近年来，金融监管机构频繁聚焦于金融企业信贷数据真实性的缺失问题，此现象在普惠信贷领域表现得尤为严峻。部分商业银行在追求内外部业绩考核指标的驱动下，采取了不当行为，如虚报信贷投放量、擅自变更贷款分类标准等，这些违规行为直接导致了信贷数据的严重失真。信贷数据的非真实性不仅削弱数据准确性，还对宏观经济政策制定的科学性与有效性构成了潜在威胁，可能误导金融资源的优化配置方向，加剧资源错配现象，使普惠信贷政策偏离其支持促进实体经济金融、包容性发展的初衷。

四是数字鸿沟与技能缺失阻滞了数字普惠信贷工具与服务创新的推广应用。随着信息技术的迅猛进步与数字化转型的深入推进，数字鸿沟问题日益凸显。诸如低收入阶层及老年人等类型人群由于经济条件限制、技术接触机会匮乏及自身学习能力下降等因素，往往缺乏必要的数字技能与基础设施支持，从而难以有效接入并充分利用数字普惠信贷体系所提供的便捷金融服务。这一现象不仅严重制约了普惠金融的广泛覆盖与深化发展，阻碍了金融资源向弱势群体的有效渗透，还可能进一步加剧社会经济的不平等格局，影响社会和谐。因此，银行需加强数字普惠金融的宣传和培训工作，提高公众的数字素养和金融知识水平，缩小数字鸿沟。同时，还需关注老年人的金融服务需求，推出适合其特点的金融产品和服务。

二、数字普惠储蓄和理财赋能乡村振兴的政策效果

（一）数字普惠储蓄和理财的相关政策演变

2016 年 1 月 15 日国务院印发了《推进普惠金融发展规划（2016—2020年）》，该规划明确了至 2020 年的发展目标：构建与全面建成小康社会战略目

标相契合的普惠金融服务与保障体系，旨在显著提升金融服务的可触及性，强化民众对金融服务的实际感知与满意度，并有效回应人民群众日益增长且多样化的金融服务需求。规划强调，需全面激发并整合传统金融机构与新兴金融业态的活力与创新能力，鼓励各类机构与组织依据自身特色精准定位市场，优化内部机制，发挥各自专长，共同构建一个多层次、全方位的金融服务网络，覆盖所有市场参与主体及广大民众。此外，规划还倡导各类普惠金融服务主体积极拥抱互联网等现代信息技术，以此作为降低金融服务成本、扩大服务覆盖范围、深化服务渗透力的有效手段，从而进一步拓宽普惠金融的边界，实现其服务的广度与深度的双重飞跃。

2016年9月《G20数字普惠金融高级原则》首次提出数字普惠金融的概念，即数字普惠金融是以数字化方式提供的普惠金融服务，大数据、云计算以及移动互联等数字技术在普惠金融领域的应用。

在2018年8月13日由中国人民银行公布的《2017年中国普惠金融指标体系分析报告》中，明确指出我国银行结算账户与银行卡的普及程度已达到中上水平，其人均持有量在全国及农村地区均呈现出稳健增长的态势，基本实现"账户普及全民"的目标。具体而言，截至2017年底，全国范围内每位居民平均拥有银行账户数达到6.6个，同时人均持有的银行卡数量为4.81张。地域分布上，东部地区在人均账户数与银行卡持有量上占据领先地位，而中西部则相对略低，但仍展现出积极的增长趋势。此外，该报告还强调了信息技术对普惠金融发展模式产生的深远影响。其中，电子支付的迅猛发展尤为引人注目，其高普及率成为普惠金融现代化的重要标志。据统计，2017年全国范围内使用电子支付的成年人占比高达76.9%，而在农村地区，这一比例也超过了60%，显示出电子支付在广大农村地区的快速渗透与广泛应用。

在投资理财领域，《2019年中国普惠金融指标分析报告》（由中国人民银行金融消费权益保护局①于2019年编撰）进一步揭示了该领域的发展趋势。报告显示，我国投资理财市场的参与度持续上升，2017年至报告期（2019年），全国范围内平均有45.97%的成年人曾涉足投资理财产品，这一比例至2019年已小幅增至48.76%，年度增幅达0.95个百分点，凸显了公众对多元化金融产品的热衷与广泛参与。反观农村地区，尽管起点较低，但同样展现出蓬勃生机，投资理财成年人比例由32.79%提升至36.78%，年度增长率为

---

① 金融消费权益保护局于2023年10月撤销，职责划入金融市场司。

0.67 个百分点，彰显了农村金融市场的巨大潜力与活力，预示着普惠金融在赋能农村居民财富积累方面的积极作用日益显著。

值得注意的是，地域差异在投资理财领域依然显著，北京、上海、浙江等经济发达省市的成年人投资理财比例显著高于全国平均水平。为缩小城乡差距，人民银行武汉分行等地方分支机构积极作为，通过组织国债知识下乡、校园宣讲等活动，提升农村居民的金融素养与投资意识。同时，创新性地试点储蓄国债（凭证式）的异地通兑服务，以及在襄阳市等地建立"乡镇国库惠民服务示范站"，这些举措有效打破了地域限制，为农村居民提供了更加便捷、高效的金融服务通道，有力推动了国库服务在农村地区的全面覆盖，促进了国债等安全投资产品在农村市场的普及。

2021 年 7 月 14 日银保监会[①]就"如何推进普惠金融发展服务小微企业和促进乡村振兴"作出回应。首先，各银行机构须于年初明确并稳固小微企业服务的年度目标与任务，确保这些目标能够得到有效执行与适时推进，以此夯实服务基础。其次，持续贯彻"两增两控"的评估导向，旨在推动普惠型小微企业贷款实现规模增长与覆盖面扩大，特别是聚焦于首贷客户的拓展与信用贷款比例的提升，同时确保小微企业承受的综合融资成本保持在合理区间并持续降低。此外，建立健全的信贷机制，激励金融机构形成"敢于贷、乐于贷、有能力贷、善于贷"的良性循环。再次，鉴于旅游、民宿、文化旅游业及众多服务业因新冠疫情遭受重创，其生产经营恢复进程相对缓慢，银保监会已明确要求银行机构针对这些受困领域的小微企业，量身定制金融服务方案，实施精准帮扶措施。最后，聚焦于乡村振兴战略的金融支持，小微企业服务被视为推动乡村振兴的关键"双翼"。银保监会积极倡导农村信用社的深化改革，包括妥善处理中小法人机构的风险问题，增强其资本实力，并引导其深耕县域，专注服务于小微企业与乡村振兴事业，确保更多金融资源能够精准流向小微企业与乡村发展的核心领域。

2022 年 2 月 28 日，中央全面深化改革委员会第二十四次会议召开，强调了深化改革和推动重点领域改革攻坚突破的重要性。2023 年 10 月，国务院印发了《关于推进普惠金融高质量发展的实施意见》（国发〔2023〕15 号），为我国普惠金融的后续发展路径与目标设定了清晰蓝图。会议核心指出，需进一步深化金融供给侧的结构性优化，致力于将金融资源更高效地引导至关键领域

---

① 2023 年 5 月 18 日银保监会改名为国家金融监督管理总局。

与相对薄弱的环节，特别是加速县域地区、小微企业以及新型农业经营主体等金融服务短板的填补工作。同时，强调要推动普惠金融与绿色金融、科创金融等多元金融模式的深度融合，以此提升政策执行的精确度和整体效能，为普惠金融的高质量发展注入新的活力与动力。

2023年9月25日国务院发布了《关于推进普惠金融高质量发展的实施意见》。在《关于推进普惠金融高质量发展的实施意见》关于增强资本市场支撑普惠金融效率的论述中，强调了适应并满足民众多元化的财富管理需求的重要性。为回应民众资产管理需求的日益增长，特别是其对权益投资的渴求，应积极推动基金产品种类的多样化，以提供更丰富的选择。进一步构建一个囊括全面、策略多元且层级分明的理财产品与服务框架，拓宽民众获取财产性收入的途径，实现财富的有效增值。此外，为提升投资者信息获取的便捷性，建立统一的公募基金账户份额信息查询平台成为关键举措，使得投资者能够集中、高效地获取其基金投资的相关信息，促进投资决策的明智与高效。

（二）数字普惠储蓄和理财赋能乡村振兴的阶段性发展与效果

我国数字普惠储蓄与理财工具及服务创新经历了显著的阶段性发展。起步期，技术初步融合，奠定了普惠服务的数字化基础；随后进入缓慢发展阶段，大数据、AI等技术逐步深化应用，推动服务优化与升级；现阶段，随着技术创新与模式迭代加速，我国数字普惠储蓄与理财领域迎来爆发式增长，实现个性化、智能化服务，展现出强大的专业实力与市场潜力。

一是起步阶段（2004—2012年）：数字普惠理财在起步期主要经历了从互联网金融的萌芽到初步发展的过程，用户规模快速增长，偏好固定收益类产品。这一时期，政策与监管的逐步完善，为后续的爆发式增长奠定了基础。在这个时期，互联网金融开始逐渐兴起。作为数字化普惠金融领域的先驱，美国在20世纪80年代便率先孕育了互联网银行、在线券商及网络保险等一系列新兴金融业态。进入21世纪后，特别是在2005年，美国见证了众筹模式的兴起以及互联网金融领域内点对点借贷平台（P2P）的蓬勃发展。与此同时，大数据、机器学习及区块链等前沿技术也被深度整合至数字化普惠金融的实践中，极大地推动了该领域的创新与进步。随着用户数迅速增长，固定收益类产品逐渐受到青睐。这表明在起步阶段，用户对于低风险、高流动性的理财产品表现出较高的兴趣。

在2012年以前，中国基金投资理财的普及率仅达到3%，这一数字显著滞后于发达市场普遍保持的20%～30%的覆盖率区间。然而，互联网金融的蓬勃兴起，尤其是互联网基金这一创新模式的涌现，成为推动金融服务变革的关键力量。它不仅将金融服务的时间边界从传统工作日的 8 小时拓展至全天候的 24 小时不间断服务，还成功打破了实体网点对金融服务供给的垄断格局，极大地提升了金融服务的可及性和便利性。

二是缓慢发展期（2013—2017 年）：数字普惠理财在缓慢发展期呈现出用户规模稳步增长、产品创新活跃、监管环境逐步完善、区域发展不均衡以及技术驱动服务多样化的特征。在该阶段，互联网理财指数从 2013 年的 100 点增长到 2017 年的 695 点，四年时间内增长了近 6 倍。以余额宝为代表的互联网理财产品突破了传统理财产品的高门槛，吸引了大量个人投资者，尤其是小额资本投入者。同时，数字普惠金融的发展在这一阶段不同地区存在显著差异。东部、中部和西部三个地区的标准差值与全国整体标准差值的变化趋势基本相同，表明区域间的发展差距逐步缩小。然而，2016 年后，这种差距有所扩大，部分国家重大战略区域间的差异也影响了整体发展。

三是爆发式增长期（2018 年至今）：数字普惠理财在爆发式增长期呈现出技术创新驱动、政策支持与规范治理并重、用户规模迅速扩大、产品多样化及区域差异明显等特点。在经历了近十年的飞速发展后，数字普惠金融在 2018 年之后进入了爆发式增长期。这一时期，各类金融产品如互联网基金、P2P 网贷、网络保险等迅速发展，并且种类繁多，满足了不同用户的需求。

（三）阻碍数字储蓄和理财工具与服务创新的主要困境问题

一是征信数据覆盖面较低，缺乏数字储蓄和理财工具与服务创新基础支撑。当前，我国征信数据的覆盖范围尚存显著扩展空间，中小微企业及个人用户的数据资源主要分散于政府机构、大型金融机构、科技巨头及供应链中的核心企业之中。这导致社会信用信息系统的构建面临"孤岛化"与"碎片化"的挑战，阻碍了数据之间的顺畅流通与高效整合。鉴于此，加强数据的互联互通与深度融合应用成为当务之急。尤为关键的是，部分普惠金融服务机构，尤其是中小规模机构，因缺乏充足的信贷决策支持数据，难以充分发掘数据在客户吸引、市场营销及风险管理等关键环节中的潜在价值，进而限制了其服务效能的发挥。

二是数据安全与数字鸿沟，阻碍数字储蓄和理财工具与服务创新应用。一方面，数据安全、隐私权保护以及信息披露等风险控制问题日渐凸显，完善的数据信息保护是下一步数字普惠金融发展的基础保障。《关于构建更加完善的要素市场化配置体制机制的意见》《建设高标准市场体系行动方案》《中华人民共和国数据安全法》《中华人民共和国个人信息保护法》陆续发布，数据作为生产要素参与分配正在发挥越来越重要的作用。但是，目前我国没有形成严谨的金融隐私保护法律体系，已有的法律法规多为原则性框架。在确保个人隐私和数据安全的前提下，探索实现长尾客户更精准的数据确权，更便捷的数据交易与更合理的数据使用面临严重挑战。另一方面，数字鸿沟虽然互联网大幅降低了信息成本，但由于城乡数字信息鸿沟的存在，难以让农村居民最大程度享受到互联网带来的信息成本降低与金融素养提升，农村居民主要依赖手机应用进行转账支付操作，而对股票、基金、债券等风险性金融资产的投资知识知之甚少，其风险辨识能力亦显薄弱，这导致了显著的"自我排斥"现象。相比之下，城市居民普遍展现出较高的金融素养、投资技巧及风险识别能力，能够采取理性态度审视金融投资决策，并依托专业知识实施风险资产的多元化配置，以优化家庭金融资产结构。再者，农村地区在金融基础设施建设方面存在明显短板，如金融机构网点稀少、金融产品供给匮乏且种类单一，这些不足限制了农民获得符合其"个性化"需求的金融服务，催生了"市场渗透障碍"，即所谓的"营销排斥"，最终削弱了数字普惠金融在农村地区的普及成效与影响力。

三、数字普惠保险赋能乡村振兴的政策效果

（一）数字普惠保险的相关政策演变

普惠金融的核心在于促进金融资源的均衡可及性，旨在通过构建无差别的基本金融服务获取渠道，达成对广泛客户金融生态链的深度与广度覆盖。此体系尤为侧重对低收入群体、小微企业、老年及残障人士等边缘化社群的服务强化，这些群体通常展现出经济脆弱性高、规模庞大且分布广泛的特点，常被视为"长尾市场"。保险，无论追溯至其海上贸易风险管理的制度根源，还是根植于社会互助共济的哲学基础，本质上都是对社会风险共担机制的体现。在普惠金融的狭义范畴内，保险业日益聚焦于为农民、低收入者等弱势群体提供贷款保障等基础性金融服务。随着现代保险服务业的持续深化与金融科技对普惠金融模式、策略及趋势的深刻重塑，保险在普惠金融架构中的角色与功能亟待在监管框架与行业实践中得到全面审视与系统定位。

在普惠金融的广阔领域内，保险的作用不仅仅限于增设农村服务触点、拓展农业保险范畴以应对因病致贫及返贫现象，或是作为低收入群体医疗、养老社会保障的补充手段。它更侧重于通过保险领域的创新实践，深化对社会各阶

层的保险服务渗透，提升民众对保险服务的实际感知与满意度。保险服务关键在于不仅要追求对社会弱势群体的平等覆盖，还需聚焦在小微企业金融服务中的信用强化难题，通过优化小微金融服务生态与风控体系，有效突破农村及小微经济体面临的融资瓶颈与创业挑战，从而强化其脱贫自强的根基与抵御风险的能力。此外，保险业的发展不应局限于传统需求挖掘、服务网点扩张及产品创新的维度，而应积极拥抱大数据、移动互联网、物联网及人工智能等前沿技术，以科技赋能提升对小微客户群体的精准分类、风险精准评估与定价、动态风险控制及高效在线服务能力，精准对接其"短小频快"的个性化保险需求。加速保险业的普惠性发展进程，不仅是激发金融市场内在活力、回归保险核心价值的关键引擎，也是引领保险业迈向新一轮创新与变革的必由之路。

普惠保险发展的核心在于不断拓展其保障范畴与覆盖面，丰富产品矩阵，促进人均保障质量的稳步提升，并显著提升服务的便捷性与客户满意度。近年来，保险行业积极响应，推出了一系列普惠导向的保险产品与服务，如大病保险、农业保险及小额人身保险等，显著增强了保险服务的普及度、可及性及用户满意度。根据银保监会最新数据，2022 年前三季度，农业保险为超过 1.5 亿户次农户提供了高达 4.28 万亿元的风险保障，累及约 1 996 万户次。同时，截至 2022 年 6 月，大病保险制度自 2012 年实施以来，已惠及全国 12.2 亿城乡居民，成为社会保障体系的重要补充。城市定制医疗保险（即"惠民保"）亦展现出蓬勃的发展态势，实现了参保人数与覆盖地域的双重增长。截至2021 年底，惠民保已覆盖全国 28 个省份，参保人数突破 1.4 亿人次。进入2022 年，惠民保的热度持续不减，多地纷纷推出 2023 年度升级版产品，进一步满足民众多元化、深层次的健康保障需求。党的二十大报告强调，要让现代化建设的成果更加广泛、公平地惠及全体人民，这对普惠保险的发展提出了新的更高要求。在此背景下，总结过往经验，直面现存挑战，推动普惠保险向高质量发展阶段迈进显得尤为重要。中国普惠金融研究院研究员朱贺天戈指出，尽管我国已全面打赢脱贫攻坚战，但防止脱贫人口因病返贫仍是重要课题。保险作为有效的风险管理工具，在阻断"因病返贫"路径上扮演着关键角色。此外，调研显示，低收入家庭对保险的需求甚至超过了信贷，凸显了普及高质量、可负担普惠保险产品的紧迫性。这不仅有助于增强民众抵御风险的能力，还能激发整体经济的内在活力，促进社会的和谐稳定与可持续发展。我国数字普惠保险相关政策梳理见表 6-2。

表 6-2 我国数字普惠保险相关政策梳理

时间	文件名称	政策解读
2006 年 6 月	《国务院关于保险业改革发展的若干意见》	要适应完善社会主义市场经济体制和建设社会主义新农村的新形势，大力发展商业养老保险和健康保险等人身保险业务，满足城乡人民群众的保险保障需求；并明确了保险在构建社会主义和谐社会中的重要作用以及当前和今后一个时期保险业改革发展的指导思想和主要任务
2014 年 8 月	《关于加快发展现代保险服务业的若干意见》	要积极发展农业保险，按照中央支持保大宗、保成本，地方支持保特色、保产量，有条件的保价格、保收入的原则，鼓励农民和各类新型农业经营主体自愿参保，扩大农业保险覆盖面，提高农业保险保障程度
2016 年 10 月	《互联网金融风险专项整治工作实施方案》	规范互联网保险经营模式，优化市场发展环境，完善监管制度规则，实现创新与防范风险并重，促进互联网保险健康可持续发展，切实发挥互联网保险在促进普惠金融发展、服务经济社会方面的独特优势
2021 年 10 月	《关于进一步规范保险机构互联网人身保险业务有关事项的通知》	明确保险公司开展互联网人身保险业务的经营条件，从产品开发，宣传销售、服务流程方面细化监管要求，保护消费者权益
2022 年 1 月	《关于银行业保险业数字化转型的指导意见》	明确到 2025 年，银行业保险业数字化转型取得明显成效。数字化金融产品和服务方式广泛普及，基于数据资产和数字化技术的金融创新有序实践，个性化、差异化、定制化产品和服务开发能力明显增强，金融服务质量和效率显著提高。数字化经营管理体系基本建成，数据治理更加健全，科技能力大幅提升，网络安全、数据安全和风险管理水平全面提升
2022 年 9 月	《2022 年上半年互联网财产保险发展分析报告》	深入分析了 2022 年上半年保险业互联网财产保险业务发展概况、面临问题与挑战、未来趋势与展望。该文件显示，保险业要充分发挥普惠和科技的双重优势，持续探索保障社会民生的保险产品，推出可线上投保的企业经营中断险、信用保证保险、新市民专属保险等，助力中小微企业复工复产，满足新市民群体保险保障需求
2024 年 5 月	《关于推进普惠保险高质量发展的指导意见》	指出普惠保险作为我国普惠金融的重要组成部分，要围绕保障民生、服务社会，努力为广大人民群众提供广泛覆盖、公平可得、保费合理、保障有效的保险服务

（二）数字普惠保险赋能乡村振兴的阶段性发展与效果

从基本情况来看，我国现在具有普惠性的保险业务可以追溯到 20 世纪 80 年代农村经济体制改革的时期。四十多年来，保险业在民生保障领域开展了丰富多彩的实践，大体分为两个阶段。

第一阶段，20 世纪 80 年代至 2006 年，2006 年以前属于萌芽探索阶段。在此期间，保险服务的重心聚焦于农业保险领域，同时，亦不乏针对农村地区设计的简易人身保险产品的尝试与推广，共同构成了该阶段普惠保险业务的初步版图。这些保险产品设计简单，保费低廉，保额适度，核保理赔手续简便，旨在满足农民的基本保障需求。经营模式经历了从国家计划到市场化经营的发展转变。最初，保险业务主要由国家主导和安排，随着市场经济的发展，保险公司开始逐步进入市场，提供更加多样化和灵活的保险产品。这种转变不仅提高了保险产品的覆盖面和可及性，还促进了保险行业的整体发展和完善。

第二阶段，2006 年至今，深化发展阶段。2006 年，我国保险业迎来了一个里程碑式的政策推动——《国务院关于保险业改革发展的若干意见》的颁布，该政策显著加速了保险行业的成长步伐。同年，国际保险监管协会第 13 届年会在北京召开，会议核心议题聚焦于普惠保险的发展促进与监管强化，吸引了 94 个国家和地区近 700 位保险界高层人士的积极参与。此阶段，我国普惠保险业务实现了地域上的飞跃，由农村起步，逐步渗透至乡镇乃至城市边缘地带，实现了全国范围内的广泛覆盖与深化。彼时，县域保险与小额保险成为发展的重中之重，各级政府对此给予了日益增强的关注与支持，配套政策措施频出，为普惠保险营造了更加有利的发展环境。在此背景下，普惠型保险产品展现出蓬勃的多元化趋势，涵盖农业保险、人身保险、重大疾病保险、长期护理保险、老年人专属保险等多个领域，产品种类不断丰富，服务范围持续拓宽，有效提升了社会各阶层的保险保障水平。

经过多年来的努力，保险机构提供了一系列具有普惠性质的保险产品。大病保险已覆盖 12.2 亿城乡居民，基本实现乡镇全覆盖；农林牧渔各领域农业保险覆盖农户 1.4 亿户次，提供风险保障 3.7 万亿元，基本实现全覆盖，为农业生产全产业链提供了坚实有力的保障。小微企业保险服务的覆盖面已扩展至逾 400 万家企业，显著增强了这些企业的风险抵御能力。近年来，普惠保险领域内不断涌现出具有示范效应的创新模式。以宁夏地区为例，某保险公司成功实施的"扶贫保"项目，精准对接了全区 15 万户、总计超 58 万贫困人口的需求，通过提供涵盖人身及疾病在内的全方位扶贫保险服务，将个人医疗费用自费比例由 35％显著降低至 10％以下，极大地缓解了贫困家庭的经济压力。在广东，另一项名为"银龄安康"的老年人意外伤害保险项目实现了全省性覆盖，惠及 95％的老年人口群体。数据显示，该项目在 2020 年度内的理赔服务惠及超过 24 万人次，赔付金额高达 2.7 亿元以上，展现了其对老年人群体的深切关怀与坚实保障。此外，众多保险公司还在全国 27 个省份积极参与了共计 112 个"惠民保"项目，这些项目总参保人数突破 7 000 万大关，其中，为两千万的 60 岁以上老年人群体提供了定制化保险服务，进一步丰富了普惠保险的内涵，提升了全民福祉水平。

（三）阻碍数字保险工具与服务创新的主要困境问题

一是可及性问题，即普惠保险能不能真正触达到需要保险的客户。当前，保险行业的营销手段多样，但面对客户群体的高度分散性、显著的地域差异以及辽阔的地域跨度，传统营销模式显得力不从心。尤其是针对边远地区的人群，信息闭塞与教育资源匮乏导致他们对保险产品的认知存在显著不足，普遍呈现出不了解、不认同乃至怀疑的态度。这种心理状态增加了保险知识与产品信息传递的难度，使得沟通成本飙升，保险服务的有效触达面临重重阻碍。因此，提升普惠保险的可及性，需要创新营销策略，利用数字化手段打破地域限制，同时加强保险教育，提高公众尤其是偏远地区居民的风险意识与保险认知。

二是可负担性问题，即低收入群体愿不愿意、能不能够支付得起普惠保险所需要的相应成本和费用。在中国农村空心化现象日益凸显的背景下，可负担性成为制约普惠保险普及的关键因素之一。低收入群体往往面临生计压力，对于额外支出持谨慎态度，即便保险能为他们提供风险保障，但高昂的相对成本也可能成为其购买的门槛。因此，解决可负担性问题，需要政府、保险公司及社会各界共同努力，通过政策补贴、税收优惠、产品设计优化等手段，降低保险产品的实际成本，确保其在不牺牲保障质量的前提下，更加贴近低收入群体的经济能力。

三是可持续性问题，即保险人和被保险人的互动能不能使普惠保险制度得到持续发展。由于普惠保险通常定位于小额、高频的保障需求，其交费水平相对较低，直接限制了保险公司的筹资能力。同时，在推广过程中，保险公司需投入大量资源在销售、信息技术及风险管理等方面，而有限的销售渠道和高昂的管理成本往往难以通过保费收入完全覆盖。此外，小额普惠保险还面临着较高的欺诈风险与漏洞防控挑战，这进一步增加了保险公司的运营成本与风险管理难度。因此，实现普惠保险的可持续发展，需要构建多方共赢的生态系统，通过技术创新提升运营效率，加强监管以遏制欺诈行为，同时探索多元化盈利模式，如政府补贴、社会捐赠、跨界合作等，以激发保险公司的积极性与创新能力，确保普惠保险制度能够稳健前行，持续为广大低收入群体提供优质的保险服务。

四、数字化微型股权融资赋能乡村振兴的政策效果

（一）数字化微型股权融资的相关政策演变

我国微型股权融资相关政策整理见表 6-3。

表 6-3　我国微型股权融资相关政策梳理

时间	政策文件	政策解读
2004 年 7 月	《国务院关于投资体制改革的决定》	提出要进一步拓宽企业投资项目的融资渠道；允许各类企业以股权融资方式筹集投资资金，逐步建立起多种募集方式相互补充的多层次资本市场
2013 年 11 月	《中共中央关于全面深化改革若干重大问题的决定》	首次提出健全多层次资本市场体系；推进股票发行注册制改革，多渠道推动股权融资，发展并规范债券市场，提高直接融资比重
2014 年 12 月	《私募股权众筹融资管理办法（试行）（征求意见稿）》	对股权众筹融资行业进行定义并制定了行业规范管理条例，着意加速我国众筹行业的健康发展，标志着国内股权众筹行业法律地位即将明确与合法化
2015 年 7 月	《关于促进互联网金融健康发展的指导意见》	界定了股权众筹的业务边界及准入条件，落实监管责任，明确风险底线
2016 年 10 月	《股权众筹风险专项整治工作实施方案》	将互联网股权融资活动纳入整治范围，重点整治以下八类问题：互联网股权融资平台（以下简称平台）以"股权众筹"等名义从事股权融资业务，以"股权众筹"名义募集私募股权投资基金，平台上的融资者擅自公开或者变相公开发行股票，平台通过虚假或夸大平台实力、融资项目信息和回报等方法进行虚假宣传，平台上的融资者欺诈发行股票等金融产品，平台及其工作人员挪用或占用投资者资金，平台和房地产开发企业、房地产中介机构以"股权众筹"名义从事非法集资活动，证券公司、基金公司和期货公司等持牌金融机构与互联网企业合作违法违规开展业务

（续）

时间	政策文件	政策解读
2021 年 5 月	《关于金融支持新型农业经营主体发展的意见》	支持各类社会资本在依法合规前提下，通过注资、入股、人才和技术支持等方式，支持新型农业经营主体发展。支持符合条件的涉农企业在主板、中小板、创业板、科创板及新三板等上市和挂牌融资
2023 年 7 月	《关于开展"一链一策一批"中小微企业融资促进行动的通知》	优化上市培育策略，助力对接资本市场；推进区域性股权市场高质量建设"专精特新"专板，鼓励基于区域性股权市场打造属地化直接融资服务基地，着力提升专板服务能力

（二）数字化微型股权融资赋能乡村振兴的阶段性发展与效果

我国涉农中小微企业股权融资的发展历程可以追溯到 20 世纪 90 年代。随着改革开放的深入推进，我国市场经济体制逐渐完善，金融市场也得到了快速发展。在这个过程中，涉农中小微企业逐渐成为推动农村经济发展的重要力量。为了支持这些企业的发展，政府开始出台相关政策文件，鼓励金融机构为涉农中小微企业提供股权融资服务。

我国涉农中小微企业股权融资的发展历程可以大致分为以下几个阶段：

第一阶段，20 世纪 90 年代至 2008 年。在这个阶段，我国涉农中小微企业股权融资处于起步阶段。在 2004 年，政府发布了《国务院关于投资体制改革的决定》，旨在显著拓宽企业投资项目的资金筹措路径。该决定倡导并许可各类企业采用股权融资机制来汇聚投资所需资本，进而逐步构建出一个多元化、互补性强的多层次资本市场体系，其中各类资金募集方式相互支撑，共同促进资本市场的健康发展。但相关的法律、法规和政策还不完善。涉农中小微企业面临着融资难、融资贵的问题。随着政策环境的不断优化，政府逐步推出了一系列指导性文件，旨在激励金融机构加大对涉农中小微企业的股权融资支持力度。例如，2007 年发布的《农业部关于印发乡镇企业"十一五"发展规划的通知》中，着重指出需构建并强化乡镇企业融资担保服务体系，该体系应高效整合政府、银行业机构、担保组织及企业自身资源，积极争取国家层面对乡镇企业于担保、信贷、引资及上市融资等多方面的政策扶持。此外，文件还倡导定期组织针对乡镇企业的银企对接活动，旨在搭建合作桥梁，助力符合条件的乡镇企业顺利进入国内外资本市场，通过股权融资、项目融资等多元化手段有效筹集发展资金。同时，一些地方政府也开始成立股权投资基金，支持本地涉农企业的发展。但是，由于市场机制不健全、政策支持力度不够等因素影响，涉农中小微企业的股权融资规模较小，发展速度较慢。

第二阶段，2008—2021 年，为政策推动阶段。随着经济的发展和金融市场的不断完善，政府开始加大对涉农中小微企业股权融资的支持力度。在这个阶段，政府出台了一系列政策文件，提出完善多层次资本市场架构，旨在加速股票发行向注册制转型，拓宽股权融资路径，促进债券市场健康发展，并显著提升直接融资在整体融资结构中的占比。2013 年，为强化对小微企业的金融支持，《国务院办公厅关于金融支持小微企业发展的实施意见》（下文称《意见》）出台，该意见聚焦于丰富及创新小微企业金融服务模式，倡导利用股权质押、股权投资、基金参与等多种手段，为小微企业提供强有力的资金后盾。同时，《意见》强调要大力拓展小微企业的直接融资途径，通过优化中小企业板与创业板市场的制度框架，细化发行、定价、并购重组等环节的政策措施，以更好地服务于小微企业的成长需求。特别地，针对创新型与成长型企业，《意见》提出适度放宽创业板市场的财务准入门槛，并加速推进已上市小微企业的再融资进程。此外，为进一步完善小微企业融资生态，《意见》还提出要构建并强化全国中小企业股份转让系统（简称新三板），通过加大产品创新力度，引入更多契合小微企业特性的融资工具。同时，建立健全非上市公众公司的监管体系，并适时推出定向发行、并购重组等具体规则，以全面支持小微企业在股本融资、股份流转、资产整合等方面的活动。2021 年《中国人民银行　中央农办　农业农村部　财政部　银保监会　证监会关于金融支持新型农业经营主体发展的意见》明确提出要支持符合条件的涉农企业在主板、中小板、创业板、科创板及新三板等上市和挂牌融资，从而为涉农中小微企业股权融资提供了更加有利的政策环境。同时，一些地方政府也开始设立专门的涉农企业股权投资基金，支持本地涉农企业的发展。在这个阶段，涉农中小微企业的股权融资规模逐渐扩大，发展速度逐渐加快。

第三阶段，2022 年至今为创新发展阶段。自 2022 年以来，我国涉农中小微企业股权融资进入了创新发展阶段。在这个阶段，政府继续加大对涉农中小微企业的支持力度，推动金融产品和服务的创新，满足涉农企业的多元化融资需求。2023 年发布的《国务院关于推进普惠金融高质量发展的实施意见》，进一步拓宽了市场主体的直接融资路径，旨在全面强化资本市场的功能性与包容性。该意见通过精细化构建多层次资本市场的差异化制度框架，精准对接不同发展阶段及类型小微企业的融资需求，特别是加大对科技型企业的支持力度，从而有效提升直接融资在整体融资结构中的占比。一是着重优化了新三板市场的融资与并购重组机制，旨在显著提升其服务小微企业的效率与效果。二是加强区域性股权市场的制度建设与业务创新试点，为中小微企业开辟了更为广阔的融资渠道。三是在私募股权与创业投资领域，完善"募、投、管、退"全生命周期管理机制，积极倡导并鼓励资本向早期、小规模、科技导向及农业领域的企业倾斜，以激发市场活力与创新能力。四是充分发挥国家中小微企业发展基金等政府性投资基金的引导作用，通过政策杠杆撬动更多社会资本，加大对种子期、初创期及成长型小微企业的投资力度，为这些企业的快速发展提供坚实的资金保障。五是丰富资本市场服务涉农主体方式。支持符合条件的涉农企业、欠发达地区和民族地区企业利用多层次资本市场进行直接融资和并购重组。对脱贫地区企业在一定时期内延续适用首发上市优惠政策，探索支持政策与股票发行注册制改革相衔接。六是政府开始加强对涉农中小微企业股权融资的监管力度，规范市场秩序，防范金融风险。一些新型的金融机构也开始进入涉农中小微企业股权融资市场，为这些企业提供更加灵活、便捷的融资服务。

经过多年发展，小微企业、乡村振兴等重点领域金融服务增强，截至2022年末，全国小微企业贷款余额57.9万亿元，涉农贷款余额49.25万亿元。其中，普惠型小微企业贷款余额23.6万亿元，授信户数为5 600万户，余额近5年年均增速约26%。利率优惠的脱贫人口小额信贷累计发放9 600多亿元，支持2 300多万户次。2023年前8个月，全国新发放普惠型小微企业贷款平均利率4.8%，较2017年累计下降3.1个百分点。金融科技发展加速普惠金融业务数字化，存款、取款、支付更方便、更快捷。金融消费者权益保护保护工作加强，维权渠道进一步畅通，风险防范意识逐步增强。

（三）阻碍数字化微型股权融资工具与服务创新的主要困境问题

由于股权融资与行业特征存在较为密切的关系，以下将从一般性的微型股权融资以及涉农企业特色两个方面分析阻碍数字化微型股权融资工具与服务创新的主要问题。从一般性的微型股权融资角度看：

一方面，内源性股权融资在中小企业股权融资中的较高占比会影响数字化微型股权融资的工具与服务创新。鉴于中小企业固有的成长特性，其对外部股权融资的迫切需求往往难以得到充分满足。这迫使企业转而依赖传统的内源融资策略，作为长期债务融资的替代方案，以弥补外部股权融资的缺口，从而维系并促进企业的持续发展。金融科技发展加速普惠金融业务数字化，在帮助小微企业扩大信贷和降低利率方面发挥重要作用。据世界银行 2023 年专项调研可知，我国中小企业融资结构中内源融资占比高达 72.3%。主要依赖业主自有资金（45.6%）、留存收益（23.1%）及亲友借贷（11.8%）。值得注意的是，内源性股权融资虽有其独特优势，但亦具有融资速度相对迟缓、资金筹集规模受限等局限性。

另一方面，政策和法规不健全会制约数字化微型股权融资的工具与服务创新进程。为破解中小企业融资难问题，政府颁布了多项政策来推动中小企业发展。但是，国家政策的非均衡性倾斜导致了中小企业融资环境显著失衡，即便企业完全符合现行法律法规的规范，也时常面临融资过程中的不公平待遇。具体而言，在寻求公开发行以进行股权融资时，中小企业需满足严苛条件，如年度利润总额需达到 5 000 万元以上，净资产收益率超过 20%，且增长率维持在 30% 以上，方能跻身创业板市场，这一门槛显著限制了中小企业的股权融资渠道。为解决中小企业融资难题，我国持续致力于相关法律、法规的修订与健全工作，相继出台了《中华人民共和国公司法》《中华人民共和国乡镇企业法》及《中华人民共和国中小企业促进法》等重要法律文件。尽管如此，由于现有法律体系在系统性与科学性方面尚存不足，其对中小企业融资环境的实质性改善作用仍十分有限。

从涉农企业角度看：

一方面，行业本身存在弱质性会阻滞数字化微型股权融资的工具与服务创新发展。农业作为我国经济的基石，其核心在于土地资源的有效开发与利用，涵盖林业、种植业及畜牧业等广泛实践领域。近年来，农业企业面临严峻挑战，原材料成本攀升与劳动力费用激增，共同导致企业利润空间急剧收缩，迫使农业企业积极探索多元化业务路径，以拓宽收入来源，满足企业的持续发展需求。此现象深刻揭示了农业产业的脆弱性，其特性具体可归结为以下三大维度：一是自然风险的显著性。极端气候事件、自然灾害等不可抗力因素，直接作用于农产品的品质与价值，加之农产品作为生物性商品，对存储条件有着严格且高昂的要求，进一步推高了农产品的存储成本。二是农业基础的薄弱性。我国人均耕地面积远低于国际基准，农业生产多以小规模经营为主，加之自然环境的多变性，共同构成了农业发展的基础短板，限制了农业企业的生产效能与扩张潜力。三是市场潜力的局限性。农业企业的成长紧密依赖于农产品市场的繁荣，然而，部分区域农产品市场发育不全，增长动力匮乏，难以有效驱动农产品经济的快速增长，进而制约了农业企业收益水平的提升。

另一方面，企业主营业务"去农"现象会影响数字化微型股权融资的工具与服务创新效果。农业生产原材料与劳动力成本的攀升，对部分农业企业的主营业务构成了显著压力，导致其利润急剧缩水。为维持生存与既定战略目标，这些企业不得不将资金转向非农业领域，引发了所谓的"去农化"现象。短期内，此类非农业活动或能为企业带来一定收益，然而，鉴于企业初创时的农业定位，其人才储备与风险管理机制均聚焦于农业领域，对于非农业业务既缺乏专业性也无竞争优势，进而加剧了企业的经营风险，既偏离了农业企业设立的初衷，也阻碍了农业科技创新与技术进步的步伐，对农业企业的稳健成长与可持续发展构成了威胁。涉农企业在资金管理上也暴露出滥用问题，具体体现在：其一，资金被错误地导向非主营业务，此举不仅低效利用了企业资源，还无形中放大了资金风险。农业企业的核心使命在于推动农业发展，通过主营业务的强化来带动农业生产与技术革新，资金滥用无疑背离了这一根本宗旨，限制了企业的长远发展潜力。其二，农业资金监管机制不健全，约束力不足，使得资金使用的自由度过高，加之监管部门的监管效力有限，导致农业资金利用效率低下，滥用现象屡见不鲜。其三，部分企业将募集资金投入证券市场进行投机操作，试图弥补主营业务亏损，保障收入稳定。然而，证券市场的高风险特性加剧了企业的资金风险，不利于农业企业的健康稳定发展。此外，涉农企业在融资工具的选择上往往过于单一，资本运作效率有待提升。尽管股权融资在农业企业长期资金筹措中占据重要地位，但忽视长期借款、企业债券等其他融资方式，同样限制了企业的融资灵活性。部分农业企业过度依赖债权融资，导致融资结构失衡，随着时间推移，债权融资的负面效应逐渐显现，降低了资本运作效率，进而导致资产与负债的不匹配，主营业务资金链紧张，现金流断裂风险增加，最终可能削弱企业的投资价值。

第二节　数字普惠金融赋能乡村振兴的典型区域实践经验

除上述各类数字普惠金融工具与服务创新中的自身发展影响赋能乡村振兴效果的问题外，乡村振兴过程中也存在现实的痛点、难点与堵点问题，下文将在梳理总结乡村振兴过程中的痛点问题基础上，分析总结典型区域的数字普惠金融赋能乡村振兴实践经验。

一、乡村振兴的痛点、难点与堵点问题

（一）乡村振兴五大目标对应的痛点问题

乡村振兴五大目标的实现过程中，可能因地区、资源条件、经济发展水平等因素而有所不同，出现以产业发展不完善不均衡、人才缺乏、文化活动匮乏、生态环境压力大、组织管理效能不高为代表的痛点问题。

具体而言，一是产业发展不完善、不均衡。由于缺乏特色主导产业或产业链不完善，导致部分农村地区的产业发展缓慢或不均衡，继而影响农民的收入和乡村经济的整体提升。二是人才缺乏现象严重。由于城乡发展差距、待遇和工作机会有限，很多有知识、有能力的人才不愿留在乡村工作，造成人才流失。同时，随着农村劳动力的转移，部分农村地区也面临着劳动力短缺的问题。青年是走活乡村振兴"新棋局"中的"关键棋"。城市"虹吸效应"驱使优质青年人才普遍聚集发达地区，大部分农村青年逃离农村，奔赴城市，选择外出求学、务工、安居，乡村青年人力资本流失，乡村日益"空心化""老龄化"，外来建设者多为青年，大多存在"他者"思维，水土不亲。作为农村建设多元化主体中的青年干部，他们在进入陌生村庄履职时，往往面临对接难、融入难等问题。有些青年干部，将村干部作为身份，在工作中容易带着"官本位"的思想，党务、村务、事务、商务"四务"不精，不谋实事，不够虚心，不肯请教。有些青年干部在初期希望以自身所学改变乡村，但理想与实际仍有差异；还有些青年干部，初心不正，将基层工作作为自己职务履新的垫脚石，基层青年干部作为乡村振兴的"最后一公里"将直截了当地影响地区、城乡、乡乡的发展。三是文化活动匮乏。部分地区由于缺乏资金或其他资源的支持，文化设施建设相对滞后、文化活动也相对较少，这不利于满足村民日益增长的精神文化需求。四是生态环境压力较大。随着人口的增长和生产活动的增加，部分乡村地区的生态环境面临压力。如何平衡经济发展与生态保护的关系，实现可持续发展成为亟须解决的挑战。五是组织管理效能不高。部分乡村地区的基层组织管理可能存在效率低下、服务意识不强等问题，影响了政策的有效执行和服务质量，从而制约了乡村振兴的进程，也拖缓了生活富裕的脚步。

（二）解决乡村振兴五大目标困境的难点问题

解决乡村振兴五大目标的痛点问题需要综合考虑多个方面的因素和挑战，包括兼顾农产品供给保障与农民增收、农村人口老龄化与人才需求、基础设施和公共服务分配不平衡与生活水平提升需求等矛盾。这些难点问题实际上正是

使乡村振兴五大目标出现痛点的本质性待解决问题。

首先，农产品供给保障与农民增收之间存在紧密而复杂的联系，同时也是农业发展中的一对重要矛盾。保障农产品供给，意味着要确保粮食和重要农产品的稳定生产，以满足国家和社会的需求。然而，这往往要求农民投入更多的劳动和资源，但这种投入不一定能直接带来农民收入的显著增加。因为农民增收不仅取决于产量、品质以及农民的经营能力，还受到农产品市场价格因素影响。因此，如何在保障农产品供给的同时，兼顾农民增收与农民生产积极性，成为农业政策制定和实施中需要重点考虑的问题。政府需要采取综合措施，如提高农业科技水平、优化农业产业结构、加强农产品市场体系建设等，以实现农产品供给保障与农民增收的双重目标。

其次，农村人口老龄化与乡村振兴人才需求之间的矛盾日益凸显。一方面，农村人口老龄化严重，大量年轻劳动力外流，导致乡村缺乏青壮年劳动力，这对乡村振兴的推进产生了显著制约。老年人口在体力和学习能力方面相对较弱，难以适应现代农业和乡村产业转型升级的需求，限制了农业生产效率的提高和乡村经济的发展。另一方面，乡村振兴需要大量高素质、专业化的人才，包括农业科技人才、经营管理人才、基层治理人才等。然而，当前乡村人才短缺问题突出，尤其是青年人才匮乏，难以满足乡村振兴的多元化需求。这种矛盾不仅影响了乡村产业的转型升级，也制约了乡村治理体系和治理能力的现代化进程。由于人才流失，难以形成人力资源支撑。特别是青年人才的流失，使得乡村难以吸引和留住年轻人，这对乡村的可持续发展和乡村振兴的长期推进构成了严峻的挑战。随着信息技术向"三农"领域逐渐渗透，根据农业农村部《2022县域数字农业农村电子商务发展报告》，农业数字化水平有所提升，农民数字素养和数字技能有所提升。尽管农业生产数字化发展迅猛，但对比日本、韩国等，在农业大数据应用、数字化销售、数字化传播以及大数据、云计算、物联网、人工智能等信息技术驱动农业精准化、网络化、智能化发展等方面还存在短板。现代信息技术提升农业生产效率、提高农产品质量、规避农业生产风险能力较弱，广电行业在乡村农业生产、经营、管理、服务方面渗透不深，懂得传播手段、传播介质、传播途径并因地制宜地打造乡村传播热点的运维人才缺乏，懂得"5G＋4K＋AI"的专业技术人员不多。此外，生态宜居、乡村文明与治理有效都需要农民传统粗放的生产观念与相对封闭的生活状态的转变，这是亟须人才引领才能得以实现的。

最后，农村基础设施和公共服务分配不平衡的问题，与农民日益增长的生活水平提升需求之间存在显著矛盾。一方面,许多农村地区在交通、通信、教育、医疗等基础设施和公共服务方面投入不足,设施落后,服务质量不高,难以满足农民对美好生活的向往和追求。这种不平衡不仅限制了农村经济社会的发展,也制约了农民生活质量的提升。另一方面,随着农民收入的增加和消费观念的转变,他们对基础设施和公共服务的需求也在不断提升。农民渴望更加便捷的交通条件、更优质的教育资源、更完善的医疗体系以及更丰富的文化生活。然而,当前农村基础设施和公共服务的供给与农民的需求之间仍存在较大差距,难以满足农民的多元化、高质量需求,制约着生活富裕目标的实现。

(三)化解乡村振兴五大目标难点过程中的堵点问题

要分析乡村振兴五大目标实现过程中的难点问题,就必然要剖析和化解矛盾中的堵点问题。解决这些堵点问题需要政府、社会各界以及农民自身的共同努力,通过政策引导、资金投入、人才培养和技术支持等多方面的措施来推动乡村振兴战略的全面实施。

首先,兼顾农产品供给安全与农民增收的关键在于促进农业产业的转型升级以促进产业兴旺。一方面,农村一二三产业布局尚不协调,导致产业链条不完整,农产品附加值无法有效提升。另一方面,农村产业类型单一,规模不足,且存在技术落后、机械化程度低等问题,制约了产业的进一步发展。此外,人才和资金的短缺也是制约产业发展的关键因素,缺乏与市场经济要求和乡村产业发展相契合的人才和资金投入机制,这限制了产业的创新和升级。

其次,解决人才需求与老龄化的矛盾,重在通过构建"引人""育人"和"留人"的人才培养机制以及乡风文明建设提升农民的精神文化生活,但在推进过程中可能遇到文化传承与创新之间的平衡问题。一方面,乡村具有丰富而独特的自然人文资源。然而,在乡村振兴的过程中,往往由于对乡村文化认识不够深入,对经济建设过于急功近利,基层政府和治理人员往往低估传统乡村文化的社会、经济价值,忽略传统民俗、建筑、手工艺等乡村文化的开发与建设,注重商业产业,忽视文化产业。部分地区认识到了乡村文化的价值重要性,但在产业开发的过程中欠缺经验,盲目照搬他处案例与经验,造成产业同质化和低端化,没有特色的低端文化产业对游客缺乏吸引力。这些对于自然人文资源的配置效率较低的问题,严重制约了乡村振兴与农业农村的转型与高质量发展。另一方面,体现在引导农户将传统粗放的农业生产方式向化肥农药减量、低毒等环境友好型生产方式转变,逐渐建设生态宜居的农业农村"三生"环境;同时,促进居民有效保护和传承乡村文化遗产,并融入现代元素,打造具有地方特色的乡村文化。此外，还体现在人才将治理体系和治理能力相匹配，通过治理有效建立健全的现代乡村社会治理体制。但基层治理组织力量薄弱，人才匮乏，难以承担繁重的治理任务；同时，村民参与度也不高，自治意识不强，影响了治理效果。生活富裕是乡村振兴的根本目的，然而农民收入增长缓慢、城乡差距大等问题仍是制约生活富裕的关键因素。如何提高农民的就业能力和收入水平，缩小城乡收入差距，是实现生活富裕必须面对的挑战。

最后，推进农村基础设施和公共服务供给的关键在于打破资源分配不均、投入不足及机制不畅的瓶颈。首先，需加大财政投入力度，确保农村基础设施建设如道路、水利、信息网络等得到优先保障，缩小城乡差距。同时，创新投融资机制，吸引社会资本参与，形成多元化投入格局，缓解资金压力。其次，优化公共服务资源配置，提升农村教育、医疗、养老等公共服务水平，确保农村居民享有均等化的基本公共服务。通过实施"互联网＋政务服务"，提升服务效率与质量，让农村居民足不出户即可享受便捷服务。此外，强化基层政府服务能力，提升村干部及工作人员素质，确保政策有效落地，服务精准对接。最后，建立健全农民参与机制，鼓励农民参与基础设施建设和公共服务管理，增强农民主体意识和获得感，形成共建共治共享的良好局面。通过这一系列综合措施，逐步破解农村基础设施和公共服务供给的难点问题，推动农村全面发展，实现乡村振兴战略目标。

二、数字普惠金融赋能乡村振兴的新疆典型实践经验

新疆银行通过创新棉农数字化金融产品与服务平台建设，推动棉花产业高质量发展，兼顾农产品供给安全与农民增收，是数字普惠金融赋能乡村振兴的新疆典型实践经验。

（一）基本情况

作为我国最大的优质商品棉供应基地，新疆凭借其卓越的资源禀赋与区位优势，近年来在国际上赢得了广泛认可，其棉花作为高品质天然纤维材料，受到全球关注，并在世界棉花产业链中占据重要地位。新疆棉花的产业链条不仅深度融入并促进了当地经济，构成了新疆经济发展的关键支柱之一，还直接关乎成千上万民众的生计。新疆银行深入贯彻党中央及自治区关于乡村振兴的战略规划，紧密跟随自治区党委十届五次全会精神，聚焦于构建以"八大产业集群"为核心的现代产业体系目标，积极行动。该行秉持科技引领的理念，不断创新金融服务模式，成功推出"丝路e贷-棉农贷"这一线上融资产品，旨在

精准助力新疆棉花产业的蓬勃发展，有效解决农户面临的融资难题，包括资金获取难、流程耗时长等。同时，新疆银行还致力于推动"三农"领域金融服务的数字化转型，精心构建了一套覆盖涉农产业链的金融产品体系，以全方位、高效能的金融服务支持新疆农业经济的持续繁荣。

（二）具体经验做法

"丝路 e 贷-棉农贷"是新疆银行打造的首个产业金融数字化产品，为保证"丝路 e 贷-棉农贷"产品平稳运营，新疆银行采用市场上成熟的运营方案，与第三方金融科技公司合作，由合作方提供成熟的数字平台和专业风险建模服务，在满足网络安全、数据安全、信息安全的监管前提下，共同完成"丝路 e 贷-棉农贷"产品研发与落地工作，实现了业务、技术和数据的有效融合。

一是营销与获客能力数字化。"丝路 e 贷-棉农贷"产品建立了统一的微信小程序进行服务，依托 OCR、NLP、MPS、IM 等技术能力支撑，结合微信小程序、公众号等拓客场景，对传统线下普惠信贷业务进行全面的线上化改造，可为棉农提供一站式信贷申请、身份验证、电子凭证等线上服务，极大地简化了业务流程。

二是风险控制能力数字化。第一，有效控制授信业务中的欺诈风险，依托设备指纹、生物探针、模拟器识别等技术，构建起多维度、矩阵化的反欺诈技术集群。针对信贷欺诈行为能够实现毫秒级反应，实现模型、策略、变量、决策的统一管理、监控、分析、运维。第二，进行全方位自动化风险评估，以个人信用风险模型为基础，通过机器学习和深度学习算法对客户履约能力指数、资金需求指数、个人稳定性指数、多头信贷指数等维度进行全方位自动化风险评估，同时，接入国内权威数据机构提供的棉农种植面积、交售金额、补贴金额、亩均产量等历史种植信息，构建了棉农准入规则和额度模型。第三，实现"数字农场"运营模式，以卫星遥感数字化农业管理技术为依托，借助全流程的作物长势监测服务，为棉农客群提供全流程自动化的种植管理方案技术指导、病虫害识别技术、气象灾害监测服务等，起到防灾减损、节本增效的数字农业管理效果，实现收入目标有兜底保障的标准化可复制的"数字农场"运营模式。

三是金融产品服务差异灵活化。"丝路 e 贷-棉农贷"具有服务差异化、担保方式灵活、申请手续简便等优势。第一，服务差异化。采取"差异化额度、差异化定价、差异化服务"经营策略，授信额度在 30 万元以内（含）为标准"丝路 e 贷-棉农贷"，采取全线上风控模式，系统根据农户的资信情况，自动输出授信额度和利率；授信额度在 30 万元以上为"丝路 e 贷-棉农贷"行业应用贷款，采取"线下尽调＋数据＋模型"风控模式，依托核心企业＋全国或疆内权威机构的标准数据，结合客户经理线下现场尽职调查，相互交叉验证客户资信情况及数据真实性，将验证后的数据导入系统，系统自动输出授信额度及利率。第二，担保方式灵活。授信 30 万元（含）以内为信用，授信 30 万元以上为保证＋信用。第三，申请手续简便。棉农用款还款方式灵活，实现线上申请、线上还款、随借随还，极大地提高农户获贷的便利性。

（三）主要成效

"丝路 e 贷-棉农贷"产品参与了国内多项数字化转型成果奖项申报，目前已获得财视中国介甫奖颁发的"创新贷款产品奖""杰出大数据技术团队奖"、中国数智金融年会颁发的"年度银行数字化转型优秀案例奖"、金融新观察颁发的"中国数字化金融与科技创新应用优秀解决方案奖"、新疆银行业协会颁发的"地方法人机构产品创新奖"、城银清颁发的"2023 年度城市金融服务产品创新优秀案例奖"、瞻新金融科技研究院颁发的"2023 年度中国数字化金融与科技创新应用优秀解决方案奖"、RBA 颁发的"2023RBA 第七届零售银行普惠金融奖"，以及工信部已公示的"2023 年度数字普惠金融服务乡村振兴优秀案例"共九个全国性奖项。"丝路 e 贷-棉农贷"可通过向棉农提供金融服务支持其购买农资，增加经营收益、实现增收致富，还可通过数字化农业管理帮助棉农增加棉花产量、提高生产效率、提升棉花附加值，带动农村经济、促进农业发展，推动实现利润最大化。

三、数字普惠金融赋能乡村振兴的云南典型实践经验

富滇银行推出的"云农贷"，是结合当地特色农业产业，培育整合资源进行生态振兴与人才振兴的数字普惠金融赋能乡村振兴的云南的典型实践经验案例。通过金融支持，鼓励和帮助农民提升技能，培养一批高素质农民，如农业职业经理人、农民合作社带头人等乡村振兴支柱力量，同时通过降低乡村创业的门槛，促使更多乡村人才留在乡村创业，推动乡村经济的多元化发展，并通过更多的认可和奖励，激发他们的积极性和创造力。

（一）基本情况

"三农"问题始终是国家重要的发展问题，党的十九大作出实施乡村振兴战略的重大决策部署。云南作为全国农业大省，但由于其基础设施相对薄弱、产业化程度不高以及产销方式单一等，导致产业链中各利益主体未能形成高度

联动的经济生态圈，产业化发展亟待升级转型。云南省委、省政府提出打造世界一流"绿色食品牌"。富滇银行切实响应号召，全面贯彻国家区域协调发展战略和实施乡村振兴战略，积极推动网点机构及金融服务向实体经济纵深、向"三农"领域下沉，主动构建做优城市金融服务、做宽乡村综合服务的"双轮驱动"发展格局。在整合原有系列惠农产品的基础上，创新推出"云农贷"产品。

（二）具体经验做法

富滇银行作为地方性城市商业银行，全面贯彻国家区域协调发展和乡村振兴战略，依托城市资源优势，积极推动金融服务向"三农"领域下沉，构建做优城区金融、做深乡村服务的"双轮驱动"发展格局。富滇银行试水"三农"金融改革，在全国首创推出水果类金融信贷产品，经过长期深耕探索，相继创新推出"金果贷""金蔬贷""云花贷"等系列惠农产品，有效化解农村经营主体"缺担保、难贷款"的困境。经过进一步梳理、整合、优化，形成乡村振兴专属产品——"云农贷"，聚焦种植业、养殖业及农产品加工业推出专项融资服务。通过"线上＋线下""通用型＋定制化"的服务体系，全面满足全产业链经营主体融资需求，助力云南省高原特色农业产业升级发展。

2013年8月，富滇银行精心挑选大理州宾川的水果产业作为"三农"金融服务创新的试验典范，携手宾川县委、县政府，共同推出了具有高原特色的农业金融信贷产品——"金果贷"，并率先为水果产业量身定制了金融信贷服务。该产品依据宾川县农业农村局权威核实的水果种植面积及作物经济价值，创造性地采用流转土地上水果的预期收益权作为担保机制，为种植户提供量身定制的信贷解决方案。随后，富滇银行在原有试点区域取得显著成效的基础上，将这一高原特色农业金融产品服务的覆盖范围战略性地扩展至云南省内的多个地州县区及昆明周边区域，深度聚焦云果、云菜、云药、云花、食用菌栽培以及牛羊畜牧产品养殖等特色产业，成功实现了特色农业金融产品在全省范围内的广泛布局与蓬勃发展，形成了多点开花、全面覆盖的金融服务新格局。

该系列信贷产品持续运用移动计算、人脸识别、大数据风控等数字化技术对产品进行迭代升级，实现了线上化、数字化、智能化的"三农"信贷服务。通过数字赋能，"云农贷"业务办理效率比传统模式提升了10倍以上，实现了批量授信、秒放秒还的服务效能，更加贴近农户短、频、急的需求特点。采用信用、担保、抵押、供应链等多种担保方式，充分解决农业经营主体融资难题，提升信贷可获得性和便捷性。通过"线上＋线下""通用型＋定制化"的金融服务，全面满足全产业链经营主体融资需求。

（三）主要成效

富滇银行依托云南高原特色农业产业核心地位，紧密围绕产、供、销渠道路径，将服务贯穿产业发展的各环节，以产业链中的小微企业、农民专业合作社、专业能人、农户作为主要服务对象，通过金融理念创新、业务创新和服务创新，打造一体化、贯穿式的客户营销定位和布局。"云农贷"子产品——"金果贷"成功入选"亚洲金融合作联盟成员单位小微金融实践优秀案例"，荣获《银行家》杂志"中国十佳金融产品创新奖"，荣获银行业协会"服务小微及'三农'百佳金融产品奖"。截至 2022 年 5 月末，富滇银行"云农贷"产品已累计投放超 43 亿元，服务农户农企 2.84 万余户，在云南省 14 个州市、37 个县域实现落地。通过肉牛活体抵押的方式成功为首批 147 户肉牛养殖户办理授信 1 944 万元。

富滇银行"云农贷"产品打造了金融支持高原特色农业全产业链发展的"富滇样板"，推动了水果、蔬菜、牛羊畜牧养殖等特色农业产业转型升级，弥补了云南省"大资源""小产业""弱效益"的农业产业缺陷，促进了优势特色产业向全产业链发展，助力了国家乡村振兴战略实施及云南省委、省政府打造世界一流"绿色食品牌"。一是推动产品数字化转型，实现"线上＋线下"双渠道办理业务，简化贷款申请手续，提升业务审批效率。二是扩大涉农业务范围，实现"种植＋养殖"双产业融资，满足多类型产业金融需求。三是延伸客户服务半径，实现"农户＋农企"双主体服务，更好地支持新型农业经营主体与乡村振兴人才的培育与发展。

四、数字普惠金融赋能乡村振兴的浙江典型实践经验

衢州常山县的"两山银行"助力富民增收是数字普惠金融赋能乡村振兴的浙江典型实践经验。常山"两山银行"积极探索了生态产品价值实现机制，有效打开农村低效资源高效转化的便捷通道。自运营以来，通过数字化赋能、开辟增值通道、创新共享模式，激活了县域资源资产经济效益，带动壮大乡村产业，促进低收入人群增收致富，形成了新的共富模式。并通过村集体经济的增值效应进一步带动了基础设施与公共服务的多主体供给。

（一）基本情况

常山县，隶属浙江省衢州市，拥有 1 099.07 平方千米的广袤地域，人口

总数达 32.48 万。在 2021 年，该县城乡居民收入差距比值为 1.73，位居全省前列；全体居民收入实现 12.8% 的增长，增速在全市范围内位列第三；尤为显著的是，低收入农户收入增幅高达 16.4%，在浙江省内 26 个山区县中脱颖而出，位居第四。常山县特色推出的"两山银行"体系，集成了六大核心功能板块，即农业产业投资促进银行、生态资源蓄水池银行、资源招商引力银行、文化资产活化银行、权益融资创新银行以及生态安全守护银行，共推出了 17 项特色服务产品。具体而言，农业产业投资促进银行聚焦于"常山三宝"（胡柚、油茶、猴头菇）的新品种孵化、公共服务体系建设、品牌强化与小微科创企业的股权投资，旨在提升县域特色农产品的品质、产量及市场价值；生态资源蓄水池银行则致力于闲置及低效开发资源的收集与高效利用，构建资源储备库；资源招商引力银行则通过闲置资源的招商引入已开发资源的二次优化，结合创意设计、包装策划及基础设施升级，实现资源与资本的深度融合；文化资产活化银行则围绕古镇文化、无形资产（如常山胡柚地理标志）及文化 IP（如胡柚娃、鲜辣文化、宋诗之河等）进行深度开发，促进文化资源与农业资源的文化价值增值；权益融资创新银行则以"生态贷""收益贷"等创新金融产品为抓手，通过"两山银行"的信用增强功能，推出林权贷、胡柚贷、奇石贷、苗木贷、民宿贷、养殖贷、财信贷、门票贷等多样化融资方式，有效破解融资难题；生态安全守护银行则专注于森林生态资源保护、碳配额市场化交易及遗留矿山问题的保护性管理，确保经济发展与生态保护之间的和谐共生。

（二）具体经验做法

一是数字赋能，让分散的资源聚起来。在数字化改革的驱动下，以推动城乡共同富裕为核心愿景，借鉴了商业银行"零存整取"的核心理念，创新构建了一个集"资源高效整合、精准定价交易、价值深度转换"于一体的生态价值实现新平台，旨在为打造共同富裕县域样板提供坚实的支撑。一方面，面向广大散户开启了资源存储新渠道。利用先进的数字化技术，在"浙里办"平台上推出了"常山生态云脑"应用，成功连接了 12 个部门共计 869 项数据资源，实现了散户通过手机端便捷上传资源、管理部门一图掌握全局、使用端即时控制的高效流程。依据标准化要求，如连片农房 5 栋起、宅基地面积超 5 000 平方米、经济林规模达 100 亩等，通过租赁、流转、入股等多种模式，集中整合生态资源，并实时上传更新数据。2021 年，平台已成功吸纳"山水林田矿房旅"等各类生态资源项目 1 585 项，总估值达到 17.6 亿元。另一方面，强化了资源价值的整体提升能力。在散户资源统一归集的基础上，"两山银行"运用科学的规划与开发策略，对生态资源进行连片整合、系统优化与配套升级，显著提升其规模效益与可开发价值。结合城市发展规划与区域功能定位，实施了一系列配套政策，包括人才引进、创新驱动、金融支持等，以增强对投资者的吸引力。例如，通过对辉埠片区近 3 000 亩废弃矿地及闲置用地的道路配套与生态整治，成功吸引了正大集团等行业领军企业前来考察合作。此外，积极促进市场主体的有效对接。村股份经济合作社承担起资源整合与管理的重任，通过土地平整、灌溉系统修复、田间道路改善等措施，引入高产优质作物品种与现代农业生产技术，实现了从翻耕、播种、病虫害防控到收成的全程机械化作业，有效降低了农业生产成本，每亩节约开支约 200 元。这一系列举措不仅保障了农产品的产量与质量，还显著提升了农业生产的经济效益。2021 年，在 7 个试点村开展的代收代种项目中，涉及土地面积超过 1 200 亩，水稻平均亩产量达到 1 000 斤，总产量高达 120 万斤，为农民增收与农村发展注入了新活力。

二是挖潜增效，让"沉睡"的资产活起来。第一是扩增信，打通融资贷款堵点。通过提供担保、承诺收购、受让返租等方式，为难确权、难抵押的生态资源增信赋能，进行盘活。目前，已与县域内 14 家金融机构签署框架合作协议，开展深度合作，共同推出"一行一品"金融支持"两山银行"操作手册，在"林权贷""胡柚贷""奇石贷"等基础上，迭代推出"两山贷""共富贷""经营权质押贷"等 13 款金融创新类产品，并不断优化抵押担保流程。在风险可控的前提下，进一步放大增信范围，惠及更多融资困难的生态经营主体。截至 2024 年 8 月，"两山银行"已为全县 778 家主体授信 3.86 亿元。如"两山银行"在柚乡谷经营困难时，以 2 500 万元收购 30 万株香柚树并返租，为企业解决流动资金短缺难题，帮助企业走出困境。第二是重配套，补齐产业链条短板。针对农业产业链条短、经济效益低、产品市场竞争弱、整体水平差的现状，"两山银行"通过与高等院所合作研发、培育本土品牌、引进下游公司等方式，快速突破产业支撑力低、产品竞争力弱等瓶颈制约，以产业增效带动农业经营主体增收致富。聚焦于"两柚一茶"产业的高质量发展路径，针对产业链中检验检测与冷链物流等短板，"两山银行"战略性地投资建设了符合国家顶级标准的农产品检测中心、2.5 万立方米容量的冷链仓储设施，并部署了三条智能化分拣生产线。此举有效破解了众多中小型经营主体面临的"心有余而力不足、投入与产出不成正比"的困境，为果农提供了坚实支撑，为整个产业注入了强劲动力。同时品牌培育也成为提升生态产品价值的关键环节。"两山银行"充分利用其作为农业产业投资银行的角色，采取股权参与、品牌塑造与运营等多种策略，积极培育本土特色品牌，显著增强了农产品的市场认知度。其中，"一份常礼"作为区域公用品牌，通过授权经营主体无偿使用，不仅提升了产品的标准化水平和市场辨识度，还成功打开了盒马鲜生、山姆会员店等高端销售渠道，实现了"柚见 80＋"胡柚鲜果从按袋计价到按个售卖的华丽转身，单价显著提升。此外，强化与知名品牌的战略合作也是重要一环，"两山银行"携手胡庆余堂、江中制药等业界领军企业，共同研发胡柚膏、猴头菇等深加工产品，不仅拓宽了产品种类，还极大地提升了品牌影响力与产品附加值，为农民增收开辟了新途径，有力推动了乡村振兴与共同富裕目标的实现。

三是抱团经营，让群众的口袋鼓起来。以"做大蛋糕、分好蛋糕"，推动共同富裕为落脚点，激发各方经营潜力，创新性地构建了一套"产业嵌入、管理渗透、利益融合"的生态价值共创与共享机制。首先，构建共富果园示范体系，引领农民实践。鉴于农业典型的示范效应，"两山银行"通过树立标杆，集中整合农户的胡柚园与油茶林资源，运用专业种植技术和低碳追溯系统（U码）实现精细化管理，构建从统一收购到基地直供的完整销售链条。在此基础上，不仅以初次分配确保农民的基本收益，还通过专业运营与品牌建设提升产品附加值，以二次分配反哺农户，开创了"两山银行＋农户"共富果园的典型路径。展望未来，常山县计划进一步扩大共富果园规模至 3 万亩，预期带动"两柚一茶"产业产值增长超 50％。其次，强化与强村公司的合作联动，助力乡村自主发展。"两山银行"携手强村公司，引入现代企业管理理念，提升乡村产业运营效率，增强乡村自我造血功能。以同弓乡为例，双方合作推进万亩土地综合整治，并引入观光农业、精品民宿等多元化产业项目共计 15 个，助力村集体经济增收 359 万元。同时，新昌乡与 10 村联合成立的共富公司，依托山海协作平台及浙能集团、慈溪市、拱墅区等资源，成功拓宽农副产品销路，发展生态种养、乡村旅游与研学产业，自 2023 年 9 月起，经营收入已突破 900 万元，带动村集体增收 173 万元。最后，积极招引龙头企业，引领全民共富。通过吸引社会资本深度参与，激活乡村旅游潜力，盘活农村闲置资产，实现"九个一体化"（规划、设计、品牌、标准、管理、采购、营销、业态、引流），促进农户财产性、劳务性与经营性收入的三重增长。以金源村为例，引入衢州腾云旅游公司后，不仅新增床位 355 个，2023 年更吸引了 12 万人次游客，村集体收入实现翻两番，村民增收达 1 000 万元。

四是壮大村集体经济，促进基础设施与公共服务供给。此模式因其显著成效，已被评选为省级"文旅助力共富最佳实践案例"。即通过建设农村基础设施、强化公共服务保障、提供就业岗位等方式，将获得的收益反哺给集体经济组织及成员，构建"收储、开发、反哺"的利益闭环机制。作为一个市场化的运行主体，"两山银行"并不完全以盈利为目的，其所得收入除了维护日常运营外，第一，用于反哺村集体和村民，通过修建基础设施、提升村庄景观环境等项目，补齐农村基础设施短板，提高村民的生活品质和幸福感。第二，用于反哺生态环境，以实现自然生态系统的可持续运营。这主要通过生态修复和整治工程来实现，有力推动绿色发展，打造多模式、可持续的资金投入机制，推动生态产业发展。此外，"两山银行"遵从"山水林田湖草是生命共同体"的理念，统筹山水林田湖草系统治理，全方位、全地域、全过程开展生态文明建设。在经营开发古建筑时，要求对古建筑及其周边环境进行整体性保护，注重历史悠久、底蕴深厚的古建筑的长久保存及文化传承。通过对"山水林田湖草矿屋"等资源的摸底调查、价值评估、收储流转、产业导入与提质增效，有效盘活了沉睡资源，实现资产增值，并通过反哺生态环境、村集体和村民，极大程度地实现了从物质到精神的生活富裕目标。

（三）主要成效

自 2020 年常山成立"两山银行"以来，已收储土地 17 272 亩，废弃厂房 9.8 万平方米，香柚树苗木 30 万株，胡柚 2 500 吨，砂石资源 19.44 万吨，工程性矿产资源 156.5 万吨，水库水面经营权 5 个，胡柚基地 50 亩，民房 22 幢，3A 景区 1 个，闲置校舍 1 个，民宿 1 个；为全县 299 户主体授信 20 549 万元，发放生态贷款 20 393 万元；收储资源总额达 3.5 亿元，撬动社会资金 19.6 亿元。"两山银行"通过参股分红、导入业态、参与资源处置、运作扶贫资金等共享机制，反哺村级集体经济组织，带动 176 个村增收消薄，推动农民和村集体增收 1 492.34 万元，经济与社会效益均十分明显。

一是拓宽了生态价值转化通道。常山"两山银行"以"总行＋乡镇支行"的架构，将"两山"转化触角延伸到了基层末梢，构建了"两山银行"、社会资本、村集体、农户等多方共赢模式，盘活了零散、闲置和低效开发的生态资源，目前存储资源的 73% 已实施开发，从无人问津的闲置抛荒资源成为民宿集群、矿山公园、旅游景区和农业基地。

二是激活了资源资产金融潜力。通过各类增信方式，让难以估价、难以融资的观赏石、胡柚林、香柚苗等成为资产和资本，激活了蕴含的金融潜力。目前已助力 411 家经营主体获得生态贷款 2.25 亿元，有力地激发了广大农户和经营主体的创业动力。

三是带动了产业壮大群众增收。以金融赋能、品牌打造、配套帮扶等举措推动胡柚、香柚、油茶等特色产业发展，联合强村公司创新合作模式，通过龙头企业和产业的培育，带动区域周边的整体发展，推动利益再分配，形成共富新模式。

第三节　广东数字普惠金融发展及其赋能乡村振兴实践

一、广东数字普惠金融发展现状及特征

经过多年的积累与发展，广东数字普惠金融发展呈现出以下四个现状特征：

一是广东金融服务覆盖面大幅扩大。广东省中资金融机构数量与从业人员数量在不断上升，体现出广东省金融服务覆盖率不断扩大的走势。但从各区域金融机构分布上看，珠三角地区的九个城市的资金融网点数和中资金融行业的从业人员数大约占据了全省 2/3 的水平，而粤东西北部的 12 个城市的资金融网点数和中资金融行业的从业人员数仅占据了大约全省的 1/3 的水平。由此可见，广东省区域之间金融配置不当，金融服务供给水平还有很大提升的空间。银行业金融机构可以破解金融排斥在地理位置之间的问题，银行业金融机构及其网点分布情况也直接影响到一个地区的普惠金融服务的取得性。截至 2018 年末，共有 17 825 家银行覆盖全省 21 个县市，同时银行业从业人数共 351 325 人，服务覆盖的人群广，银行业金融机构供给量较大。

二是重点领域金融服务可得性持续提升。广东省小微企业贷款余额 3.5 万亿元，涉农贷款余额 2.1 万亿元。其中，普惠型小微企业贷款余额 1.9 万亿元，授信户数为 177 万户，余额近 5 年年均增速约 109%。全省银行业为实体经济特别是中小微企业减费让利 1 000 亿元。

三是普惠贷款成本持续降低。面对国内外诸多不可预见的挑战与压力，广东省展现出坚韧不拔的精神，积极采取一系列有力措施，以强化对关键领域、薄弱环节及受新冠疫情冲击行业群体的金融支持，致力于促进经济稳固回升与向好发展。具体而言，广东省成功将小微企业贷款的加权平均利率压低至 4.15% 的新低水平，并成功争取到总额达 1 187 亿元的政策性开发性金融工具资金支持，这一举措有效撬动了约 1.9 万亿元的投资规模，并完成了超过 1 万亿元的配

套融资，极大地推动了全省基础设施贷款余额的增长，使其达到5.4万亿元的新高，同比增长率显著，达到13.6%，展现了强劲的金融支持力度与经济恢复活力。

四是普惠贷款水平发展不平衡。截至2020年末，我国普惠信贷指数平均值为226.21，东部地区的普惠信贷指数平均值为247.35，比全国平均水平高9个百分点，这与全国各地区经济发展水平相对应。而广东省的普惠信贷指数发展水平也存在地区异质性，由于珠三角地区地级市的经济发展程度远高于非珠三角地区，其普惠贷款发展水平也高于非珠三角地区。

二、广东数字普惠信贷发展赋能乡村振兴的主要成效

（一）广东数字普惠信贷发展历程

广东普惠信贷的发展相对较晚，但普惠信贷的可获得性明显提升，各地级市之间的普惠信贷渗透度存在一定差距，主要表现为经济发展愈发达的地区，金融机构分布越密集，有关部门对普惠信贷的扶持力度越强，惠农、惠小微以及风险防范等政策制度出台也越集中，普惠信贷的生态环境和服务氛围也更为良好。一般来说，广东省普惠信贷的发展大致可分为以下几个阶段：

第一阶段，2011—2016年，为广东省普惠信贷的初期阶段。2011年，人民银行梅州支行为了破解梅州当地农村金融资源匮乏的困境，创新性地提出要以每个村委会为单位，设置乡村金融服务站，切实解决了当地金融供给不足的难题，优化了梅州边远乡村的金融环境。2012年，人民银行广州分行与广东银监局等相关部门，首次建立"支农再贷款＋信用户"等机制，在云浮市的试点取得良好成效，促成了支农再贷款资金的高效利用。2014年，人民银行广州分行牵头开展"信贷资产质押试点"，并且对发放支农再贷款的机构给予补贴，监测金融机构的信贷投放效果。同年发布相关指导意见，鼓励金融机构对金融薄弱区域的扶助。2015年，有关部门为银行和中小微企业搭建互相交流信用、融资信息的桥梁，通过"数据库＋互联网"模式加强银企线上线下对接，优化了小微企业的经营环境。

第二阶段，2016—2020年，为广东省普惠信贷的快速发展阶段。2016年，佛山市地方政府以当地强有力的实体经济发展为基础，开创具有佛山特色的金融组织和服务方式，其中的"小额票据贴现中心"为本地小微企业提供更加便捷的融资渠道。同年，人民银行广州分行和广东省金融办共同发布了《广东省全面推进深化农村支付服务环境建设的指导意见（2016—2020年）》，因地制宜推广农村支付服务综合平台，通过覆盖全省农村的取款点，创新"支付服

务＋农村公共服务"等运作模式，为茂名、肇庆和清远等地级市的农村居民提供多元化的金融综合服务。人民银行广州分行也组织各金融机构在省内山区及海岛，积极探索以移动支付为基础，集助农取款、电子商务和农村特色产业于一体的便民体系。2018 年，人民银行广州分行制定《关于加强落实深化小微企业金融服务工作部署的通知》等政策文件，从多方面细化助力其发展的政策举措，加强政策引导能力。此外，人民银行广州分行为小微企业开拓证券融资渠道，增加资金供给，并对各银行降低小微企业贷款成本的工作目标提供指导意见。2019 年，人民银行广州分行联合各银行有序开展企业走访工作，在走访过程中针对小微企业资本不足、抵押质物有限等特点，开发相应的轻抵押产品，如大数据线上小额信用贷和银税互动贷等，截至该年年末，随着专项行动顺利进行，此项目中以自身信用获取贷款的企业将近占比 50％。

第三阶段，2020 年至今，为广东省普惠信贷的高质量发展阶段。广东省深化实施"金融赋能制造"战略，以创新驱动"领航行"服务模式，为省内精心培育的战略性产业集群及前瞻性未来产业集群提供多元化、精准化的金融服务体系。通过建立银行制造业专属服务部门，显著增强对储能、集成电路、硅能源、超高清视频显示等核心产业的金融支持力度，并进一步扩大技术改造领域的信贷投放规模。同时，持续强化面向制造业中小微企业的融资扶持，特别是针对江门、惠州、肇庆及粤东、粤西、粤北地区，对于政府性融资担保机构在 2023 年新开展的、单笔担保金额不超过 1 000 万元且年化担保费率控制在1.5％以内的小微企业担保业务，按业务规模的 0.5％比例提供补贴。此外，省级融资再担保机构纳入国家融资担保基金支持范围的小微企业融资担保业务，其实际代偿损失将获得 50％的风险分担补偿，并对再担保费用给予合理补贴。紧抓注册制改革契机，广东省加大力度推动制造业企业辅导及上市进程，并发布专项政策文件，利用融资租赁机制促进"制造业立省"战略实施。借助中征应收账款融资服务平台，全面推广线上化、一体化的应收账款融资与"政府采购贷"服务，提升融资效率。对于通过省级中小企业融资平台发放的、符合特定条件的制造业中小微企业贷款，将实施差异化的贴息扶持政策，以进一步降低企业融资成本，激发制造业发展活力。

由图 6-1 可见，随着 2018—2022 年全国普惠型小微企业贷款余额不断增加，但广东省普惠型小微企业贷款余额在 2022 年出现下降，下降幅度达31％，说明广东小微企业受新冠疫情冲击较为严重，对经济形势不乐观，导致企业的贷款量急剧减少。

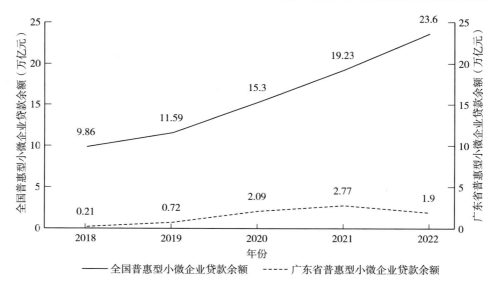

图 6-1 2018—2022 年全国与广东省普惠型小微企业贷款余额
数据来源：国泰安数据库。

由图 6-2 可以看出，2018—2022 年全国与广东省普惠型小微企业贷款户数不断上升，增幅分别达 224.5% 和 571.1%。说明广东省数字普惠贷款发展状况较好，金融服务覆盖率呈现不断扩大的走势。

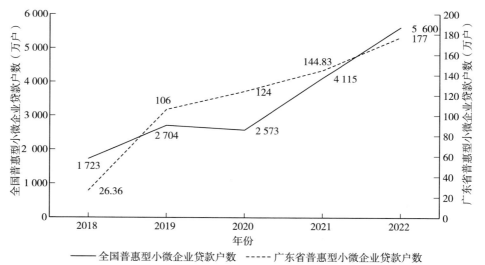

图 6-2 2018—2022 年全国与广东省普惠型小微企业贷款户数
数据来源：国泰安数据库。

"北京大学数字普惠金融指数"由北京大学数字金融研究中心携手蚂蚁金服集团共同设立的联合研究团队精心编撰而成。该指数在编制过程中,严格遵循全面性、易获取性及科学性的指导原则,不仅借鉴了既有的学术文献与国际组织确立的传统普惠金融指标体系,还深刻融入了数字金融服务领域的最新发展趋势与独特特征,同时确保了数据资源的高度可获得性与可靠性。具体而言,该指数从3个核心维度综合考量:一是数字金融服务的覆盖广度,二是数字金融应用的深度渗透,三是普惠金融的数字化转型程度,以此构建了全面而深入的数字普惠金融评价指标体系。

在2011至2020年的10年间,中国的数字普惠贷款业务经历了显著的飞跃性增长。2011年的各省数字普惠信贷指数仅为46.9,随后在2015年跃升至132.96,至2020年更是攀升至226.21,展现出强劲的增长势头。2020年的省级数字普惠金融指数相较于2011年增长了近4.82倍,年均复合增长率达到了13.6%,彰显了该领域蓬勃发展的态势。在区域层面,广东省的数字普惠贷款业务亦呈现出与全国相似的增长轨迹,但其增长速率略有不同。具体而言,2020年,广东省数字普惠金融指数相较于2011年增长了约2.79倍,年均增长率为9.2%,显示出稳健的增长特性。进一步观察数字普惠信贷指数的增速变化,不难发现近期增速有所趋缓,这在一定程度上反映了随着数字金融市场的日益成熟与深化,普惠贷款业务正逐步从高速增长的非常态向更为稳健、可持续的常态增长模式转变。

(二)赋能乡村振兴的实践效果

数字普惠金融作为一种通过互联网技术实现的现代金融服务,能降低金融交易成本、减少金融服务的门槛和扩大金融服务的范围。下文以数字普惠金融指数指代数字普惠金融发展情况。

表6-4展示了2011年到2020年省级数字普惠金融指数的变化情况。如表6-4和图6-3所示,中国的数字普惠金融业务在2011—2020年间实现了跨越式发展,在2011年至2020年间,中国省级数字普惠金融指数的中位数从33.6稳步提升至2015年的214.6,至2020年更是激增到334.8,展现出惊人的约10倍增长,年均复合增长率高达29.1%,这一显著变化凸显了中国数字普惠金融领域蓬勃发展的强劲态势。从增长速率来看,近年来数字普惠金融指数的增速有所缓和,这在一定程度上反映了数字金融市场随着其日益成熟,正逐步从高速增长轨道步入更为平稳、可持续的常态增长阶段。值得注意的是,尽管2020年全球经济环境因新冠疫情而遭受重创,

中国经济增速亦受到显著影响。但在此背景下，数字普惠金融指数仍实现了相比2019年的5.6%正增长。尤为令人瞩目的是，在新冠疫情重灾区如武汉市及湖北省，尽管经历了长时间的封城措施，其数字普惠金融指数依旧保持了正增长态势，这一事实深刻揭示了数字金融在应对突发公共卫生事件时的独特价值与强大适应力，展现了其不可或缺的社会经济稳定器作用。

表6-4　2011—2020年省级数字普惠金融指数

省级行政区	2011年	2012年	2013年	2014年	2015年	2016年	2017年	2018年	2019年	2020年
北京市	79.41	150.65	215.62	235.36	276.38	286.37	329.94	368.54	399.00	417.88
天津市	60.58	122.96	175.26	200.16	237.53	245.84	284.03	316.88	344.11	361.46
河北省	32.42	89.32	144.98	160.76	199.53	214.36	258.17	282.77	305.06	322.70
山西省	33.41	92.98	144.22	167.66	206.30	224.81	259.95	283.65	308.73	325.73
内蒙古自治区	28.89	91.68	146.59	172.56	214.55	229.93	258.50	271.57	308.73	309.39
辽宁省	43.29	103.53	160.07	187.61	226.40	231.41	267.18	290.95	311.01	326.29
安徽省	33.07	96.63	150.83	180.59	211.28	228.78	271.60	303.83	330.29	350.16
浙江省	77.39	146.35	205.77	224.45	264.85	268.10	318.05	357.45	387.49	406.88
江苏省	62.08	122.03	180.98	204.16	244.01	253.75	297.69	334.02	361.93	381.61
上海市	80.19	150.77	222.14	239.53	278.11	282.22	336.65	377.73	410.28	431.93
黑龙江省	33.58	87.91	141.40	167.80	209.93	221.89	256.78	274.73	292.87	306.08
吉林省	24.51	87.23	138.36	165.62	208.20	217.07	254.76	276.08	292.77	308.26
福建省	61.76	123.21	183.10	202.59	245.21	252.67	299.28	334.44	360.51	380.13
青海省	18.33	61.47	118.01	145.93	195.15	200.30	240.20	263.12	282.65	298.23
陕西省	40.96	98.24	148.37	178.73	216.12	229.37	266.85	295.95	322.89	342.04
甘肃省	18.84	76.29	128.39	159.76	199.78	204.11	243.78	266.82	322.89	305.50
西藏自治区	16.22	68.53	115.10	143.91	186.38	204.73	245.57	274.33	293.79	310.53
贵州省	18.47	75.87	121.22	154.62	193.29	209.45	251.46	276.91	293.51	307.94
云南省	24.91	84.43	137.90	164.05	203.76	217.34	256.27	285.79	303.46	318.48
四川省	40.16	100.13	153.04	173.82	215.48	225.41	267.80	294.30	317.11	334.82

（续）

省级行政区	2011 年	2012 年	2013 年	2014 年	2015 年	2016 年	2017 年	2018 年	2019 年	2020 年
重庆市	41.89	100.02	159.86	184.71	221.84	233.89	276.31	301.53	325.47	344.76
海南省	45.56	102.94	158.26	179.62	230.33	231.56	275.64	309.72	328.75	344.05
广西壮族自治区	33.89	89.35	141.46	166.12	207.23	223.32	261.94	289.25	309.91	325.17
广东省	69.48	127.06	184.78	201.53	240.95	248.00	296.17	331.92	360.61	379.53
湖北省	39.82	101.42	164.76	190.14	226.75	239.86	285.28	319.48	344.40	358.64
湖南省	32.68	93.71	147.71	167.27	206.38	217.69	261.12	286.81	310.85	332.03
江西省	29.74	91.93	146.13	175.69	208.35	223.76	267.17	296.23	319.13	340.61
河南省	28.40	83.68	142.08	166.65	205.34	223.12	266.92	295.76	322.12	340.81
山东省	38.55	100.35	159.30	181.88	220.66	232.57	272.06	301.13	327.36	347.81
宁夏回族自治区	31.31	87.13	136.74	165.26	214.70	212.36	255.59	272.92	292.31	310.02
新疆维吾尔自治区	20.34	82.45	143.40	163.67	205.49	208.72	248.69	271.84	294.34	308.35

数据来源：北京大学数字普惠金融指数。

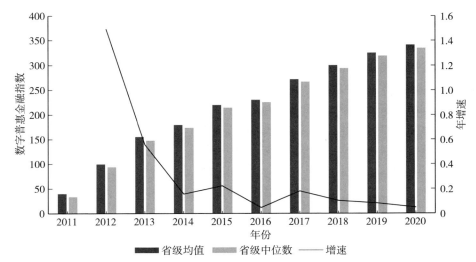

图 6-3　2011—2020 年省级数字普惠金融指数的均值、中位值和增速

数据来源：北京大学数字普惠金融指数。

　　图 6-4 为 2013—2022 年我国居民人均可支配收入，从图 6-4 可得近 10 年来城镇居民及农村居民的可支配收入不断上升。从 2013 年到 2022 年，城镇居民家庭收入增长了约 1.86 倍，由 26 467 元增长到 49 283 元；农村居民家庭

收入增长了约 2.13 倍，由 9 430 元增长到 20 133 元。

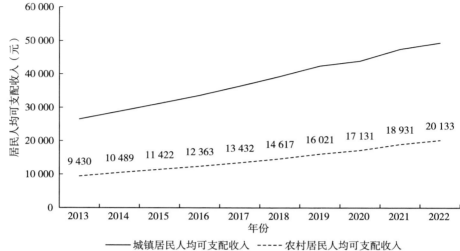

图 6 - 4　2013—2022 年我国居民人均可支配收入（元）

数据来源：国家统计局。

一方面，我国居民可支配收入的增加一定程度上激发了我国家庭的理财需求。另一方面，随着社会经济的发展，居民的金融素养日益提高。西南财经大学中国金融调查研究中心与蚂蚁集团研究院共同发布的《中国家庭财富指数报告》对中国家庭理财行为与理财观念的变化进行了追踪，图 6 - 5 显示了中国家庭线上投资意愿指数变化趋势，以 100 作为中国家庭财富指数的基准线，大于 100 表示指数相比于上一季度有所上涨，小于 100 表示指数相比于上一季度有所下跌。可以看出，2020Q1—2022Q1 中国家庭线上投资意愿指数均高于100，家庭线上投资意愿持续提升，财富管理需求十分强烈。

互联网理财方面，余额宝理财模式的成功探索催生了多种类似的互联网理财产品，多元化的理财产品市场拓宽了大众的投资理财渠道，提高了民众的理财意愿。2015—2019 年，五年间我国互联网理财规模和用户使用率逐年上升。2019 年上半年我国的互联网理财规模近 1.7 亿人，互联网使用率则高达19.9%（图 6 - 6）。

2016 年 12 月，广东省人民政府办公厅发布了《广东省推进普惠金融发展实施方案（2016—2020 年）》（下文称《方案》）。《方案》聚焦于普惠金融发展环境的持续优化，特别强调需广泛运用多元化的传播媒介，包括但不限于电视广播、报刊书籍、网络视听新媒体、数字平台及互联网等，以持续不断的态势

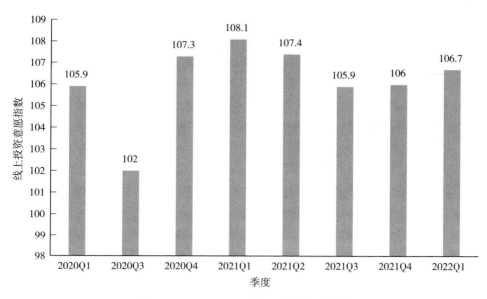

图 6-5　2020—2022 线上投资意愿指数

数据来源：《2022Q1 中国家庭财富指数调研报告》。

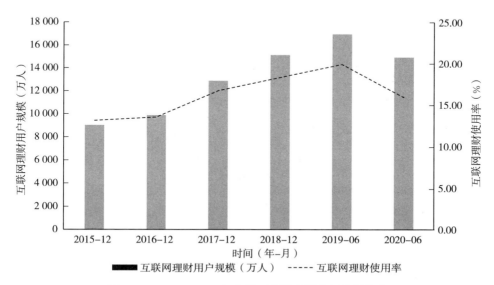

图 6-6　2015—2020 年我国互联网理财市场发展趋势

数据来源：《中国互联网络发展状况统计报告》，中国互联网统计中心。

推广普惠金融理念及金融基础知识教育。同时，着重培养社会公众的信用观念与契约精神，通过实施信用户评选机制，激励农户群体珍视信用、恪守合同。此外，《方案》还指出需加强公众对金融风险的认知与防范能力，针对金融诈骗、非法集资等高风险领域，组织开展针对性的金融风险宣传教育活动。应强化与金融消费者权益密切相关的信息披露工作，及时提供风险提示，树立"收益与风险并存，投资者需自我承担"的正确投资观念。引导金融消费者依据自身风险承受能力及金融产品的实际风险特性，做出理性、稳健的投资与消费决策。

三、广东数字普惠保险发展历程及其赋能乡村振兴实践

（一）广东数字普惠保险发展历程

2007—2015 年，广东数字普惠保险主要用于支持科技型中小企业和高新技术企业的创新发展，降低其经营风险，提高其融资能力，以及扩大数字普惠保险的覆盖面，增加科技保险的保障力度，激发科技保险的市场活力。这一阶段的数字普惠保险还没有明确涉及农业保险的领域，但为后续的科技赋能农业保险奠定了基础。

2016—2018 年，广东数字普惠保险开始向农业保险的领域延伸，推动数字普惠保险与农业保险的融合发展。这一阶段的数字普惠保险主要涉及农业保险的创新险种，如农业科技成果保险、农业科技项目保险、农业科技人才保险等，以及农业保险的创新服务模式，如农业保险的科技风控、科技理赔、科技培训等。这一阶段的数字普惠保险为后续的技术赋能农业保险提供了经验和借鉴。

2019—2021 年，广东数字技术赋能农业保险进入深化阶段，将防灾减损机制常态化、标准化、体系化及科技化视为农业保险不可或缺的环节，积极助力保险行业深化技术应用，广泛采纳大数据分析、云计算平台、卫星遥感、无人机技术、航拍辅助工具及远程勘查等前沿手段，以实现标的物验证与损失评估的精准化、高效化，显著提升承保与理赔流程的效率，为智慧农业与数字农业的稳健前行提供坚实保障。此阶段的核心目标在于，通过科技保险的深度介入，充分释放其在农业风险管理、产能提升、生态维护等多方面的潜能，促进农业保险与农业科技间的无缝对接与深度融合，进而引领农业保险领域向更高质量的发展阶段迈进。

2020 年广东省出台《关于大力推动农业保险高质量发展的实施意见》，其

中特别强调了对模式创新与技术革新的迫切需求。为激励首创性特色险种的涌现，该文件引入了创新保护框架，允许在特定条件下，对首创险种采取指定经营方式，由原创保险机构独家运营。同时，鼓励在水产养殖、沿海林木等高风险领域及新型农业生产组织如农民合作社中，试点相互制保险模式。此外，还支持具备条件的区域探索耕地肥力补偿保险、城市绿化林保险等新险种，逐步推广涵盖区域产量、价格、收入及气象指数的多元化保险产品。特别提及应支持大宗农产品"保险＋期货"模式的试点，并探索"订单农业＋保险＋期货（权）"的创新融合路径。为强化农业保险的科技支撑，该文件倡导保险机构充分利用大数据、云计算、卫星遥感、无人机技术、航拍辅助工具及远程勘查等先进手段，优化验标与查勘定损流程，实现高效精准的承保与理赔服务，为智慧农业与数字农业的蓬勃发展提供坚实后盾。同时，推动农业保险条款的简明化与标准化进程，并启动电子保单试点项目，以提升服务效率与透明度。广东省农业农村厅还强调，需加强农业保险信息资源的共享与整合，通过加大投资力度，提升农业保险信息化的整体水平。计划构建农业保险保费补贴资金结算系统，提高财政补贴资金的拨付效率与使用效果。此外，还致力于构建农业保险与农业农村信息的互通机制，实现投保农户与农业生产经营组织信息的动态追踪，为农户提供在线气象预警、农事管理指导及保险承保理赔等一站式服务，全面提升"三农"领域的风险管理能力。同时，建立健全主要农产品价格信息发布体系，并强化气象站网络，为农产品价格保险、收入保险及农业气象指数保险的推出与实施提供有力支持。

自 2021 年起，广东省保险业积极响应民众需求，将农业保险领域的灾害预防与损失减轻试点项目列为民生实事重点推进，确立了农业保险须具备常态化运作、规范化管理、系统化布局及科技化支撑的标准配置。通过深度整合大数据、云计算、卫星遥感、无人机航拍、远程勘察等前沿科技工具，实现保险标的的精准识别与损失评估，显著提升承保与理赔流程的效率与精准度，为智慧农业与数字农业的稳健发展筑起坚实的保障屏障。在此进程中，AI 技术被广泛应用，覆盖了保险理赔的自动化审核、风险评估优化及客户服务升级等多个关键领域，有效促进了工作效率与准确性的飞跃。同时，物联网技术亦被引入，用于实时监控农作物的生长环境参数及牲畜的健康状况，提供近乎即时的数据支持，使得保险公司能够基于更为详尽、精确的信息进行保险产品的风险评估与定价，进一步增强了农业保险的定制化与科学性。

2022—2023 年，广东数字技术赋能农业保险进入示范推广阶段，把科技赋能农业保险的经验成果推广到全省，提升农业保险的覆盖面、保障力度、服务水平，为农业保险的高质量发展提供了动力。广东农业保险领域正稳步构建一套由"1＋1＋8"制度框架与"12种＋8项特＋3＋N"组成的多元化险种体系模式。当前阶段，指数型保险产品正广泛渗透农业保险领域，特别是"保险融合气象指数"及"保险与期货联动"模式的深入实施，已树立了广东农业保险创新实践的典范与"标杆案例"。当前，广东省内发展较为成熟且运作高效的主要是基于大连商品交易所平台的生猪及生猪饲料"保险＋期货"运作模式。与此同时，鸡蛋、花生、橡胶等商品的"保险＋期货"新型模式也在稳步推进中，逐步实现落地并展现出良好的发展潜力。这些实践不仅丰富了农业保险的产品线，也为农民提供了更为全面、灵活的风险管理工具，进一步推动了广东农业保险市场的成熟与完善。

2023年中央1号文件提出，强化农业防灾减灾能力建设。应用科学技术在农业生产领域开展风险减量服务，更好地发挥保险机制的防灾减损功能。

（二）赋能乡村振兴的实践效果

广东省农业保险在政策支持下，迎来了跨越式的发展。2022年，广东农业保险保费规模跃居至全国首位，同比增长69.73％，保险深度达1.52％，较2019年的0.43％增长大于1％（图6-7）。广东保险业正聚焦保险科技赋能风险减量，服务"百县千镇万村高质量发展工程"，激发广东农业保险高质量发展新动能。此外，广东保险业还强化大数据应用，编制农业保险风险地图，以大数据应用为基础，整合气象、农业、生产、保险经营、农业灾害等数据，对各地市历年自然灾害的发生频次及强度进行风险评级。

广东保险业强化大数据应用，编制农业保险风险地图，以大数据应用为基础，整合气象、农业、生产、保险经营、农业灾害等数据，对各地市历年自然灾害的发生频次及强度进行风险评级。搭建数字化平台，推动保防救赔一体化服务体系，引导保险机构加快数字农险平台建设，构建了系统全面的自然灾害风险管理体系。通过全流程监测加实时预警模式，拥有风险评级、灾害预警、客户和产品专属地图，实现农业标的的识别校验，以及作物长势监测、灾害监测、产量评估、损失鉴定等保、防、救、赔功能。例如，人保财险广东分公司的"粤农保"AI数字农业综合服务平台，利用"国土＋气象＋保险"，实时关注台风过境信息，精准制定预警信息和预防措施，向农户自动发送防灾提醒。平安产险广东分公司通过气象平台"鹰眼系统"提供数字化风险分析和风控服务，实时追踪台风动态，通过台风防控实验室制定保单筛选规则，对客户精准

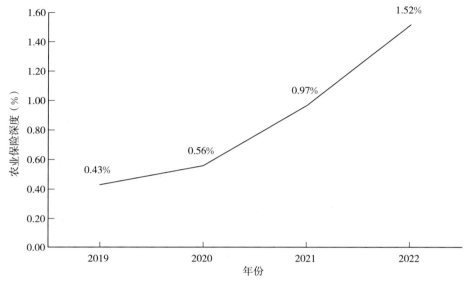

图 6-7　广东省农业保险深度

数据来源：广东省财政厅。

作出台风、暴雨、内涝等预警提醒。太保产险广东分公司的农业险暴风系统使用无人机对走访的农田、果树、林、森林、水产等进行 360 度全景风险巡查，运用养殖可视化系统，对狮头鹅等牲畜作物进行实时监控，对工程项目进行红外热成像监测，排查电气火灾隐患，并对存在的风险提出改善建议。国寿财险广东分公司的遥感综合监测平台，助力农户防灾减损，灾前作出预警和风险指导。广东省为投保农户提供的农业保险风险保障金额（图 6-8）从 2015 年的 400 多亿元增长到 2022 年的 2 600 多亿元，实现了跨越式的增长，科技赋能有效提升了保障能力。

　　广东保险业已将农业保险的灾害预防与损失减轻试验性项目融入其服务民众、解决实际问题的行动纲领，确立了一套以常态化运作、规范化管理、系统化布局及科技化支撑为核心的防灾减损机制，作为农业保险不可或缺的基本要素。为强化保险机构的技术支撑能力，该行业积极倡导并支持其采用大数据分析、云计算平台、卫星遥感技术、无人机航拍辅助及远程勘查等先进技术手段，以实现保险标的的精确识别与损失评估的高效执行，从而有效提升承保与理赔服务的处理速度与质量，为智慧农业与数字农业的蓬勃发展提供强有力的保障与推动。

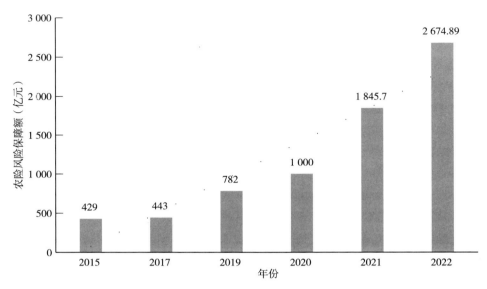

图 6-8　广东省历年农险风险保障额

数据来源：广东省财政厅。

除此之外，广东保险业还运用物联网遥感，实现农业生产全流程风险减量管理，依托卫星遥感技术、物联网设备全程监测农业保险标的生长情况及环境参数，快速提供精准的风险识别、风险敞口评估等服务，提升现代化农业管理水平。同时，加强 AI 技术应用，提升现代农业风险减量管理水平。

然而，在农业保险领域内，气象指数与价格指数等数字化技术的革新应用也面临多项难题，亟须多方共同谋划、协同构建并寻求解决方案。当前，保险公司在开发气象指数保险产品过程中，面临着气象资料匮乏及历史数据损失等数据获取的瓶颈，直接加剧了模型构建的复杂性，使气象指数保险模型的精准度受限；同时，气象赔付标准的设定也面临着合理性挑战，产品设计中缺乏差异化考量。除此之外，广东省内气象监测站点数量不足以及农业保险招标流程时间紧迫等客观条件进一步限制了气象指数保险在农业风险管理领域的推广与应用，成为制约其发展的关键因素。因此，行业内外需加强合作，优化数据共享机制，延长招标周期以确保充分准备，从而推动气象指数保险在农业领域的创新与发展。

（三）赋能乡村振兴的特色

技术驱动的创新：广东省积极利用金融科技，如大数据、人工智能、区块链等，来创新农业保险产品。这些技术的应用使得保险产品更加精准地对应农业生产的实际需求，例如，通过卫星图像和气象数据来预测自然灾害，从而提前准备和调整保险策略。

风险管理的优化：金融科技的应用在风险评估和管理方面发挥了重要作用。例如，使用大数据分析可以更准确地评估各种自然灾害对农作物的潜在影响，帮助保险公司制定更合理的保险费率和赔偿标准。

服务流程的数字化：在金融科技的推动下，广东省的农业保险服务流程更加数字化。投保、理赔等环节通过在线平台进行，大大提高了效率和透明度，减少了农民和保险公司之间的信息不对称。

普及教育与培训：为了让农民更好地理解和接受新型的金融科技赋能的农业保险产品，广东省在农村地区开展了一系列的教育和培训活动。这些活动有助于提高农民对于风险管理和保险意识的认知。

政策支持与合作：广东省政府在推广金融科技赋能的农业保险方面提供了政策和资金支持。同时，保险公司、科技企业与农业生产者之间的合作也在增强，共同探索更适合当地农业发展的保险产品和服务。

面临的挑战：尽管有诸多积极进展，但也存在一些挑战。例如，农业数据的收集和处理需要大量的资金和技术支持，以及对于一些小规模农户而言，高科技保险产品的接受度还有待提高。

四、广东数字化微型股权融资发展历程及其赋能乡村振兴实践

在乡村振兴战略的实施中，金融赋能的核心在于促进乡村产业的繁荣与发展。现代农业作为乡村产业振兴的引领性"旗舰"项目，其健康发展是整体战略推进的基石。强化并壮大农业领域的龙头企业被视为驱动现代农业转型升级的关键力量，为乡村振兴提供了坚实的支撑。值得注意的是，龙头企业的成长壮大离不开金融资源的深度介入与有效配置。在此过程中资本市场的核心枢纽作用显得尤为重要，它不仅为龙头企业提供了多元化的融资渠道，还促进了资源的优化配置，为企业的快速发展注入了强大动力。因此，优化金融生态、充分发挥资本市场的支持功能，是加速现代农业发展、推动乡村产业全面振兴的重要途径。

（一）广东数字化微型股权融资发展历程

初期探索与政策启动。2015 年 7 月 3 日，《广东省人民政府关于创新完善中小微企业投融资机制的若干意见》发布，其中明确指出启动互联网股权

众筹试验项目的战略部署，通过构建区域性股权市场中的股权众筹交易平台，实现中小微企业股权众筹项目的正式注册、确认以及顺畅的流转与交易机制。此举不仅标志着广东省在探索互联网股权众筹领域迈出了重要一步，更为后续政策细化与操作实践铺设了坚实的基石。

试点平台的建立与推广。根据《国务院办公厅关于发展众创空间推进大众创新创业的指导意见》紧密结合广东省委及省政府的战略导向，广东省金融办于2015年7月17日制定印发了《广东省互联网股权众筹试点工作方案》（下文称《实施方案》），标志着股权众筹试点工作的全面启动。此阶段核心目标在于积极引导与激励广东省内的互联网股权众筹平台主动申请试点资格，通过激烈的市场竞争与公正透明的选拔程序，精心挑选出具有潜力和实力的试点单位。《实施方案》明确规划，至2015年年末，在全省范围内构建起至少50家互联网股权众筹服务平台，这些平台将承载并展示约5 000个创业创新项目，其中预期有400个项目能成功筹集到所需资金，整体众筹融资额目标设定为达到5亿元人民币，以此助力创新创业生态的蓬勃发展。

数字化转型与技术应用。到了2022年，广东省区域性股权市场在数字化转型的道路上持续深耕，成为国家区块链又一创新应用试验区，并初步构建出"大平台共享、大数据慧治、大系统共治"的全方位数字化服务体系。此举不仅显著增强了广东股权众筹平台的技术创新能力与效率，更为其深度融入并高效服务实体经济的高质量发展进程奠定了坚实的基础，提供了强劲的技术与模式支撑。

在此发展过程中，广东省还特别强调了规范发展互联网金融平台，切实防范金融风险。这一措施确保了股权众筹活动在健康有序的环境下进行，避免了潜在的金融风险。

2016年12月，广东省人民政府办公厅发布了《广东省推进普惠金融发展实施方案（2016—2020年）》（下文称《方案》）。针对小微企业资本市场融资渠道的拓展，《方案》着重强调了以下几点：首先，强化对符合条件的农业企业、小微企业的上市培育与辅导力度，助力其在国内外证券交易所成功上市，同时，对于当前尚不满足上市标准但具有高成长性和创新能力的企业，引导其在全国中小企业股份转让系统（新三板）挂牌，以拓宽融资渠道，促进企业发展。其次，鼓励并支持符合条件的省市国有企业发行小微企业增信集合债券，以此扩大对小微企业的金融支持范围。三是优化省级创业投资引导基金的使用效率，并倡导各地积极设立产业投资基金与创业投资引导基金，以进一步激发市场活力。再次，《方案》还强调要充分利用粤科金融集团有限公司、粤财投资控股有限公司、恒健投资控股有限公司等省级企业平台的优势，推动创投、风投及天使基金等资本力量的壮大。同时，鼓励民间资本积极涉足并购投资、创业投资、私募股权投资及风险投资领域，丰富资本市场的多元化结构。为促进各类基金的集聚效应，《方案》建议依托产业园区、高新技术开发区及孵化器集群区域，引导基金资源的有效整合与协同发展。同时，要求证券期货经营机构不断提升服务普惠金融的能力，以满足小微企业多样化的金融需求。最后，《方案》还提出支持省内区域股权交易中心与粤东、粤西、粤北各市建立紧密的合作关系，共同开发针对"三农"领域及小微企业的特色化、定制化金融产品和服务，以精准对接市场需求，促进地方经济的全面发展。

2021年12月发布了《广东省人民政府办公厅关于金融支持全面推进乡村振兴的实施意见》，（下文称《意见》）。《意见》明确指出，应加大对涉农经营主体资本市场融资的支持力度。倡导上市公司、私募股权及创投机构等市场活跃力量设立或加入乡村振兴产业投资基金的行列，采取资金注入、股权参与等模式，为乡村振兴产业项目注入活力。同时，鼓励银行、基金公司等多方市场主体深化与各级乡村振兴基金的协作，以激活乡村资源要素，促进村镇经济繁荣。

2023年3月发布了《广东省人民政府办公厅关于印发2023年广东金融支持经济高质量发展行动方案的通知》（下文称《通知》），《通知》强调广东当前应着力推进"金融融合科技创新"战略，加速金融、科技、产业三者间的高质量循环与互动。加强与上海、深圳、北京等全国性证券交易所的合作深度，加速广东区域性股权市场中"专精特新特色板块"及"科技创新专板"的构建步伐，同时充分发挥广州等科创金融服务集聚区的核心功能，实施科技企业从孵化到上市的"全周期成长促进计划"，并强化对其股份制改造及上市申报的全方位服务。为激发市场活力，鼓励各地方政府设立政府引导基金，并持续优化基金管理机制，包括激励机制、容错机制及绩效评价体系，以营造更加包容与高效的创新生态。

（二）赋能乡村振兴的实践效果

2020年12月，广东省农业农村厅联合广东股权交易中心共同设立的"农业高质量发展板块"已顺利启动，后于2021年11月顺应时势更名为"广东乡村振兴板"，旨在助力农业企业高效对接资本市场，实现融资增长与规模扩张，深度挖掘并发挥广东特色资本平台的独特优势，全面推动广东乡村振兴战略的深入实施与繁荣发展。截至 2022 年年末，该板块已累计吸引并展示了 222 家农业企业的挂牌信息，展现了其作为农业资本对接枢纽的强大吸引力和广泛影响力。70 家企业成功获得了来自六大金融机构超过 23 亿元人民币的融资授信额度，为企业的发展壮大提供了坚实的金融支撑；39 家企业顺利实现了银行融资，融资金额累计超过 5.5 亿元，有效缓解了企业的资金压力；还有 10 家企业通过股权融资方式筹集资金超过 18.51 亿元，为企业的高速成长注入了强劲动力。该板块还积极推动了 7 家企业完成了股份制改造，助力其构建了更加完善的现代企业治理结构，为企业的长远发展奠定了坚实的基础。主要成效体现在以下几方面：

一是完善了金融服务数据支撑体系。在创立初期，广东省农业农村厅迅速响应并颁布了《广东乡村振兴板实施方案》，从政策激励、奖补政策优化、地方协同支持、股权投融资促进及专业机构协作等多个维度，构建了全方位、系统化的制度保障体系。同时通过精心构建"企业培育数据库"与"龙头企业后备数据库"，成功汇聚了众多具有高成长潜力的农业上市后备企业。

随后，广东股权交易中心积极构建乡村振兴板综合金融服务生态体系，启动了一系列深入的企业调研与走访活动。此过程中，广东股权交易中心联合各地市农业农村主管部门、广东金融支农促进联盟成员、乡村振兴板顾问委员会、证券公司、投资基金及会员单位等，组成专业调研团队，对全省范围内 20 个地市超过 60 家的在板企业及 30 余家潜力后备企业进行了全面考察。同时，采取"内引外联"的灵活策略，不仅邀请企业参与交流，也主动深入企业，深入了解其生产经营状况与实际需求。在交流过程中，详细阐述了乡村振兴板的政策红利及"基础培训＋融资对接＋金融路演＋政策匹配＋股改规范"全方位、多层次的金融服务链条。秉持"一企一策一规"的原则，根据企业所处的发展阶段与个性化需求，精准匹配服务资源，为企业量身定制资本市场发展战略，深度助力广东乡村振兴板企业的茁壮成长。

二是搭建了多元化金融服务平台。广东乡村振兴板在广东省农业农村厅的引领下，携手广东省金融支农促进会、各级政府及金融机构，精心策划并实施了广东金融助农系列论坛、"农企巡城"等标志性活动，为广东省内农业企业提供包括初创孵化、财务管理优化、上市筹备指导、融资路演对接、知识产权保护及企业形象塑造在内的一站式金融服务方案。2023 年度，已在韶关、梅州、中山、惠州等多地成功举办线上线下相结合的"广东乡村振兴板"宣讲会超过 5 场，实现了广泛覆盖与深度交流。为深化企业服务内涵，精准挖掘并放大企业亮点，广东股权交易中心与广州日报携手，共创"粤资本-农企行"专栏，聚焦于乡村振兴板上的杰出挂牌企业，实施定期化的企业品牌推广策略，构建农业企业产业联盟与生态闭环，助力企业优化供应链布局，加速资本对接进程，推动企业实现高质量发展目标。

三是构建了常态化的数字化微型股权融资支农机制。该板块持续实施企业回访与深度调研机制，精准对接企业需求，提供包括股份制转型、财务标准化、股权激励方案设计、可转债发行策略在内的全方位金融服务。截至目前，已成功助力广东田园牧歌农林股份有限公司完成股份制改革，并于年末顺利实现挂牌上市。此外，广东股权交易中心还积极引领广东优配供应链管理有限公司、广州市格利网络技术有限公司、广东利泰农业开发有限公司等6家企业步入规范化股份制改革轨道。同时，广东股权交易中心携手银行、保险、基金、担保机构、省中小企业融资服务平台等金融力量，以及中山大学、广东财经大学等高校智库，共同推进的《金融支农涉农企业白名单制度研究》和《金融支持农业企业健康发展研究》，该成果不仅构建了涉农企业信用评价体系，还促进了白名单制度的常态化实施，为乡村振兴融资风险补偿机制的创新模式提供了有力支撑。

>>>

第三篇
广东经验与典型案例分析

在广东这片充满活力的土地上，数字普惠金融正以前所未有的力度赋能乡村振兴，成为提升金融供给效率、激发金融需求活力、优化供求联结机制的关键力量。通过一系列创新实践与经典案例，广东不仅展现了数字普惠金融通过拓宽金融服务覆盖面、降低融资成本、提升金融服务质量在五大乡村振兴目标实现上产生了显著成效，更探索出了一条符合地方实际、具有广东特色的乡村振兴之路。这些经验案例，不仅深刻揭示了数字普惠金融在促进农村经济转型升级中的核心作用，也为其他地区提供了宝贵的参考与借鉴。从金融供给的精准对接到金融需求的深度挖掘，再到供求联结效率的大幅提升，广东实践充分证明了数字普惠金融赋能乡村振兴的广阔前景与无限可能，为下一步的改革指明了新的需求方向。

第七章 基于供给视角的数字普惠金融赋能乡村振兴典型案例 ////////////////////

近年来，广东省积极探索数字普惠金融与乡村振兴的深度融合路径，通过大数据、人工智能等现代信息技术的广泛应用，构建了多层次、广覆盖、可持续的金融服务体系。广东以金融供给创新为引领，推出了"广东乡村振兴板"等特色平台，通过政府引导与市场机制相结合，为农业企业量身定制综合金融服务方案，涵盖孵化培育、政策匹配、融资对接、知识产权服务、金融路演及上市辅导等全链条服务。金融机构通过不断创新金融产品，精准对接乡村特色产业的融资需求，有效解决了农业企业融资难、融资贵的问题。这不仅促进了农业企业的快速发展，更带动了乡村产业的转型升级，高效赋能广东乡村产业兴旺。

第一节 数字征信解决小微企业融资难、融资贵——以深圳市地方征信平台建设为例

根据农业农村部统计，95％以上乡村民营企业都是中小微企业。中小微企业作为国民经济的重要组成部分，是市场经济中最为活跃的主体，也是在发展实体经济、增进民生福祉、繁荣城乡市场、推动技术创新中不可或缺的重要力量，但同时面临严重的融资困境。涉农企业的特殊性主要体现在与农业产业的紧密关联以及由此产生的独特经营模式和市场需求。这些企业不仅数量众多，而且在推动农业现代化、促进农村经济发展方面发挥着不可替代的作用。然而，随着乡村振兴战略的深入推进，涉农中小微企业融资难、融资贵的问题逐渐凸显出来，成为制约其进一步发展的关键因素。

如何解决小微企业融资困境，最重要的还是解决信息不对称这个难题。破解信息阻梗的根本方式就是实现信用信息的充分共享。现有的金融信用信息基础数据库、全国中小企业融资综合服务平台等信用信息服务平台，更多地发挥了金融信用信息作用，但对大多数"无贷户"的信用服务尚显不足，探索建立

整合多方信息资源、服务更多社会群体的地方信用信息服务平台具有重要意义。

下文将以深圳市地方征信平台建设为例分析数字技术如何改善传统普惠金融信息不对称的问题，本节结构安排如下：第一部分概述我国中小企业发展现状；第二部分分析广东涉农中小微企业发展现状与存在的问题；第三部分介绍深圳市地方征信平台助力中小微涉农企业融资案例；第四部分论述数字化征信平台赋能乡村振兴融资供给的成效与启示。

一、我国中小微企业发展现状

中小微企业是小型企业、微型企业、家庭作坊式企业、个体工商户的统称。目前我国的中小微企业已达 5 200 万家以上，几乎涵盖了国民经济所有行业，中小微企业已经成为我国实体经济重要的组成部分，并对中国经济发展起到越来越重要的作用。从世界范围看，美国、德国、日本的中小微企业对经济发展的贡献大约是 50%，对就业的贡献是 60%~70% 左右。最近几年，我国的中小微企业发展十分迅速，中小微企业占了市场主体的 90% 以上，贡献了全国 80% 的就业、70% 左右的专利发明权、60% 以上的 GDP 和 50% 以上的税收，由此可见，中小微企业对于国家的经济发展起到了非常重要的作用。

然而目前受错综复杂形势和多种因素影响，中小企业的发展受到许多制约。从图 7-1 可以看出我国中小企业发展指数始终处于 100 以下的不景气区间。中小企业协会表示，当前我国经济运行面临的困难挑战主要是外部环境复杂严峻、国内市场有效需求不足、一些企业经营困难等。特别是小微企业困难仍较突出，市场竞争激烈、企业成本上升、效益下滑、资金紧张、应收账款拖欠等困难仍在持续。

当前，商户抵质押物不足、基础信息数据缺乏是我国中小微企业和个体工商户长期面临融资难、融资贵等问题的主要原因。政府通过推出各种融资政策和支持措施，积极引导金融机构增加对中小微企业的信贷投放。此外，政府还建立了中小微企业融资担保基金，为中小微企业提供风险担保，降低其融资成本。同时，政府还加强了中小微企业的信用评级体系建设，提高了它们的融资信用度。通过这些举措，政府为中小微企业提供了更多的融资机会和更优惠的融资条件，为它们的发展提供了坚实的支持。表 7-1 列举了我国政府发布的关于助力中小企业融资的部分重要文件，体现了当前推进金融机构支持小微企业的政策导向。

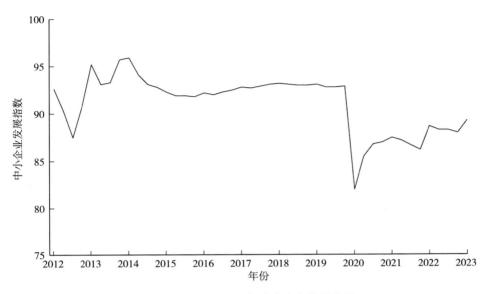

图 7-1　2011—2023 年中小企业发展指数

数据来源：中国中小企业协会。

表 7-1　中小企业融资相关法规政策梳理

时间	文件名称	相关内容
2016 年 12 月	《工业和信息化部关于进一步推进中小企业信息化的指导意见》	大力推动"互联网＋"小微企业创业创新培育行动，发挥大型信息化服务商的辐射带动作用，进一步完善中小企业信息化服务体系
2017 年 4 月	《中国人民银行　工业和信息化部　财政部　商务部　国资委　银监会　外汇局关于印发〈小微企业应收账款融资专项行动工作方案（2017—2019 年）〉的通知》	加强和提高小微企业金融服务水平，推动金融机构和供应链核心企业支持小微企业供应商开展应收账款融资
2018 年 8 月	《中国银保监会办公厅关于进一步做好信贷工作提升服务实体经济质效的通知》	大力发展普惠金融，强化小微企业、"三农"、民营企业等领域金融服务
2020 年 3 月	《关于充分发挥政府性融资担保作用　为小微企业和"三农"主体融资增信的通知》	积极支持小微企业和"三农"主体融资增信，帮助企业复工复产、渡过难关

（续）

时间	文件名称	相关内容
2020 年 5 月	《人民银行 银保监会 发展改革委 工业和信息化部 财政部 市场监管总局 证监会 外汇局关于进一步强化中小微企业金融服务的指导意见》	开展商业银行中小微企业金融服务能力提升专项行动，加强中小微企业信用体系建设、优化地方融资环境、强化组织实施等
2021 年 11 月	《国务院办公厅关于进一步加大对中小企业纾困帮扶力度的通知》	加大纾困资金支持力度，进一步推进减税降费，灵活精准运用多种金融政策工具

二、广东涉农中小微企业发展现状与存在的问题

（一）广东中小微企业发展现状

广东省位处我国东南部地区，自改革开放以来，由于地理、人文社会、经济、政策等诸多优势一直稳当改革开放的排头兵。根据相关统计数据显示，广东全省的地区生产总值在 2021 年已经达到 124 369.67 亿元，突破十万亿元大关。作为全国中小企业重要聚集地，近 5 年来，广东省中小企业数量增长近 1 倍，达 680 多万户，广东经营主体数量占全国总量比重超过十分之一。然而，庞大份额的中小企业及民营经济占全省经济比重为 54.1%，尚低于全国中小企业经济贡献率（60%），中小企业经济潜能仍有待挖掘。从区域看，中小企业主要集中于珠三角地区，而在珠三角中又主要集中分布在深圳、广州、东莞、珠海、佛山等地。2021 年珠三角地区生产总值占全省比重已经达到 80%以上，东翼、西翼、北部生态发展区分别占 6.2%、7.0%、5.9%。可见，广东企业主要分布在珠三角地区，区域经济发展不平衡。

从图 7-2 不难看出，在广东中小企业数量分布中深圳占比高达 38%，占据了全省数量的三分之一以上。在深圳，每千人拥有企业 137 户，创业密度连续多年位居全国大中城市首位。截至 2021 年年底，深圳市中小企业总数达 241 万家，同比增长了 6.5%。

广东省政府及相关部门高度重视农业中小微企业的发展。2022 年发布了《广东省财政厅等 5 部门关于进一步做好全省农业信贷担保工作的通知》，旨在通过农业融资担保有限责任公司来降低农业生产的融资成本。此外，广州市农业农村局也出台了《广州市农业农村局关于印发广州市农业产业化贷款贴息资金管理办法（试行）的通知》，以提高财政资金使用效益，更好发挥政策扶持

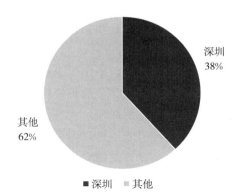

图 7 - 2　广东中小企业分布比例

数据来源：南方新闻网。

作用。在金融支持方面，广东省积极推广"园区管理部门＋配套优惠政策＋入园主体用信"的模式，发放园区贷款 588 亿元，覆盖 6 203 家入园企业。同时，中国农业银行广东省分行通过"惠农 e 贷"等方式，助力乡村振兴，推动数字化转型，加快普惠金融发展。截至 2023 年 6 月末，广东涉农贷款余额达到 1.99 万亿元，同比增长 12.7%。

广东涉农中小微企业作为小农户与大市场的连接纽带，不仅带动了一二三产业的融合发展，保持了产业链供应链的稳定高效，而且还通过广阔的市场拉动消费，支持开拓市场、扩大内需和增加投资，更通过直接融资及保险期货等方式，为"三农"保驾护航，促进了乡村振兴。但由于其经营规模小、抵押物不足、抗风险能力弱等特点，涉农中小微企业往往难以获得传统金融机构的青睐。这种融资困境导致涉农中小微企业难以扩大生产规模、引进先进技术和设备，从而限制了其在农业现代化、农产品深加工及农村产业链延伸等方面的潜力释放。同时，高昂的融资成本也增加了涉农中小微企业的运营负担，压缩了其利润空间，影响了其持续发展的能力。因此，涉农中小微企业融资难、融资贵的问题，不仅制约了企业自身的发展壮大，也阻碍了广东乡村振兴战略的全面实施，成为亟待解决的关键问题。

（二）面临的主要融资供给问题

尽管近年来中小微企业的数量不断增加，但在信息不对称影响下，中小微企业的融资环境仍然不容乐观，企业融资难、融资贵的问题主要聚焦在银行与中小微企业、中小微企业与担保机构、银行与担保机构之间。

1. 银行与中小微企业

中小微企业除了依靠内部资金外，还可以通过外部融资来满足资金需求，其中银行贷款是一种非常便捷和高效的方式。然而，要想实现更加长远的发展，仅仅依靠内部融资是不够的。因此，中小微企业也需要借助外部融资来满足自身的发展需求。然而，由于中小微企业的规模相对较小，银行对企业的了解可能有限，同时银行也会避免潜在的风险，这导致银行提供的贷款资金可能会少于企业的预期，甚至有些银行可能不愿意提供贷款，从而给中小微企业的融资带来困难。由于涉农中小微企业通常规模较小、经营分散、财务管理不规范，导致银行在评估其信用状况和还款能力时面临巨大挑战。银行难以全面、准确地获取企业的经营数据、财务状况及市场前景等信息，从而增加了信贷风险，使得银行在放贷时更加谨慎，甚至产生"惜贷"现象。

2. 中小微企业与担保机构

要想从银行获得满足发展需求的大量资金，中小微企业在贷款之前需要寻求担保机构的支持和担保。然而，大部分担保机构对于中小微企业来说，担保门槛较高，而且担保费用也相对较高，这使得中小微企业难以承担。且多数涉农中小微企业无法获得足够的担保权限，从而难以筹集到所需的资金。

3. 银行和担保机构

担保机构是连接银行和中小微企业的桥梁，它与银行签订合作协议，在协议中承担担保责任并留存一定数额的保证金。为了维持这个利益链的运转，担保机构会从涉农中小微企业那里获得担保费用。然而，由于多数涉农中小微企业的风险承受能力较低，融资过程中的风险系数也很高，担保机构在面临逆向选择时有承担连带责任的风险。

（三）相关理论基础

1. 信息不对称理论

信息不对称理论认为在经济活动中，每个行为人都没有掌握完全的信息，因此行为人决策面临极大的不确定性。在交易过程中，为了减少交易双方的信息不对称，拥有较少信息的一方试图从拥有信息较多的一方获取信息，拥有信息较多的一方会向拥有信息较少的一方传递信息。企业普遍面临着不同程度的信息不对称问题，信息充足的企业往往通过向信息缺乏的企业传递信息来获得超额收益；信息缺乏的企业为了获取对自己有用的信息要付出一定的代价。信息不对称必然导致市场效率低下，资源配置不合理。信息不对称会产生出两类代理问题：事前信息不对称导致的逆向选择和事后信息不对称导致的道德风险。逆向选择是指信息优势方会在交易发生前隐瞒对自身不利的信息；道德风险是指信息优势方会在交易发生后隐瞒对另一方不利的信息。

2. 数据要素理论

数据作为市场经济高速发展中的新型关键生产要素，对我国经济转型产生深远影响，是数字经济时代提升数据资源价值的重要保障，是国家创新驱动发展的重要内容。当前，我国数据要素价值的有效发挥，还存在着三大难题：一是数据资产属性和知识产权难以确定；二是数据资产的评估定价机制难以建立；三是数据交易安全和个人隐私保护难以保障。通过构建"中小融"平台，促进公共信用数据、人行征信数据、市场信用数据高效融合，拓宽信用大数据应用场景，激发企业信用数据市场活力，探索市场化确权定价机制，加快推进信用数据资源化、资产化进程，率先为数据要素市场化开辟一条道路。

3. 优序融资理论

1984 年，美国金融学家迈尔斯与智利学者迈勒夫提出优序融资理论。该理论以信息不对称理论为基础，并考虑了交易成本的存在。他们认为，公司为新项目融资时，将优先考虑使用内部的盈余，其次采用债券融资，最后才考虑股权融资。即遵循内部融资、外部债权融资、外部股权融资的顺序。

我国中小企业融资存在着一种"强制优序融资"的现象。虽然中小企业融资次序选择与优序融资理论基本吻合，但其融资偏好的初衷与优序融资理论存在偏差，是一种被动选择。这种现象的存在具体体现了我国中小企业融资难的问题，从某种意义上说是市场失灵的一种表现，也被称为"麦克米伦缺口"现象。市场失灵主要体现为信贷市场和资本市场的失灵。我国当前的金融结构主要以国有商业银行为主，金融机构层级单一，导致中小企业主要依赖银行信贷融资，然而银行往往不愿意给予高风险的中小企业信贷支持。此外，由于缺乏融资抵押和担保，中小企业融资难度大、融资成本高的问题一直没有得到解决。从我国资本市场的构成来看，我们仍缺乏为中小企业提供投融资服务的完整资本市场体系。我国的资本市场在制度设计和运行效率等方面与发达国家存在较大差距。股票上市等融资方式的条件较高，一般中小企业很难实现上市。要真正解决中小企业融资市场失灵的问题，必须充分发挥政府的支持和引导作用。

(四) 涉农中小企业融资受阻的机理分析

一是委托代理问题。在信贷市场中，代理问题主要体现在以下两个方面：一方面是小微企业在向银行借款之前，为了获得充足的资金以满足自身生存发展的需要，它会向银行隐瞒对自身不利的坏消息，将信息进行加工后再予以披露。银行由于缺乏关于小微企业偿债能力的真实信息，通常提高借款成本或者降低企业的借款额度，此时中小微企业由于无法贷到充足的资金往往会面临融资约束和投资不足问题。另一方面是企业获得银行借款之后，企业可能投资于净现值为负的项目或者借入新债，这些行为会降低企业未来偿债能力从而损害银行的利益。由于银行无法获得企业投资活动的相关信息和对企业借入资金用途进行有效监督，银行为了降低风险也会提高借款成本，增加各种限制性条约，这会导致企业无法借入足够资金而面临融资约束问题。通过以上分析，银行与企业之间的信息不对称问题的严重性导致企业的借款成本增加，无法借入充足的资金，使企业面临融资约束和投资不足等问题。

二是逆向选择。在中小企业向银行申请贷款时，银行与企业之间存在信息不对称的情况。其中银行处于信息劣势方，而企业则处于信息优势方。国有银行在放贷过程中无法准确评估中小企业的真实情况，因为中小企业无法像大企业那样公开准确的财务信息。由于银行在放贷过程中面临较大风险，为了弥补这种风险，银行会要求中小企业提供较大比例的抵押物并收取较高利率。这会导致那些风险较小、收益较稳定的中小企业因为成本过高而不愿意贷款，从而退出信贷市场。而那些风险较高、收益不稳定的企业则会留在信贷市场上。收益不稳定且风险较大的企业会驱逐收益稳定、风险较小的企业，增加银行的放贷风险。这种情况在信贷市场上形成了逆向选择。

三是数字鸿沟。数字鸿沟又称为信息鸿沟，即"信息富有者和信息贫困者之间的鸿沟"，是指在全球数字化进程中，不同国家、地区、行业、企业、社区之间，由于对信息、网络技术的拥有程度、应用程度以及创新能力的差别而造成的信息落差及贫富进一步两极分化的趋势。数字鸿沟的存在，首先，会阻碍弱势群体获取正常的金融服务，降低小微企业对金融服务的获得感。小微企业的数字转型、智能升级和融合创新的能力相对较弱，数据要素和算法模型开发的投入也往往不足，可使用的数字化工具非常有限，因此无法像那些数字化资源储备充足、经营管理数字化程度高的大中型企业一样通过数字金融服务获得"数字红利"。其次，数字鸿沟会增大区域之间的数字金融服务差距。由于数字技术基础设施、信息资源和产业应用的差异，数字金融在不同区域往往表现出不均衡状态，从而会使得东部地区作为金融中心对周边资金的"虹吸效应"被进一步固化，而农村和城市金融之间同样也存在着数字鸿沟。最后，金融"数字鸿沟"可能会进一步巩固技术领先金融机构的市场地位，客观上为这些机构提供了利用市场支配地位去实施垄断行为的机会。此外，可能会通过算法歧视部分消费者并滥用金融交易过程中的数据，从而加大了金融数据的安全风险。

三、深圳市地方征信平台助力中小微涉农企业融资案例

（一）深圳市地方征信平台简介

长期以来，信息不对称是制约普惠金融发展的重要障碍。前海积极引入深圳市地方征信平台（下文简称征信平台），2022年1月10日，征信平台运营主体"深圳征信服务有限公司"顺利完成企业征信机构备案，正式上线对外运营。征信平台依托"政府＋市场"双轮驱动运营模式，充分打通在各个政府部门沉淀的涉企数据，解决数据孤岛问题，构建数据归集与治理的长效管理机制，形成品类丰富的征信产品，为前海乃至深圳市中小微企业提供便捷高效创新的融资渠道，注入"金融活水"。截至2023年4月，征信平台已归集覆盖深圳市400余万家商事主体信用数据10.7亿条。推出征信产品33款，服务银行及金融机构48家，产品调用量超1 800万次，服务企业超13万家，助力企业获得融资超1 006亿元。其中87％投放给小微企业，82％为信用贷款，小微企业获得信用贷款比例为77％。

（二）深圳市地方征信平台产生的背景

2020年，央行提出要推动地方征信平台建设，完善"全国＋地方"双层发展体系。此外，2019年发布的《中共中央　国务院关于支持深圳建设中国特色社会主义先行示范区的意见》中提出了"率先构建统一的社会信用平台"的具体要求。

而目前数据共享等基础设施存在统筹建设不足和市场化发展滞后两大难题。一方面，虽然有小部分地区通过搭建数据共享平台，有效解决了政府部门数据归集、共享和应用的问题；但在大部分地区，政府部门数据开放意识不足，数据开放的制度、规则、标准欠缺，导致数据封闭在各政府部门内部。另一方面，共享平台大多采用公共事业单位形式运作，数据归集能力强，而数据分析、应用能力弱，缺乏市场化思维，平台作用得不到体现。商业银行整体数字化经营能力不强，数字化更多停留在操作层面，没有在建立有效生态环境、搭建数字化场景、扩展使用用户方面实现有效突破。

长期以来，许多中小微企业没有信贷类征信信息，被称为"征信准白户"或者"征信白户"。这些企业在央行系统和市场化机构无法查询到相关数据。

它们一般在地方进行注册、经营、融资和信息交流，因此地方政府部门和公共事业单位所掌握的涉企信用数据成为重要的"替代数据"，这可以有效填补信贷类征信信息空白。通过这些地方数据，金融机构可以更准确地评估中小微企业的信用状况，为其提供合适的信贷支持。这种方式不仅可以促进中小微企业发展，也有助于地方经济的繁荣。

之前，银行由于缺乏中小微企业数据，不能贷、不敢贷，逐个向数据源单位寻求支持，搜寻成本较高，对接效率较低。而且在某些情况下，一些企业的数据并没有经过加工处理，这样的数据对银行来说是无法使用的。让银行花费大量的成本和专门提升技术去处理这些积累的不完善数据给银行信息处理带来了很大压力。因此，有必要建立一个专门的征信公司来负责数据治理和提炼工作。征信公司会专注于对企业数据进行加工和整理，使其变得更加有用和可靠。银行可以选择与征信公司合作，从中获取经过处理的数据，以便更好地进行风险评估和信贷决策。这样的合作可以在一定程度上减轻银行的工作负担，同时提高数据的质量和准确性。通过建立专业化的征信平台，银行可以更有效地利用数据资源，提升风控水平，为客户提供更好的金融服务。

（三）深圳市地方征信平台的运行模式

为显著提升数据归集共享的精准性和有效性，深圳确定了从需求出发推进数据归集共享的工作思路，即所有的数据需求都是基于对商业银行的全面调研而提出的。在平台启动建设之初，深圳就选取了国有银行、股份制银行、城商行、农商行、互联网银行、村镇银行等不同类型的银行参与其中，并调研了2 210家银行中小微企业客户的融资需求，使得平台功能在设计时更加注重解决中小微企业快捷融资问题。

在调查中发现，多家银行对社保接口需求比较大，有些还提出需要审计财报、近五年纳税情况、企业开票信息等多项政务数据。而中小微企业和个体经营者的规模较小、透明度相对较低，他们的金融数据并没有完备地被记录和公开；再者，银行在提供融资服务时，需要对客户进行风险评估和贷款授信，但为了遵守相关法律法规和保护客户隐私，银行无法在所有情况下获取完整必要的数据。这就导致了银行在放贷过程中面临较大风险，为了弥补这种风险，银行会要求中小企业提供较大比例的抵押物并向他们收取较高利率。

深圳亿思腾达集成股份有限公司是一家主营芯片分销的公司，因为上下游的账期差异，所以公司对资金有比较大的需求。该公司之前在申请贷款时，主要遇到的问题有三个：一是贷款需要一定的抵质押品；二是申请流程不方便，需要线下提交资料；三是用款期限不够灵活，很难随借随还。深圳征信平台利用区块链技术分析和溯源供应链上的数据和交易记录，评估企业的经营状况和信用历史，准确地评估中小企业的信用风险，为商业银行提供更准确的信用评估依据。银行使用了深圳征信平台提供的企业数据，得以快速核实企业高新资质等信息，进一步提升了银行向企业发放贷款的效率。

据了解，目前深圳已建立数据归集共享标准和更新频率的相关机制。在全面归集共享地方政府部门、公共事业单位和地方金融组织掌握的涉企信用数据的过程中，深圳征信服务有限公司同步开展数据治理，结合银行使用中发现的问题，汇总形成清单后反馈至数据管理部门。数据管理部门督导相关数据源单位查找原因并解决问题，这一过程已形成常态化数据管理机制。在此过程中，地方征信平台实现了数据实时可用、质量可靠，数据管理部门也通过发现问题解决问题提升了政务数据质量。深圳征信平台运行模式如图7-3所示。

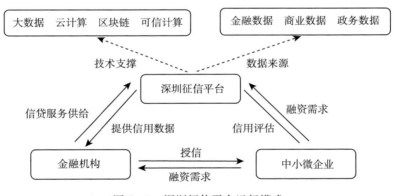

图7-3 深圳征信平台运行模式

深圳征信平台自上线运行以来，截至2023年4月，已完成37个政府部门和公共事业单位超10亿条涉企信用数据的归集与治理，实现深圳400万活跃商事主体全覆盖，推出企业信息统计报告、企业全息画像、企业人员规模分析等33款征信产品，产品累计调用量超1 800万次，涉及企业超260万家，助力金融机构解决各类企业融资需求近7万笔，累计促成企业获得融资突破1 000亿元，其中88%为普惠小微贷款，78%为普惠小微信用贷款，普惠效应显著。

（四）深圳征信平台促进中小企业融资的优点

一是实用性强、体验感好。数据归集坚持实用、够用、最小化原则。深圳市中心支行通过一系列举措，摸清了地方征信数据需求底数，提升了数据归集精准性和有效性。组织对辖内 77 家银行进行地方征信数据源需求全面调研，整理出涉及 45 个数源单位、286 项银行数据需求清单，并根据银行普惠金融需求迫切程度，进行了优先级排序，从根本上解决了数据的可用性和归集的针对性问题。面向中小微企业发放调查问卷 5 658 份，深入了解中小微企业融资情况及其对深圳征信服务有限公司的功能需求。组织 48 家测试银行对地方金融组织信用信息及数据需求开展全方位调查，为深圳市建立地方金融组织数据归集、共享和动态更新的激励相容机制提供决策参考。

二是数据安全有保障。深圳征信服务有限公司的数据存储在深圳市政务云平台上，由市政数局进行统一管理和控制。为了保障数据的安全，公司采用了数据分级分类管理的方式。通过这种方式，数据的安全性从根本上得到了保障。同时，为了进一步确保数据的安全，深圳征信服务有限公司严格授权使用数据，并采用了加密传输敏感数据措施。此外，公司的系统已经通过了信息安全等级保护三级测评，从而进一步提高了数据安全的可控性。

三是科技赋能效果强。依托政府大数据资源，深圳征信服务有限公司在建设过程中充分应用了大数据、云计算、区块链等新技术，定位打造高质量的地方金融基础设施。参与测试银行已根据深圳征信服务有限公司归集的数据资源，联合开发定制化产品，并嵌入银行核心系统，预期未来可实现全程线上批量放款。

四是地方金融数据共享。目前，深圳征信服务有限公司已陆续纳入部分地方金融组织掌握的企业客户信用信息。随着深圳征信服务有限公司建设不断深入、完善，根据激励相容的原则，未来将分步实现符合条件的地方金融组织信用数据的共建共享。

四、数字化征信平台赋能乡村振兴融资供给的成效与启示

（一）成效

商户抵质押物不足、基础信息数据缺乏是我国中小企业和个体工商户长期面临融资难、融资贵等问题的主要原因。而银行由于缺乏中小微企业数据，不能贷、不敢贷，逐个向数据源单位寻求支持，搜寻成本较高，对接效率较低。如今深圳征信平台的建立有效解决了银行与小微企业间的信息不对称问题。通过建立信用信息数据库、引入大数据和人工智能技术、优化信用评估模型和提供信用报告服务，该平台提高了金融服务的准确性和效率，为银行和中小微企

业提供了更好的金融支持。该平台的创新点可以总结成三点：一是优化了银行授信评估方式。深圳征信平台通过挖掘涉企信用数据价值，丰富企业画像，优化银行授信评估方式，有效提升银行审批效率，做到"秒批秒贷、即贷即用"。目前已将征信数据产品嵌入银行风控流程，推出 20 余款征信产品，改善了商业银行授信评估以抵押担保资产等传统征信要素为主的局面，使金融机构面向中小微企业更加敢贷、能贷。二是精准匹配供给需求，提高匹配效率。征信平台与深 i 企、深金服、信易贷等各类服务平台开展联合运营，深入触达 200 多万家活跃商事主体，改变目前企业寻找金融机构的传统融资模式，主动匹配金融机构与企业融资需求，提升融资服务确定性。三是从服务金融领域逐步拓展到助力社会治理。深圳征信平台通过推动信用信息服务于社会治理、公共服务等场景，打造了"信用＋科创补贴""信用＋破产事务办理""福田信福分"等一系列"信用＋"服务项目，助力社会信用体系建设，利用"信用＋"赋能公共服务，实现反哺社会治理的目标。

截至 2023 年 5 月底，针对中小微企业长期面临的信贷类征信信息缺失问题，深圳征信平台已成功接入该市 37 家政府部门和公共事业单位的 293 张数据表，累计数据资产总量达 11 亿条，全面覆盖了深圳 406 万商事主体的数据维度，实现了对分散在产业链各经营主体和产业平台中的农产品生产、交易、流通信息的有效整合，降低了数据收集难度，提高了效率，为金融机构提供了全面了解客户和判断风险的依据。针对新业态下交易数据集中且壁垒较高的问题，平台重点攻克了社保、公积金、不动产等核心政务数据的整合难题，并引入了 18 家商业数据源，构建了七大征信主题数据库，基本满足了金融征信领域的数据需求，这有助于金融机构获取并使用相关数据，降低数据壁垒，促进金融资源向实体经济的有效配置。依托数据归集与治理的显著成果，深圳征信平台紧密围绕银行需求，研发了 30 余款数据产品，并向所有银行开放使用。截至 2023 年 6 月，已有 51 家合作银行接入该平台，其中11 家银行实现了专线直连，累计产品调用量超过 2 000 万次，有效促成企业融资总额超过 1 200 亿元，其中小微企业所获融资占比高达 87％。同时平台通过归集和治理数据为农村地区经营主体（如普通农户、种养大户、家庭农场、农民专业合作社等）建立了更为完善的信用档案，弥补了传统征信体系中这部分群体的信用信息缺失，提升了农村地区信用体系的覆盖度和有效性。

深圳征信平台通过提供全面的征信服务，有效解决了乡村振兴过程中面临的信息不对称、数据壁垒高、信用体系落后等关键问题，依托平台提供的数据产品和服务，金融机构能够更准确地评估农业项目的风险，从而更有信心地向农业领域投放贷款。为农村地区经济发展和金融服务创新提供了有力支持。

（二）启示

深圳征信平台的建立对乡村振兴具有重要的启示意义。首先，随着数字全球化的发展，信息化建设逐渐被视为乡村振兴的关键要素。通过建立地方征信平台，深圳成功实现了对产业链各经营主体和产业平台中分散信息的有效整合与归集，显著提升了信息的利用效率。这一实践表明，在乡村振兴进程中，加强信息化建设，打造类似的地方征信平台，对于提高农村地区的信息透明度、促进资源优化配置具有至关重要的作用。

其次，深圳征信平台的运行成效揭示了数据共享与开放是推动乡村振兴的重要趋势。该平台通过实现政府部门、公共事业单位和商业数据源之间的数据互通，有效降低了数据壁垒，促进了数据资源的充分利用。这一经验表明，在乡村振兴过程中，积极推动数据共享机制的建立，打破信息孤岛，促进数据资源的跨部门、跨领域流动与整合，能够为农村地区的经济社会发展提供有力支撑。

再次，深圳征信平台在完善农村信用体系方面所取得的成效，为乡村振兴提供了重要的基础保障。该平台通过归集和治理数据，为农村地区经营主体建立了详尽的信用档案，有效弥补了传统征信体系中这部分群体的信用信息缺失。平台为金融机构提供了全面了解客户和判断风险的依据，降低了金融机构的服务门槛，推动了金融产品和服务在农村地区的创新与发展。这一经验表明，在乡村振兴过程中，应积极推动金融服务的创新，为农村地区提供更多元化、更贴近实际的金融产品和服务，以满足农村地区多样化的金融需求。

最后，深圳征信平台的建立得到了政府部门的支持和引导，凸显了政策在推动乡村振兴中的重要作用。政府通过制定相关政策，引导和支持地方征信平台的建设和发展，为乡村振兴提供了良好的政策环境。在乡村振兴进程中，政府应积极发挥政策引导和支持作用，为地方征信平台等基础设施建设提供有力的政策保障。

与全国征信平台相比，深圳征信平台作为地方性征信平台在服务企业时更具特点。地方征信平台的服务范围通常是一个地区或一个市场，例如某个省份或某个城市。深圳征信平台目前就主要服务于广东地区的中小企业，这使得地方征信平台可以更加深入地了解和服务当地的金融市场，更准确地评估当地企业和个人的信用情况。同时，在小区域中地方征信平台更容易获得多维度数据。深圳征信平台汇集了多种数据源，包括金融机构的信贷数据、企业经营数据、个人征信数据等。通过综合分析这些数据，地方征信平台可以为金融机构提供更全面的信用评估，降低信用风险。

总之，地方征信平台的出现，对金融行业和社会经济发展都有积极的影响。它可以提高金融机构的信用决策能力，降低信用风险；同时也能够促进企业和个人的信用建设，为他们提供更好的融资和服务机会。随着技术的不断发展，地方征信平台将在信用信息共享和信用服务创新方面发挥更加重要的作用。

第二节　银行数字化转型赋能普惠金融供给质效提升——以广东数字工行为例

近年来，国家对普惠金融的要求不断提高，各大商业银行纷纷积极响应，并通过金融科技降低风险，不仅使得贷款余额增加、利率下降，同时还实现了贷款的不良率下降、银行风险成本的降低。从国际比较的视角来看，我国的小微企业融资形势乐观，贷款余额上升迅速，一些贷款指标也在世界前列。但在普惠金融政策的实施过程中，仍存在一些问题。例如，我国普惠金融仍然存在供给侧失衡以及供给规模不足的问题，这些问题仍会造成中小企业融资陷入困境。

与此同时，以云计算、大数据、移动互联网、人工智能为代表的数字技术不断取得新的突破，互联网金融服务迅速崛起，商业银行转型发展是当务之急，而数字普惠金融为商业银行在拓展市场、转型发展中提供了新的思路。近年来，政府出台不少鼓励小微金融与普惠金融的政策，各商业银行分别从政策、机构、人员、技术等多方面予以调整应对，以求更好地开展普惠金融业务。相较中小银行，大型银行更具规模优势，其人员机制完善、资金实力雄厚、技术手段更先进。然而，大型银行的人工与管理成本较高，尤其是大型国有银行在开展普惠金融业务需更注重社会效益时，商业效益相对较弱。而来自非银行金融机构，包括保险、信托、融资租赁、商业保理等的便捷、微小、期限灵活的资金，也是人们生产生活中的重要保障，将其纳入普惠金融服务体系，有利于不同类型金融服务发挥比较优势，形成多元化、包容性的金融服务生态体系。

　　基于以上分析，本节将以中国工商银行广东省分行（下文称工行广东分行）数字化转型为例分析数字技术助力提升普惠金融供给质效的机制。本节的结构安排如下：首先，剖析我国小微企业的发展现状以及普惠金融供给存在的问题；其次，以广东数字工行为例分析数字技术助力普惠金融供给质效；最后，总结成效与启示。

一、我国小微企业金融供给的相关政策梳理

　　2020 年国务院金融稳定发展委员会召开的第二十八次会议，再次聚焦中小银行发展问题。会议提出，必须把改革和发展有机结合起来，立足服务基层和中小微企业，在充实资本的同时，解决好中小银行在业务定位、公司治理、信贷成本等方面的突出问题，推动治理结构与业务发展良性循环。我国中小银行有 4 000 多家，在银行体系中家数占比为 99％，数量众多、分布广泛。此次金融会议强调，中小银行对服务实体经济和中小微企业具有重要意义。中小银行不仅是我国银行体系的重要组成部分，而且它们扎根基层，天生具有普惠性质，在服务基层居民、中小微企业、个体工商户等领域发挥不可或缺的作用。

　　2021 年发布的《中国人民银行印发〈关于深入开展中小微企业金融服务能力提升工程的通知〉》，（下文称《通知》）从大力推动中小微企业融资增量扩面提质增效、持续优化银行内部政策安排、充分运用科技手段、切实提升贷款定价能力、着力完善融资服务和配套机制等方面，对提升中小微企业金融服务能力提出具体要求。《通知》要求，加大对中小微企业的信贷投放，优化对个体工商户的信贷产品服务，扩大普惠金融服务覆盖面。银行业金融机构要加大普惠金融科技投入，创新特色信贷产品，开发并持续完善无还本续贷、随借随还等贷款产品，提升用款便利度，降低中小微企业融资的综合财务成本。依托人民银行征信中心应收账款融资服务平台，为供应链上下游中小微企业提供融资支持。

　　《中国银保监会办公厅关于 2022 年进一步强化金融支持小微企业发展工作的通知》中指出，要加强和深化小微企业金融服务，支持小微企业纾困恢复和高质量发展，稳定宏观经济大盘。巩固和完善差异化定位、有序竞争的金融供给格局。进一步提升金融服务的质量和效率，扩展服务覆盖面。稳步增加银行业对小微企业的信贷供给，优化信贷结构，促进综合融资成本合理下降。同时

要完善多层次的小微企业信贷供给体系。大型银行、股份制银行要进一步健全普惠金融事业部的专门机制，保持久久为功服务小微企业的战略定力，发挥网点、技术、人才、信息系统等优势，下沉服务重心，更好地服务小微企业，拓展首贷户。

2022年发布的《中国银保监会办公厅关于银行业保险业数字化转型的指导意见》明确要求，银行保险机构董事会要加强顶层设计和统筹规划，围绕服务实体经济目标和国家重大战略部署，科学制定和实施数字化转型战略，将其纳入机构整体战略规划，明确分阶段实施目标，长期投入、持续推进。

一系列政策均说明我国高度重视小微企业的发展，并致力于优化中小企业的发展环境。政府采取以上的一系列措施，都是为了提供更好的政策支持和服务，促进中小企业的繁荣。国有银行作为我国银行体系的支撑以及普惠金融的主要供给方，运用金融科技进行数字化转型以更好地服务小微企业迫在眉睫。

二、中小微企业普惠金融供给的相关理论与现存问题

（一）普惠金融供给的相关理论基础

1. 信息不对称理论

信息不对称理论是由美国经济学家斯蒂格利茨、阿克尔洛夫和斯彭斯正式提出的。该理论认为，市场中卖方比买方拥有更多关于商品的各种信息，掌握更多信息的一方可以通过向信息匮乏一方传递可靠信息从而在市场中获益；交易中拥有信息较少的一方会努力从另一方获取信息；信号显示在一定程度上可以弥补信息不对称的问题；信息不对称是市场经济的弊端，要想减少信息不对称对经济产生的危害，政府应在市场体系中发挥强有力的作用。

小微企业规模较小，各个小微企业之间差异较大，银行在借贷之前一般通过该企业平时的财务状况以及过往还款能力来评估该企业的借贷信用等级。因为中小微企业多数没有以往的借贷历史，信用记录未记录纳入银行征信体系，所以银行普遍通过统计每个贷款群体的平均还款能力来判断这类贷款群体的信用水平程度。我国小型企业的不良借贷记录高过其他大型、中型企业的不良借贷记录，这也是造成银行在对小微企业借贷时有惜贷慎贷现象的原因之一。

当企业得到贷款后，有些企业很可能违背当初许下的低风险投资的承诺反而转向高风险的产品进行投资，甚至有些企业贷款后将经营行为刻意隐瞒或伪

造，导致道德风险。但当银行发现此类现象后可能会减少甚至取消对该类企业日后的贷款。

2. 金融抑制论

美国经济学家格利和爱德华·肖（Edward S. Shaw）认为经济的发展是金融发展的前提和基础，而金融的发展是经济发展的动力和手段。罗纳德·I. 麦金农和肖在批判传统货币理论和凯恩斯主义的基础上，论证了金融发展与经济发展相互制约、相互促进的辩证关系。他们根据发展中国家的实际情况提出了金融抑制理论。其理论核心是每个发展中国家的国内资本市场以及货币政策和财政政策是如何影响该市场运作的，把实际货币余额和物质资本的关系视作是互补的，即实际货币余额的增加将导致投资和总产出的增加。低的或负的实际存贷款利率使实际货币余额很低，为了使政策对货币体系的实际规模有实质性的影响，私人部门对实际存贷款利率的反应必须是敏感的。

世界各国都存在不同程度的"麦克米伦缺口"问题。小企业即使可以提供担保，也难以获得商业银行的信贷资金，在小企业的资金需求和银行的贷款供给之间存在一个很大的缺口，即"麦克米伦缺口"。Mckinnon 发现了在发展中国家这种缺口尤为明显的现象。在发展中国家，市场机制通常不够完善，大多数发展中国家政府把廉价的信贷资金通过正规的金融体系分配给政府希望优先发展的部门。这导致很大一部分企业无法从正规的金融系统获取融资，这部分企业只能依赖内部融资或从非正规途径的民间金融市场获取外源性融资，人们把这种现象叫作"金融压抑"。

（二）普惠金融供给的现存问题

图 7-4 为 2015—2022 年中国普惠金融供给指数和可得指数变化，虽然从 2015 年到 2022 年两者均保持着上涨的趋势，但可以明显看出两个指数在 2020 年一整年的变化趋势最为明显，考虑到新冠疫情影响，经济疲软国家出台多个政策以加大金融供给，这在一定程度上造成了这种变化，而其他年份的变化都较为平缓，说明普惠金融供给仍然存在一定的问题，可以总结如下。

1. 资金供给不足

普惠金融的主要目标是为中小微企业和个体工商户等融资需求较为弱势的群体提供服务。这些群体通常面临融资难、融资贵的问题，因为传统金融机构更倾向于与大中型企业合作，而对于小微企业来说，获得足够的融资支持变得十分困难。而且传统金融机构对风险较高的小微企业也持有审慎态度。由于这

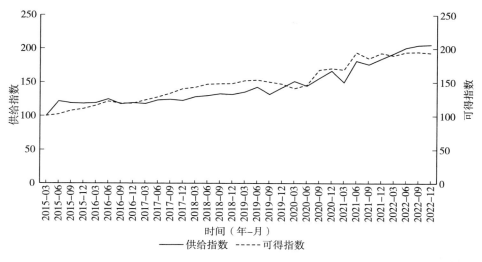

图 7-4　2015—2022 年中国普惠金融供给指数和可得指数变化

数据来源：国泰安数据库。

些企业的规模较小、经营历史相对短暂，以及缺乏较大的资产负债表和稳定的现金流，金融机构往往会对它们的贷款申请持谨慎态度。这可能导致中小微企业面临资金短缺的问题，限制了它们的发展和成长。

2. 信息不对称导致的道德风险

金融市场上的道德风险是指借款者取得贷款后，可能改变原来在签订借贷合约时的承诺条件，从事高风险投资或者故意逃废债务，导致贷款无法归还，使金融机构承担更多的贷款损失风险。由于作为资金需求方的中小企业比作为资金供给方的金融机构拥有更多的有关企业经营、项目投资以及还款意愿方面的信息，从而使得金融机构面临来自中小企业道德方面的风险。由于信息不对称导致的道德风险，降低了中小企业归还贷款的可能性，使得金融机构可能采取要么减少向中小企业贷款，以降低道德风险，这便导致了中小企业信贷市场的萎缩；要么提高贷款门槛，加强对中小企业的信贷评估和管理，以减少信息不对称导致的道德风险给金融机构带来的风险损失。

从目前实际情况看，一方面，金融机构通过考察能显示中小企业的发展前景的现金流、利润率和还款计划等指标，来决定是否向中小企业贷款；另一方面，要求申请贷款的中小企业提供相应价值的抵押品。然而，我国中小企业由于整体信用水平较低，即使能按照金融机构的要求提供相应的现金流、利润率和还款计划等资料，也难以令金融机构信服，因为金融机构所拥有的有关中小微企业经营状况、项目投资以及还款意愿信息不完全，加之监督成本较高，基于安全性和盈利性的考虑，金融机构不敢轻易向中小企业贷款。与此同时，中小微企业也难以拿出令金融机构满意的抵押担保物，金融机构也不会给中小微企业贷款。可见，信息不对称导致的道德风险，加剧了中小微企业的融资难度。

3. 金融服务覆盖不全面

中国的中小微企业遍布全国各地，其中许多企业位于偏远地区或农村地带。然而，金融机构的服务网络并没有完全覆盖到这些地区，这导致这些企业在获得必要的金融支持和服务方面面临困难。这种覆盖不全面的情况，限制了中小微企业发展的潜力，并且使得他们在经营过程中面临更大的不确定性。如果金融服务能够更加广泛地覆盖到这些地区，那么中小微企业将能够更好地获得贷款、投资和其他金融支持，进而推动地方经济的发展。因此，加强金融服务的覆盖范围，对于促进中小微企业的可持续发展以及实现区域经济的全面繁荣具有重要意义。

4. 利率相对高昂

利率相对高昂是因为传统金融机构在向中小微企业提供融资时存在较高的风险和成本。由于这些机构需要承担较大的风险，所以他们往往会收取较高的利率。这使得中小企业在融资过程中承受了较大的负担，增加了他们的融资成本。为了解决这个问题，一些新兴的金融科技公司提供了更加灵活和低成本的融资方式。这些公司利用大数据和人工智能技术，通过评估企业的信用风险和还款能力，为中小微企业提供了更加合理和适应性强的利率。这种新型的融资方式有效降低了中小微企业的融资成本，为他们提供了更多的发展机会。

5. 缺乏定制化的金融产品和服务

中小微企业的融资需求非常丰富多样，然而，他们往往面临一个难题，那就是很难找到适合他们需求的金融产品和服务。传统金融机构在产品创新和个性化服务方面存在一些不足之处。这些机构通常只提供一些传统的融资方式，缺乏灵活性和多样性，无法满足中小微企业的特殊需求。同时，由于中小微企业规模相对较小，传统金融机构往往将他们的需求放在次要位置，无法给予足够的关注和支持。因此，中小微企业需要寻找更多的选择，以满足他们的多样化融资需求（图7-5）。

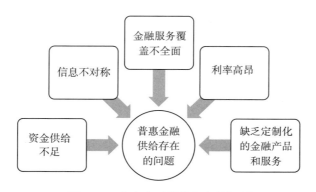

图 7-5 普惠金融供给存在的问题

三、工行广东分行数字化转型与普惠金融供给改革

银企信息不对称是造成小微企业融资难、融资贵的重要原因。有些小微企业主要因为办理银行贷款业务存在"手续繁、流程长"等问题，而选择非正规融资方式，不仅增加了融资成本，自身权益也难以得到保障。因此，信息获取与整合运用是推进数字普惠、落实风险防控的关键点。工商银行一直深耕金融科技领域，在行业处于领先水平。同时依托工行集团优势，工行广东分行在数字科技领域享有强大的技术支持。工行广东分行立足实际，积极整合企业结算、资产、交易和行为等多维数据，打破"信息孤岛"，缓解银企信息不对称，将多维数据转换为普惠金融的"源头活水"，满足小微客户多样化的融资需求。同时，通过积极扩充金融信用信息基础数据库的接入机构，降低普惠金融服务对象的征信成本。

2018 年以来，工行广东分行通过搭建普惠金融场景化应用系统，加强与政府、监管、司法、税务、海关或第三方公司等行内外信息系统的互联互通，多方交叉验证数据，创新多场景的普惠线上贷款产品，持续扩大普惠金融服务覆盖面。例如，该行通过广东省税务局"银税互动平台"对接税务数据，创新税务贷线上融资产品；与人民银行的"中征应收账款融资服务平台"、广东省财政厅的"广东政府采购智慧云平台"等系统对接，推广政府采购场景下的"政采贷"；联合南方电网，基于企业用电、税务、结算等多维度数据，推出"电力快贷"产品，助力小微企业纾困解难；与海关总署（国家口岸管理办公室）合作，通过国际贸易单一窗口，运用大数据技术创新"跨境贷"产品，服务进出口小微企业。

此外，在以数字化转型促进工行普惠金融供给过程中，还特别注重风险把控，工行广东分行始终坚持业务发展与风险控制两手抓，资产质量一直保持优良稳定。一方面，在线下的贷前调查和贷后管理中，不仅要求分支机构、客户经理实地深入了解企业和股东本身，更要求将企业所在的地区经济、专业市场、产业集群、上下游核心大型企业等数据信息联系起来统筹规划，针对性地制定风险防控措施。另一方面，该行充分融合金融专业优势和科技优势，依托行内外大数据，结合客户结算、资产、税收、交易链条以及政府支持平台等多维数据构建模型，在目标客户精准定位、多场景引流客户的同时，实现数据交叉验证，全面提升风险防范能力。

（一）广东数字工行助力普惠金融供给的主要产品

工行广东分行一直致力于服务实体经济，并将工作重点放在这方面。为了实现这一目标，分行持续积极探索新技术的引入、吸收和融合，其中包括机器人新技术的运用。通过利用机器人新技术，工行广东分行打造了高效的服务新场景，为宏观经济的统筹部署、服务实体经济以及普惠民生等注入了强劲的动能。

小微企业是国民经济的"毛细血管"，是推动经济发展的重要力量，同时亦因其规模小而极具脆弱性。帮扶小微企业纾困解难，助力实体经济爬坡过坎，金融服务需找准着力点，精准切入市场主体痛点、难点。2022年以来，工行广东分行制定了全行普惠专项经营计划，核定普惠贷款专项规模，保障普惠贷款优先投放，足额满足小微企业的融资需求。截至2022年3月末，工行广东分行普惠贷款客户超10万户，贷款余额超1 700亿元，较年初增长12.3％，全面实现银保监"两增两控"的考核要求。

1. 税务贷产品

税务贷是工行广东分行基于广东省税务局"银税互动平台"的税务数据对接推出的一款线上小额信用贷款产品，其主要优势在于解决中小企业融资门槛高的问题。

首先，税务贷是基于企业纳税相关数据来评估企业信用的，这意味着企业只需依法纳税并保持良好的信用记录，就能够办理税务贷款。相对于传统贷款方式，税务贷不需要额外的抵押物或担保，降低了中小企业融资的门槛，使更多企业能够获得资金支持。其次，税务贷是小额信用贷款，满足了小微企业的融资需求。且税务贷通过与税务局对接可以在一定程度上避免道德风险。对于许多小微企业来说，融资规模较小，传统银行贷款往往存在较高的利率和严格的审批流程，难以满足中小企业的融资需求。而税务贷提供了小额信用贷款，使得小微企业能够灵活地获取资金，更好地满足日常经营和发展的资金需求。此外，税务贷的申请流程相对简便快捷。由于税务贷是基于企业纳税数据评估信用，所以审批过程较为简化，减少了烦琐的申请材料和审批时间。这对于中小企业来说，能够更快地获得资金支持，提高了企业的资金周转效率。最后，税务贷作为一种基于企业纳税数据的小额信用贷款产品，具有解决中小企业融资问题的优势。它降低了融资门槛，满足了小微企业的融资需求，同时申请流程简便快捷。通过税务贷款，小微企业能够更好地获得资金支持，促进企业的发展和经营。图7-6为广东工商银行办理税务贷业务流程图。

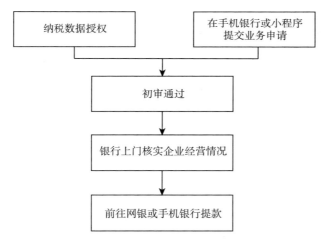

图7-6　税务贷业务流程

2. 中征"政采贷"产品

为发挥数字金融动能提升中小企业服务质效，工行广东分行对接人民银行"中征应收账款融资服务平台"和广东省财政厅的"广东政府采购智慧云平台"，通过政府、监管、银行三方协同创新，推出政府采购合同全流程线上融资服务"政采贷"。供应商可凭政府采购中标公告和采购合同，通过广东省政府采购网向工行在线申请融资，自提出申请到收到贷款，最快仅需1天时间，且无需抵押担保，大大降低了企业融资门槛和融资成本。

"政采贷"的最快放款时间只需1天，相对于传统融资方式，速度更快。这让供应商能够更迅速地获得资金支持，满足企业的资金需求，提高流动性。

同时由于无需供应商提供抵押物或担保，降低了企业融资的门槛。对于小微企业而言，尤其缺乏足够的抵押物或担保是融资的主要难点之一。"政采贷"无需抵押担保，为小微企业提供了更方便、更灵活的融资选择。再者相较于其他融资方式，"政采贷"能够实现较低的融资成本。这是因为"政采贷"通过政府采购的方式，政府作为背书方，提供了一定的信用背景和担保，降低了金融机构的风险。金融机构在风险较低的前提下，可以提供更优惠的融资利率和条件。"政采贷"以政府采购中标公告和采购合同作为融资材料，金融机构可以利用大数据技术进行风险评估和控制。政府采购具有较高的可信度和稳定性，通过对政府采购数据的分析和模型的构建，可以更准确地评估供应商的信用状况和还款能力，降低了金融机构的风险。

综上所述，"政采贷"的优势在于快速融资、无需抵押担保、低成本融资和大数据风控。这种融资方式为供应商提供了一种便捷、灵活且成本较低的资金支持方式，推动了企业的稳定发展并提升了整体的融资效率。

3. "电力快贷"产品

"电力快贷"是工行广东分行联合南方电网基于企业用电、税务、结算、征信等多维数据，面向小微企业推出的线上融资产品，贷款资金可用于缴纳电费和日常生产经营。在线审批，贷款额度最高为 300 万元，无需抵质押，随借随还，额度循环使用。产品适用于持续用电两年（含）以上、用电记录良好的小微企业（含个体工商户）。

以下是对其机制的分析：

多维数据评估："电力快贷"利用企业用电、税务、结算、征信等多维数据对小微企业进行评估。这些数据可以提供对企业的经营情况、还款能力和信用状况的综合了解。通过综合评估，银行可以更准确地评估和控制风险，为合格的小微企业提供融资支持。

在线审批和快速放款："电力快贷"实现了在线审批和快速放款。相比传统的融资方式，"电力快贷"的审批过程更加简便和快速，减少了烦琐的文件和手续。这使得小微企业能够更迅速地获得资金支持，满足日常经营和缴纳电费的需要。

无需抵质押："电力快贷"无需提供抵押物作为贷款的担保。这对于小微企业而言，降低了融资门槛，解决了缺乏抵押物的问题。无需抵质押也提高了融资的灵活性和便利性。

额度循环使用："电力快贷"的贷款额度最高可达 300 万元，且可循环使用。这意味着一旦企业偿还了部分或全部贷款，可再次使用该额度进行借款。这为小微企业提供了更灵活和便捷的融资解决方案，满足其短期和持续资金需求。

适用范围："电力快贷"适用于持续用电两年（含）以上并有良好用电记录的小微企业，包括个体工商户。这保证了融资对象的相对稳定性和可靠性，同时也提供了一个合理的限制条件，以确保资金的安全和有效使用。

综上所述，"电力快贷"通过多维数据评估、在线审批、无需抵质押、额度循环使用等机制，为小微企业提供了一种方便、快捷、灵活的融资产品。它为符合条件的企业提供了资金支持，帮助其满足日常经营和缴纳电费的需求，促进了小微企业的发展和增加了融资的便利性。具体见图7-7。

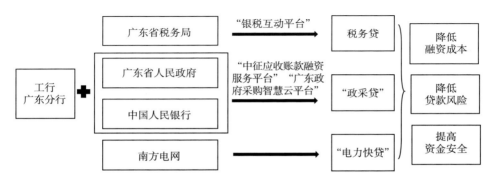

图7-7　广东工商银行普惠金融数字化转型机制

（二）广东数字工行助力普惠金融供给的机制

通过以上三类产品的运行机制，可以总结出工行广东分行在普惠金融方面的数字化转型主要的突破点，即与政府部门合作以获得小微企业政务数据。工行广东分行与广东分行政府部门建立了信息共享平台，通过这些平台获取小微企业的相关政务数据，包括企业的纳税记录、用电记录、结算征信等。这些政务数据成为工行广东分行进行精准信用评估的重要依据，能够帮助银行更准确地了解企业的经营情况、还款能力等。基于这些数据，工行广东分行能够更加精准地评估贷款风险，减少贷款违约的风险。通过与政府部门合作，工行广东分行实现了政府数据的有效利用，提高了贷款决策的准确性和效率，推动了普惠金融的发展。同时，这种合作模式也有助于提升政府部门的监管能力，促进了金融和实体经济的良性互动。总之，工行广东分行通过与政府部门合作，以政务数据为基础进行精准信用评估，成功降低了贷款风险，推动了普惠金融的数字化转型。这一创新模式在保护企业信息安全的同时，也为小微企业提供了更便捷、更高效的金融服务。

四、金融机构数字化赋能普惠金融供给的成效与启示

（一）成效

服务实体经济，助力小微纾困，赋能乡村振兴，是工行广东分行数字普惠的出发点和着力点。广东数字工行通过多项创新举措，利用数字技术解决了银企信息不对称以及普惠金融供给不充分的问题。通过推出 e 抵快贷、经营快贷、数字供应链等线上融资产品使得中小微企业的融资需求多样得到满足，并找到适合自己需求的金融产品和服务。此外针对受新冠疫情影响出现暂时还款困难、有还款意愿、吸纳就业能力强的企业，工行广东分行亦通过展期、续贷、再融资、调整计息周期等方式做好融资接续安排，缓解这些中小企业短期资金压力。同时坚持实施普惠优惠利率，严格落实服务价格管理要求，持续让利实体经济。综上可见，广东数字工行在整合多维数据、扩充信用信息基础数据库、创新多场景的普惠线上贷款产品和加强风险控制方面均取得了显著成效，为广东地区的企业提供了更全面、更便捷和更安全的金融服务。

针对农村地区民众对于金融服务便捷性的迫切需求，工行广东分行致力于优化农村支付环境与构建移动支付生态，通过一系列精细化与前瞻性的策略，显著增强了金融服务的可及性与高效性。一是该行推动线上金融产品与服务模式的创新，以技术驱动金融服务的智能化与个性化；二是利用数字化信息科学规划并优化网点布局，同时加大自助服务终端的投放密度，形成多层次、广覆盖的服务网络；三是建立流动金融服务站与便民服务点，实现金融服务向偏远及不便地区的延伸；四是实施上门服务策略，确保金融服务无死角、无障碍地触达每一位有需求的农村居民。

截至 2023 年 1 月末，工行广东分行涉农贷款余额突破 1 500 亿元，单月新增 70 亿元。为有效衔接脱贫攻坚成果与乡村振兴战略，工行广东分行持续深化对乡村关键领域及薄弱环节的金融扶持力度，致力于强化乡村基础金融服务体系的功能性构建。聚焦于"强化农业产业支柱、弥补基础设施短板、夯实发展根基"三大核心策略，全面调动行内资源，形成合力，以金融服务为引擎，驱动乡村振兴的深入发展。在推动农业向高质量高效率转型、打造宜居宜业的乡村生态环境、促进农民群体实现物质与精神双重富裕的过程中，该行积极践行新时代金融机构的社会责任与使命担当，展现出高度的战略前瞻性与实践创新性。工行广东分行辖属各分行共对口帮扶省内 94 个

扶贫村，并按总行扶贫工作安排点对点帮扶四川金阳县。至 2020 年底，工行广东分行共派出 94 名驻村干部，五年用于扶贫帮困自有资金累计投入超 9 300 万元，携手企业捐赠资金 1 100 万元，对口省内帮扶的贫困村和贫困人口全部提前脱贫出列。"融 e 购"电商平台已入驻扶贫商户 4 257 家，2020 年扶贫交易额超 40 亿元，并为近百家贫困地区企业提供电商代运营服务，交出了满意的工行答卷。为做好脱贫攻坚成果同乡村振兴有效衔接，工行广东分行坚定落实"摘帽不摘责任、摘帽不摘政策、摘帽不摘帮扶和摘帽不摘监管"要求，保持对定点帮扶村在过渡期内的金融帮扶政策与支持力度总体稳定，并进一步强化产业帮扶、就业帮扶等后续金融支持。

（二）启示

一是推进数字生态建设，强化金融服务数字化。

工行广东分行积极推进数字生态建设，对内强化金融服务数字化，对外积极构建开放、合作、共赢的数字生态，将金融服务深度融入高频的社会生产生活场景，打造高创新、强链接、广供给的新合作服务模式，不断增强金融服务的普惠性及适应性。同时，工行广东分行加大了创新力度，在政务、产业、生活、普惠等重点领域打造一批创新极致体验的数字化"精品"，推进金融服务向乡村下沉，统筹推进绿色金融发展，打造智慧产业金融等数字化生态标杆，全面构建生态共享、服务无界的金融生态布局，更好地满足用户线上化、生态化、智能化的金融需求，打造新时代开放生态银行的新范式。

二是推进数据平台建设，开展数据合作共享。

数字化时代，一切源于数据，也离不开数据。工商银行持续深化数据要素驱动，在内部管理方面，持续优化企业级数据资产管理体系，全面推动数据管理工作和数据平台建设升级转型，实现价值创造；在对外合作方面，深度参与数据要素市场化改革，稳妥开展数据合作共享，打造智能化数据产品体系，推动发展模式由经营资产向经营数据转型。目前，工行广东分行已经建成容量大、算力强、功能完备、算法齐全和弹性可扩展的大数据服务平台，并以此为基础开展服务、产品、运营等智能化转型。例如，工商银行搭建了风险信息服务平台，通过整合行内外社会公共信用、金融同业等多方数据，提供工商经营信息、风险探查、电信网络诈骗等智能风控服务，平台数据库总量逾 30 亿条，已累计服务同业机构超 300 家，切实帮助中小银行提升高风险管理和监管合规水平。

三是加大科技研发投入和布局力度。

数字技术是数字化转型的核心驱动力。工商银行始终坚持科技自立自强，将科技作为全行核心战略，不断加大科技研发投入和布局力度，围绕操作系统、数据库、主机下移等银行业关键技术进行突破，加强产业联合攻关创新，带头打好银行业"卡脖子"技术攻坚战，努力形成更多引领性、突破性成果，由内而外重塑金融的新形态。目前，工商银行已建成全球银行业规模最大的企业级云计算平台和技术领先的分布式技术底座，实现超10亿个借记卡账户下移至开放平台，取得了主机应用下移的标志性成果。

第八章　基于需求视角的数字普惠金融赋能乡村振兴典型案例 ////////////////////

数字普惠金融以其精准对接融资需求的独特优势，正成为赋能涉农中小微企业的重要力量。面对涉农企业多样化、个性化的融资需求，广东积极探索数字普惠金融的创新应用，通过大数据、人工智能等现代信息技术手段，深入挖掘并分析企业的融资痛点与需求点，实现了金融服务与实体经济需求的精准匹配。数字普惠金融通过提供便捷、高效的金融服务，满足乡村地区在经济发展、教育、医疗等方面的融资需求，为乡风文明建设提供资金支持。同时，它也能推动绿色金融产品创新，引导资金流向生态保护和环境治理项目，促进乡村生态宜居建设。此外，数字普惠金融还能通过金融教育提升村民的金融素养，增强他们对乡风文明和生态保护重要性的认识，从而在促进经济发展的同时，实现乡风文明与生态宜居的目标。

第一节　数字普惠金融缓解农业经营主体融资需求抑制——以"广东荔枝免息贷"为例

助农贷款是指银行或金融机构向农民提供的贷款，用于支持农业生产、农村发展和农民经营。农业是国民经济的基础，优化助农贷款可以为农民提供资金支持，帮助他们改善农业生产条件，引进先进技术和设备，提高农作物和畜牧业的产量和质量，推动农业现代化进程；还可以帮助农民扩大生产规模，提高农业收益。然而，目前我国传统普惠金融的发展并不能很好地满足农业经营主体的融资需求，亟须引进数字技术来解决传统普惠金融存在的问题。广东省自改革开放以来，由于地理、人文社会、经济、政策等诸多优势一直稳当改革开放的排头兵，且作为数字经济大省，数字普惠金融助农的发展也稳居全国前列。以广东省数字普惠金融为例来分析数字技术助力农业经营主体的普惠性融资需求具有突出的代表性和参考性。

数字普惠金融不仅能通过提供融资便利满足助农贷款需求，还能通过支持农民创业和发展农村产业，进一步拓宽农民收入来源。在此基础上，促进农户采用环境友好型技术进行生产模式改进，如使用有机肥料和生物控制害虫，减少化学农药的使用，从而起到了保护乡村生态环境与生态宜居的作用。此外，荔枝产业的发展有助于保护和传播荔枝文化，增强乡村的文化自信和乡风文明。

下文将分析数字技术如何助力农业经营主体的普惠性融资需求。本节的结构安排如下：第一，阐述我国农业经营主体的融资现状；第二，描述广东涉农融资现状及问题；第三，以"广东荔枝免息贷"为例分析数字技术是如何缓解农户融资问题的；第四，对上文进行总结并得出结论和启示。

一、我国农业经营主体融资现状

（一）我国关于涉农贷款的相关政策梳理

2018年，为了加强农村金融服务，财政部同有关部门出台了一系列税收优惠政策。要求降低金融机构、融资担保机构涉农涉小业务经营成本。财政部同有关部门提出了三点关于同时推动金融机构强化支农惠农投入保障，引导金融机构重点向农村地区倾斜，更多投向乡村振兴的要求。一是加大政策性金融支持力度；二是促进中国农业银行增进"三农"金融服务，主动适应农村金融需求新变化；三是将服务"三农"纳入金融机构绩效评价体系，对发放涉农贷款超过一定比例的金融机构给予适当加分，激发金融机构服务"三农"的内生动力。2021年5月中国人民银行、中央农办、财政部等部门联合发布了《中国人民银行 中央农办 农业农村部 财政部 银保监会 证监会关于金融支持新型农业经营主体发展的意见》（下文称《意见》），《意见》指出当前家庭农场、农民合作社、农业社会化服务组织等各类新型农业经营主体已逐步成为保障农民稳定增收、农产品有效供给、农业转型升级的重要力量。应加快发展面向新型农业经营主体的金融服务，创新专属金融产品，进一步提升金融服务的可得性、覆盖面、便利度，推动农村一二三产业融合发展，提高农业质量效益和竞争力。2023年中国人民银行、金融监管总局、中国证监会、财政部、农业农村部联合发布《关于金融支持全面推进乡村振兴 加快建设农业强国的指导意见》，文件指出要引导更多金融资源配置到乡村振兴重点领域和薄弱环节，为全面推进乡村振兴、加快建设农业强国提供更强有力金融支撑；要强化精准滴灌和正向激励，加大货币政策工具支持力度，加强财政金融政策协同，形成金融支农综合体系；要强化金融机构组织功能，拓展多元化金融服务，增强保险保障服务能力。这些文件无一不体现了国家对于赋能"三农"，助力满足农业经营主体的普惠性融资需求的政策导向。

改革开放以来，我国农户获得了农业生产经营的自主权，生产经营活动日益多元化，生产规模逐步扩大，先进实用生产技术不断被采纳，导致农户产生了多样化的融资需求。图 8-1 描述了 2018—2022 年我国农户贷款余额及其增速，从该数据中不难看出，我国农户的融资需求是逐年递增的。

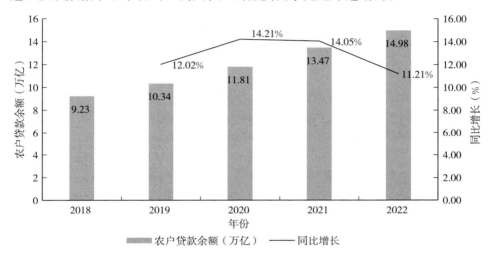

图 8-1 2018—2022 年全国农户贷款余额及增速

数据来源：国泰安数据库。

（二）我国农业经营主体融资需求障碍

由于我国农户的生产经营规模小、高度分散，农户融资也表现出小规模、高度分散的特征。商业性金融机构在向农户提供贷款时，往往面临着高成本和高风险压力，因此对于农户贷款往往实行信贷配给，只能够满足一小部分农户的信贷需求。加上主要商业银行涉农业务单一，农村信用社都进行了商业化改革，导致正规金融难以满足农户逐步增长的融资需求。这使得农户面临的融资约束问题日益严重，农户的融资需求无法得到满足的现象较为普遍。

首先，农业经营主体的规模相对较小，往往是个体农民或小农户，他们缺乏足够的资本实力和信用记录来获得传统金融机构的贷款支持。这使得他们很难获得融资。其次，农业经营主体的资产结构较为特殊，包括土地、农作物和农机设备等，这些资产在传统金融机构的评估和抵押价值方面存在困难。这也限制了农业经营主体通过抵押贷款等方式获得融资的能力。最后，农业经营主体在经营过程中面临着较高的风险，如自然灾害、市场波动等。这使得传统金融机构对农业经营主体的融资更加谨慎，增加了融资的难度。

随着互联网金融的兴起和政府政策的支持，一些新型农业金融模式得到了发展。例如，农业电商平台等通过线上融资渠道为农业经营主体提供了融资机会。政府还加大了对农业信贷的支持力度，通过设立农村信用社和农村金融机构等方式，为农业经营主体提供更多的融资服务。但总的来说，我国农业经营主体的融资现状仍面临挑战，随着政策和金融创新的推动，农业经营主体获得融资的机会正在逐步增加。这将为农业现代化提供更多的支持，推动农业经营主体的可持续发展。

二、广东涉农融资现状及主要问题分析

（一）广东涉农融资现状

近几年来，广东省通过普惠金融助力农户融资的水平一直处于国家前列，给其他地区带来了很好的示范作用。其中，广东金融扶贫成果显著，目前主要聚焦于巩固成果，同时支撑广东乡村振兴的金融服务体系和配套措施也较为完善，金融服务乡村振兴能力和水平处于全国较高水平。信贷、保险、基金、期货、证券、担保等金融工具支农作用有效发挥，乡村振兴领域融资状况持续改善，涉农信贷稳定增长，图 8-2 为 2014—2019 年广东省涉农贷款及其增长率

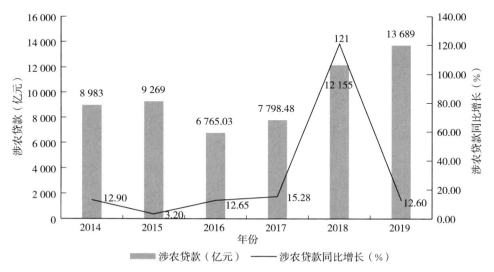

图 8-2 2014—2019 年广东省涉农贷款余额及增速

数据来源：国泰安数据库。

变化，图 8-3 为 2014—2019 年广东省农村贷款余额（县及县级以下）及其增长率变化。在 2018 年财政部发布税收优惠政策后，广东省涉农贷款余额出现了明显增长。与此同时，随着广东全面改革创新试验区和珠三角自主创新示范区建设的加快推进，以及新技术、新产业、新业态、新模式不断涌现，涉农企业直接融资渠道不断拓宽，保险保障力度进一步加大，农村信用体系建设深入推进，农村支付环境不断改善。这都使得农户的融资需求大幅度增加。

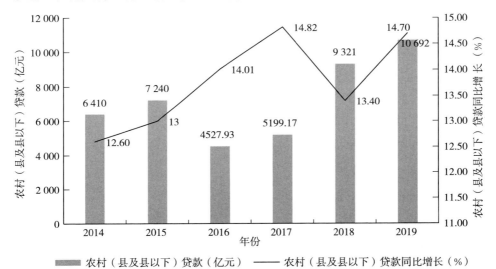

图 8-3　2014—2019 年广东省农村贷款余额（县及县级以下）及增速

数据来源：国泰安数据库。

（二）相关机理分析

1. 基于农村金融理论的分析

在《欠发达国家的金融发展与经济增长》一文中，耶鲁大学经济学家 Hugh T. Patrick 将农村金融发展模式分为需求追随型和供给领先型，以展示金融发展与经济增长之间的不同作用关系。需求追随型农村金融发展模式指随着农村经济社会的发展完善，各类社会参与主体对融资服务需求逐渐增加，金融机构为满足主体需求不断丰富金融服务种类并完善自身服务体系。供给领先型农村金融发展模式指金融机构主动提供更多样化的金融服务供给给客户，超前于市场主体的交易需求，通过供给领先型农村金融发展模式吸引投资额，然后反向促进农村经济社会的发展，进而推动经济增长。

同时，Patrick 指出，不同的农村金融发展模式适应于农业农村经济社会的不同发展阶段。在农村金融体系建设初期，由于金融设施的不足和金融服务产品的有限性，供给领先型更适合通过满足市场主体的贷款和投资需求来活跃经济市场。当农村经济社会发展到一定程度时，市场主体之间的交易具有高度自发性，而金融机构的供给无法跟上需求的发展，这时需要确立新的政策方向和金融制度，即从供给领先型转变为需求追随型，或者将两种模式相结合。

目前，广东荔枝免息贷金融产品创新正处于供给服务需求型的协同发展阶段。一方面，金融机构积极响应国家乡村振兴战略，不断提高服务水平和创新产品，使金融服务更加多样化和专业化。另一方面，在核心农户企业的带动下，产业链上的各主体需求不断增加，迫切需要更完善的金融产品来满足他们日益增长的需求。正是在这两者的共同作用下推动了经济社会的发展和进步。

农村金融理论与农户融资行为结合是指将理论应用于实际操作，以更好地满足农户的融资需求。具体来说，农村金融理论可以指导金融机构制定农村金融产品和服务，如根据农户的融资需求设计符合农村实际的贷款产品；同时，农村金融理论也能够为农户提供决策参考，帮助他们在融资过程中作出更合理的决策。

2. 基于信息不对称理论的分析

信息不对称理论认为在经济活动中，每个行为人都不能掌握完全的信息，因此行为人决策面临极大的不确定性。在交易过程中，为了缓解交易双方的信息不对称，拥有较少信息的一方试图从拥有信息较多的一方获取信息，拥有信息较多的一方会向拥有信息较少的一方传递信息。目前，企业普遍面临着不同程度的信息不对称问题，信息充足的企业往往通过向信息缺乏的企业传递信息来获得超额收益；信息缺乏的企业为了获取对自己有用的信息要付出一定的代价。信息不对称必然导致市场效率低下，资源配置不合理。信息不对称会产生出两类代理问题：事前信息不对称导致的逆向选择和事后信息不对称导致的道德风险。逆向选择是指信息优势方会在交易发生前隐瞒对自身不利的信息；道德风险是指信息优势方会在交易发生后隐瞒对另一方不利的信息。

3. 基于"心理账户"理论的分析

"心理账户"是人们用来管理、描述和追踪自己各项经济活动开支的一个系统。对于"心理账户"的研究主要关注三个因素：一是收入的来源。根据收入来源不同，人们将收入分配到具有不同边际消费倾向的账户中。例如，人们会把自己辛苦工作挣来的钱存起来而不舍得花，但如果获得一笔意外之财，可能很快就花掉了。这说明人们在心里为这两类收入建立了两个不同的账户。二是收入的消费。人们会将支出划拨到不同的消费项目中，各个项目之间的资金不具有完全替代性。三是对"心理账户"核算的频率。不同"心理账户"的核算频率可能相差较大，"心理账户"是每天核算、每周核算还是每年核算，对人们的决策行为有较大的影响。

对农户而言，其借贷行为主要涉及两类支出——利息支出和人情支出。农户在考虑是否申请借款、借款对象和借款额度的时候，均可能启动"心理账户"，对利息支出和人情支出进行核算。社会资本的数量和质量、农户的借贷（消费）心理会直接影响农户"心理账户"余额和分布结构，从而影响农户的借贷决策。拥有相同社会资本的农户，若其借贷心理不同，则会作出不同的借贷决策。风险偏好型农户倾向于作出开放激进的借贷决策，而风险规避型农户倾向于作出保守温和的借贷决策。此外，社会资本的数量和质量也会对农户借贷心理产生显著影响，社会资本增加会提升农户借贷倾向，社会资本下降则会降低农户借贷倾向。

现有研究认为农户对不同融资方式偏好不同，农户会根据自身优势，选择能够提高贷款可得性的贷款类型。目前农户选择信用贷款的较多，原因在于农户贷款金额较小且信用贷款手续简便。

（三）广东农业经营主体融资需求抑制分析

首先，广东农村金融提供的产品比较单一，缺乏多样化的发展策略。很多仍然沿用传统的金融服务方式，金融业务以传统的存、贷、汇为主，农村金融服务中信贷产品创新不足；同时，进入门槛较高，阻碍了村镇银行及小额贷款公司的发展，难以形成完善的面向农村的投资体系。其次，农村金融服务机构偏少，网络覆盖面不够，现有机构贷款权限上收，基本上不再办理农户贷款和一般性农业生产贷款。再者，广东农村缺乏有效的业务推广平台，中国农业发展银行作为唯一的农业政策性银行，主要发放粮棉收购资金贷款。农村信用社作为农村金融服务的主要金融机构，主要发放小额信用贷款和部分涉农企业贷款，但受资金限制，并不能满足农产品深加工产业发展的需求。邮政储蓄银行虽发放部分消费贷款，但尚处在起步阶段，涉农信贷业务发展缓慢。最后，宣传措施和力度不够，民众对农村普惠金融业务的知晓率偏低，信息传递不到位，导致信息失真，民众甚至对农村普惠金融存在误解，导致业务无法向纵深层次发展。

一方面，基于现代融资理论认为，融资约束是指经济主体在参与各类经济活动的过程中，因受到自有资本不足的限制而选择向正规金融机构融资时所遇到的瓶颈。金融市场发展的不完善是这类瓶颈产生的根本原因。融资约束导致经济主体无法通过外源融资渠道得到足够的资金支持以及时把握稍纵即逝的投资机会，这在一定程度上影响了社会生产规模的扩大和国民收入水平的提高。农户融资约束是指农户在经济活动过程中缺少资金而选择向正规金融机构寻求资金支持时所面临的摩擦，即农户无法获得资金或者只能得到所需资金的一部分。

另一方面，农业在农村，银行在城市，空间距离很大，再加上农业生产者的小规模性与分散性、大多数农村小微企业缺乏正规的会计核算制度和完整的信息披露等特点，金融机构难以了解其真实的经营情况和偿债能力，导致农业企业、合作社、农户与银行之间存在严重的信息不对称，这是农业经营主体融资面临的最根本问题。

我国农业生产者在地理上分布较为零散，需求多元化，而且往往具有"金额小、频率高、时间急"的特点，导致金融机构在为广大农户提供金融服务时，难以实现批量化、规模化操作，无法形成规模效应。第一，交易过程中的路途损耗进一步提高了为单个客户提供金融服务的业务成本。第二，抵押物确权成本较高。由于农村资产多为自然资源类型，如农田、林地、宅基地、矿山等，在界定产权的过程中往往会遇到困难，专门为农村资产建立相应的产权流通制度需要花费大量的成本。第三，信息获取成本也比较高。一般的金融服务中，银行必须获取借款人的信用信息，城市借款人往往可以通过查询征信系统、纳税证明、公司收入证明等方式来判断客户的信用。但对广大农村客户而言，由于社会体系不健全，征信的获取成本较高，这也会造成交易成本的急剧上升。

此外，农业特有的行业性特征使得农户生产经营很容易受到异常天气灾害、农产品价格波动的影响，在信息不对称的情况下这些风险极易转换成信用风险与道德风险。由于农业生产的不稳定性，农户可能会面临无法按时交付农产品或无法履行债务的情况。这种信用风险可能会对农户自身的经营和信誉造成损害，也会对其与其他经济主体的交易关系产生负面影响，进而威胁金融机构的健康运营，从而影响金融机构对农服务的积极性。再者农户可能会提供虚假的农产品质量信息或操纵市场价格，以获得更高的收益。这种不道德行为不仅会对其他经济主体造成经济损失，还会破坏市场秩序和信任关系，进一步加剧信用风险。

从农业特性的角度看，农业生产具有周期性和季节性特点。农业生产受季节、天气等因素的影响较大，经营周期长，回报周期较长。这使得农业融资具有较长的回收期，相对于其他行业更容易面临流动性风险。其次，农业生产的风险相对较高。农业生产容易受到自然灾害、疫病、市场价格波动等因素的影响，农产品价格波动较大，市场风险较高。这增加了农业融资的风险，需要银行和其他金融机构提供更高的利率以保护资金安全。最后，农业生产的资金需求相对较大。农业生产需要投入大量资金用于购买农业机械、种子、肥料、农药等生产要素，而农业收益相对较低、回报周期较长，这使得农业融资面临着较高的资金需求和资金成本。广东普惠金融存在问题如图 8－4 所示。

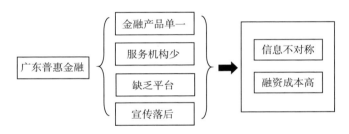

图 8－4　广东普惠金融存在问题

三、广东荔枝免息贷案例分析

为进一步加强农村金融服务，强化广东全面推进乡村振兴的金融要素保障，2021 年 12 月发布了《广东省人民政府办公厅关于金融支持全面推进乡村振兴的实施意见》，文件对于破解农业融资缺乏抵质押物的难题，提出了积极拓宽农业抵质押物范围的意见。文件支持银行机构推广温室大棚、养殖圈舍、大型农机具、渔船等抵押融资和生猪、肉牛、水产等"活体抵押＋保单增信＋银行授信"融资模式，依托动产融资统一登记公示系统为涉农市场主体提供农业设施装备、存货、牲畜水产活体等各类动产融资服务。完善大型农机具、农业生产设施和加工设备金融租赁服务。鼓励银行机构大力增加信用贷款，开发额度小、频度高、季节性和时效性强的信用类贷款产品，逐步提高信用贷款发放比重。支持银行机构运用人工智能、大数据、物联网等技术手段，改进授信审批和风险防控模型，探索"一次授信、循环使用、动态监管"贷款全流程管理。鼓励开展涉农企业知识产权质押融资，完善政、银、保、担、评多方合作机制。"广东荔枝免息贷"就在此政策下应运而生。

（一）产生背景

近年来，在广东省委、省政府的指导引领下，广东省农业农村厅创新提出构建农产品"12221"市场体系，引导金融活水助力推动产业发展，找到了发展特色产业的新密码。广东省积极探索普惠金融支持乡村振兴和城乡区域协调发展，紧盯特色产业链条，结合具体经营场景推出多种特色信贷服务方案，并不断推进银企信用体系建设，引导金融机构对信用村开展"整村授信"，扩大普惠金融覆盖面。尽管高州市普惠金融发展迅速，但在荔枝季到来之时，荔枝产业链上农户、经销商等在资金方面仍然面对着巨大的压力。农户融资需求问题、资金周转问题以及金融机构借贷风险防控问题亟待解决。

第一个难题是，荔枝种植户融资难的问题。许多荔枝种植户是小农户或个体经营者，他们缺乏稳定的收入来源和信用背景，无法提供可靠的还款保障。且荔枝种植业存在较高的风险，如天气灾害、病虫害等，这些因素可能导致产量下降或者损失，从而增加了贷款违约的风险，银行和其他金融机构在考虑融资时往往更为谨慎。

再者，荔枝种植户通常只能将有限的土地和设备作为抵押物，这限制了他们能够获得的融资额度。此外，由于土地权属问题和不完善的登记制度，很多农民无法提供清晰的土地产权证明，这也加大了融资难度。同时，荔枝种植业的资金需求具有季节性和周期性特征。例如，种植、施肥、采摘等环节都需要资金支持，但这些资金需求并不是持续性的，导致金融机构往往难以确定适当的贷款期限和利率。

第二个难题是，荔枝产业链上经销商、采购商的资金周转问题。这几年，高州大力发展电商产业，2022年高州有35%的荔枝是通过网上销售的。线上卖荔枝，讲究一个快，为了让消费者尽快收到新鲜荔枝，高州电商一般都会选择最快的空运，这也让物流成本居高不下。在荔枝销售高峰期，冷链车隔两个小时就要来装一次货，光运费就是一笔大额支出。这几乎是所有做生鲜荔枝的电商人都会碰到的问题：荔枝卖出去了，回款要一周左右，但是物流费用是日结的，而且跟农户收购荔枝，需要一手交钱一手交货。因此，电商群体普遍都有"短、频、快、急"的资金需求。而到银行网点或其他金融机构办理贷款至少需要二十天才能放款，这也是农户产生资金周转问题的关键。

（二）运营过程

2022年中国荔枝龙眼产业大会在茂名举办，会上浙江网商银行依托自身数据技术和金融科技优势，现场发布了广东荔枝专属的数字金融产品——"广东荔枝免息贷"。而"广东荔枝免息贷"由浙江网商银行联合广东省农业农村厅、南方农村报共同推出，网商银行以数据为媒，运用数字技术，为高州农户建立专属的数字化风控模型，农村用户拥有了更精准的数字画像和更高的数字信贷额度。"广东荔枝免息贷"针对符合条件的广东荔枝产业种植户、经销商和采购商，可提供三十天的信用免息贷款支持。

在广东省农业农村厅的指导下，网商银行已为广东省的 10 个荔枝产业县的种植户、经销商和采购商，提供了超 8 000 万免息贷款支持。截至 2022 年末，高州近 8 万小微企业及农户使用数字信贷，首贷户占比超九成，这也意味着，大量高州的小微企业和"三农"用户首次在央行征信系统留下经营性贷款记录，从信用白户转变为有信用记录的用户，为他们获得银行更广泛的金融服务提供了基础。

（三）运行模式

一是以数字化信贷风控模型提高小微群体的信贷可得率。"广东荔枝免息贷"利用数字化信贷风控模型收集大量荔枝种植户群体的相关数据，包括个人信息、经营数据、信用记录等。这些数据可以帮助评估借款人的信用状况和还款能力。网商银行通过对收集到的数据进行分析和建模，识别出借款人的风险特征和信用等级。模型可以通过算法和统计方法进行训练和优化，以提高预测准确性。

基于建立的模型，数字化信贷风控模型可以对种植户的借款申请进行风险评估。根据借款人的信用等级和还款能力，模型可以判断其是否具有还款能力，并预测借款人的违约概率。利用数字化信贷风控模型的评估结果，金融机构可以根据其内部的信贷政策制定决策。对于贷款数额的评估，网商银行利用"大山雀"卫星遥感风控系统通过深度学习等技术，解析卫星图像，识别荔枝的种植面积、种类和长势，结合气候、地理位置、行业景气度等因素，利用风控模型预估产量和产值，给予农户精准的授信和合理的还款周期。

二是数字信贷三分钟申请贷款，全程无人工干预。数字信贷平台通过技术手段搭建了快速、便捷的申请流程，经销商、采购商等只需填写相关信息，并上传必要的资料，即可完成贷款申请。数字信贷平台利用大数据和人工智能技术，自动分析农户的信用状况、经营情况等多维度数据，并进行风险评估。这种自动化审核过程消除了传统贷款中的人工环节，提高了审核效率。

再通过与银行、金融机构的合作，数字信贷平台能够在经营者贷款申请通过以后实时将资金划拨到其指定的账户，解决了资金周转问题。同时，数字信贷平台采取了严格的数据保护措施，确保经营者的个人和企业信息安全。平台也对合作金融机构进行严格筛选，保证了合作机构的信誉和安全性。除此之外，数字信贷平台还提供多种还款方式，如自动扣款、网上银行等，方便经营者按时还款，避免了因还款问题而产生的纠纷。"广东荔枝免息贷"运行机制如图8-5所示。

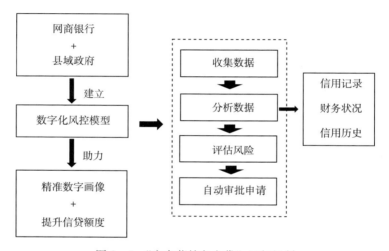

图8-5　"广东荔枝免息贷"运行机制

（四）广东数字信贷解决农业经营主体的普惠性融资需求

"广东荔枝免息贷"作为广东助农融资一项成功的金融产品，给广东数字信贷的发展增添了信心和动能。自广东省农业农村厅2021年引入网商银行以来，广东已经成功与32个涉农县与网商银行相继合作，发展县域数字普惠金融，实现资金对产业链的精准滴灌，进一步保障了农产品销售通路的畅通。据网商银行数据，仅2022年当年，广东就超400万小微群体获得数字信贷，用户数和贷款金额均位居全国第一。

高州"荔枝大王"陈小敏从2017年开始就承包了1 000多亩地、5个山头来种荔枝，从荔枝种植到销售，差不多投入了1 000多万。由于每一年赚到的钱都是有限的，不可能全部投入下一年的生产，所以必须向银行贷款来缓解资金压力。但是，荔枝种植户往往只能将有限的土地和设备作为抵押物，这限制了他们能够获得的融资额度。且荔枝极难保存，从采摘到完成销售运输往往只需要一个月，因而资金需求时间短，且要求贷款到账时间快，这都是传统银行无法解决的问题。而"广东荔枝免息贷"就很好地解决了农户们的燃眉之急。

以"广东荔枝免息贷"为代表的广东数字农贷项目主要聚焦于免抵押、零成本、额度足、审批快四个方面来解决广东普惠金融面临的信用风险，以及融资贵、放款慢问题。"广东荔枝免息贷"针对荔枝农户融资担保不足的问题，在广东省农业农村厅的指导下为广东十个荔枝产业县的荔枝种植户、经销商和采购商提供 8 000 万元的三十天免息贷款支持，无需农户提供任何抵押物即可为农户办理保证担保贷款，有效破解增信难问题。

在传统信贷模式下，免抵押类贷款年利率一般高达 6％～7％，对于亟须资金需求的农户来说，融资成本难以承担。"广东荔枝免息贷"充分运用政府贴息政策，建立贷款利率与贴息额度锚定机制，实现贷款利息支付与贴息补偿同步进行，使农户"无感"获取"零利率"的信贷资金，有效破解融资贵的难题。

传统企业贷款业务需要严谨开展贷前调查，调查项目多、涉及面广、耗时长，且后续审批流程较多，一定程度影响了业务办理的时效。由于荔枝种植户以及经销商在物流方面需要多且快的资金流，往往需要在短时间内获取贷款。对此，该专属贷款产品简化了贷款申请材料，专门定制了更为高效的数字化自动审批流程，大幅提升业务办理效率，有效破解银行放款时间长的困境。

四、贷款产品数字化赋能乡村振兴融资需求的成效与启示

（一）成效

首先，数字技术为农业经营主体提供了更加高效的融资渠道。传统的融资方式常常需要农户亲自到银行办理手续，耗费时间和精力。而通过数字技术，农户只需在手机或电脑上填写相关信息，即可完成融资申请，大大减少了融资过程中的烦琐步骤。其次，数字技术的运用提高了融资的可信度和透明度。传统的融资方式存在信息不对称的问题，农户难以提供充分的资产抵押物或信用担保。而数字技术可以通过数据分析和风控模型，对农户的信用状况进行评估，为农户提供相应的信用额度。这不仅提高了融资的可获得性，也降低了融资的风险。最后，数字技术还为农业经营主体提供了智能化的融资管理工具。通过数字平台，农户可以随时查看自己的融资额度、贷款进度等相关信息。同

时，数字技术还可以帮助农户进行贷款管理和还款提醒，提高了融资的管理效率和准时还款率。

"广东荔枝免息贷"作为数字技术助力农业经营主体的普惠性融资需求的一个典型案例，通过数字技术的应用，为广东地区的荔枝种植户提供了便捷、高效、低成本的融资服务。一方面，通过数字化手段，如手机银行等线上平台，荔枝种植户、经销商等能迅速申请到免息贷款，有效解决了荔枝产业季节性强、资金需求急的问题。另一方面，免息贷款政策直接减轻了农户和企业的融资负担，提高了资金使用效率，促进了荔枝产业的健康发展。此外，数字化贷款产品打破了地域限制，使得偏远地区的农户也能享受到便捷的金融服务。数字化手段使得贷款审批流程更加高效、透明，减少了人为干预，提高了金融服务的质量和效率。这有效解决了农村尤其是偏远地区农村金融需求抑制问题。据统计，仅 2022 年 5—6 月，"广东荔枝免息贷"为 1 700 多户荔枝种植户提供超 8 200 万元的免息贷款服务，以数字普惠金融助力广东农产品"12221"市场营销体系建设。经省农业农村厅、各荔枝主产区农业农村局精选推荐，已有近 2 000 名广东荔枝产业种植户、经销商和采购商被纳入扶持范围。此外，通过实现农产品生态价值，可以反向促进绿色生产技术和方法的采用，如田间移动式真空预冷设施、荔枝新型保鲜集成技术等，从而减少化学保鲜剂的使用，赋能生态宜居的目标实现。"广东荔枝免息贷"在赋能当地荔枝产业发展的同时，更通过与市场、科技、文化的融合交互，实现了弘扬乡村文化、增加产品附加值的双重目标。

（二）启示

从"广东荔枝免息贷"可以得到以下启示，并将其拓展到其他数字农贷项目中。

一是利用科技创新解决农业金融难题。"广东荔枝免息贷"充分利用了信息技术和大数据分析，为农业提供了一种创新的金融服务模式。通过数字化的信用评估和风险管理系统，该项目能够更准确地评估农户的信用风险，提供定制化的贷款产品。这表明在传统的农业金融领域，科技创新可以发挥重要作用，提高金融服务效率和质量。

二是积极推动金融普惠、三产融合与生态文化目标协同。"广东荔枝免息贷"项目致力于解决农村地区荔枝农户普遍存在的融资难题，通过为农户提供灵活的贷款服务，支持农业生产和农村经济发展。这表明数字化金融服务可以帮助农村地区实现金融普惠，推动农村经济的现代化和可持续发展。数字普惠金融能在促进产业融资需求的扩张与产业振兴实现的基础上，与市场、科技、文化的融合交互，既能推动三产融合下的生态价值实现，又能弘扬乡村文化，达成双重目标。

三是加强信息共享和合作。"广东荔枝免息贷"的发起商网商银行与县域政府合作利用数字化风控模型评估贷款风险，汇集了多方数据资源。通过信息共享和合作，该项目能够更好地获取和整合农户的信用信息，提供更准确的信用评估和风险管理。这表明在类似的项目中，加强各方的合作与协作、打破信息孤岛、共同建设完善的信用机制是至关重要的。

四是引入智能化风控技术。广东数字农贷项目利用智能风控技术，通过大数据分析和机器学习算法，对农户的信用状况和还款能力进行全面评估和预测。通过引入智能化风控技术，该项目能够更好地管理信用风险，提高贷款的安全性。这表明在未来的涉农金融发展中，智能化风控技术将扮演越来越重要的角色。

综上所述，"广东荔枝免息贷"通过科技创新、金融普惠、信息共享和智能化风控技术的运用，可以有效解决农业融资难题，推动农村经济的发展。这些启示对于其他地区和领域的金融服务创新有一定的指导意义。

第二节　数字普惠金融筛选下沉，深入赋能小微融资需求——以"个体深信贷"为例

从身边的"网红"咖啡馆，到网上的代购小店；从小本经营的"小商户"，到初具规模的"大个体"，如今在我们周围，活跃着很多个体工商户。他们为社会提供便捷服务和优质商品，是百姓生活直接的服务者，在稳定经济增长、促进就业、惠及民生等方面发挥着重要作用。促进个体工商户发展，既是支持实体经济发展的重要之举，也是解决个体工商户所面临困难的对症之策。个体工商户是实体经济的重要组成部分，也是参与实体经济发展的重要力量。截至 2023 年 6 月底，全国登记在册个体工商户已达 1.19 亿户，占经营主体总量 67.4%，其中近九成活跃在批发零售、住宿餐饮和居民服务等实体经济领域，70.3% 的个体工商户仅从事线下经营活动。县域创业企业多为家庭模式，整体占比达到 65.6%，而返乡创业农民中有 70% 左右为个体工商户。但这些个体工商户是"小微中的小微"，融资难题相较于中小微企业更加突出。基于以上描述，本节将以"个体深信贷"为例来分析

数字技术助力个体工商户的普惠性融资需求的运行机制，本节的结构安排如下：第一，概述我国个体工商户的发展现状，包括我国对个体工商户发展环境的建设以及现存的问题；第二，从需求端出发分析我国个体工商户融资难的内因；第三，以深圳市市监局推出的"个体深信贷"产品为例来介绍数字技术助力个体工商户的普惠性融资需求的方式；第四，提出相应的成效启示建议。

一、我国个体工商户的相关政策与现状问题

（一）相关政策梳理

2020 年以来，银保监会坚决贯彻落实党中央、国务院重要决策部署，把支持个体工商户作为落实"六稳""六保"工作任务的重要举措，采取多项针对性工作举措，实现个体工商户贷款"量增、面扩、质升、价降"，为个体工商户恢复发展、增强活力提供了坚实的金融后盾，为稳住经济基本盘作出了积极贡献。

为了增强金融服务个体工商户的外部约束与内生动力，相关部门将个体工商户纳入普惠型小微企业贷款监管考核体系，确保实现贷款增速、户数"两增"的目标。实施资本监管差异化政策，对银行发放的个体工商户贷款按零售贷款进行风险资本计量，给予 75％的优惠权重。要求银行完善个体工商户等小微业务的内部管理机制，落实授信尽职免责制度，采取差异化的不良贷款容忍度。优化机构内部绩效考核，明确要求银行根据个体工商户业务特点，单设考核指标，加大分值权重，并给予内部资金转移定价优惠或经济利润补贴。

2022 年 10 月国务院发布了《促进个体工商户发展条例》（下文称《条例》），《条例》充分考虑了个体工商户当前普遍关心的问题，从登记注册服务、经营场所供给、数字化发展、财税、金融等各个方面，为个体工商户发展提供全方位支持。特别在金融方面，《条例》表示国家正推动建立和完善个体工商户信用评价体系，鼓励金融机构开发和提供适合个体工商户发展特点的金融产品和服务，扩大个体工商户贷款规模和覆盖面，提高贷款精准性和便利度。

国家颁布多项政策措施以扶持个体工商业，反映了政府对于个体工商业在经济发展中的重要性的认识，并且表明政府将为其提供更好的发展环境和政策支持。这些政策的出台，有助于激发个体工商户的创业激情，促进经济的繁荣与发展。

首先，这些政策体现了国家对个体工商业的认可和重视。个体工商业是市场经济体系中的重要组成部分，对就业、创新和经济增长起到了积极的推动作用。其次，这些政策的颁布为个体工商业创造了更加公平和有利的竞争环境。政策的出台改善了个体工商业的税收、融资、市场准入等方面的条件，降低了创业的门槛和风险。这使得更多就业者可以选择个体工商业作为自己的创业方向，推动了创业创新的活力释放和经济结构的优化。最后，政策扶持还为个体工商业提供了更多的发展机会和资源支持。国家鼓励创新创业，提供资金、技术、培训等各种资源的支持，帮助个体工商业规范经营、提升竞争力。政策的扶持使得个体工商业能够更好地发展壮大，为经济增长和就业创造更多的机会。

（二）我国个体工商户发展的基本现状

个体工商户是我国社会主义市场经济发展的实践创举和重要成果，是推动社会主义市场经济发展的重要力量，也是非常可贵、可靠、可持续的战略资源。作为激活社会主义市场经济的"一池春水"，个体工商户在繁荣经济、稳定就业、促进创新、方便群众生活等方面发挥着独特的重要作用。

随着改革深化和社会主义市场经济体制的不断完善，在党和国家鼓励、支持和引导个体私营经济发展的方针、政策指引下，以个体工商户为典型代表的非公有制经济得到了迅速发展。个体经济从"必要的有益的补充"，到党的十五大明确"非公有制经济是我国社会主义市场经济的重要组成部分"，把支持包括个体经济在内的多种所有制经济共同发展提高到基本经济制度的高度。党的十六大提出"两个毫不动摇"，即"毫不动摇巩固和发展公有制经济，毫不动摇鼓励、支持、引导非公有制经济发展"。党的十九大把"两个毫不动摇"写入新时代坚持和发展中国特色社会主义的基本方略，作为党和国家一项大政方针进一步确定下来。

党的十八大以来，在国家政策鼓励和支持下，伴随着非公有制经济的蓬勃发展，个体工商户焕发出强大的生机活力。2012 年年底，个体工商户数量突破 4 000 万户，2017 年年底达到 6 579.4 万户，2021 年年底达到 1.03 亿户，是 2012 年的约 2.5 倍，吸纳就业人数增长至 2022 年的 2.76 亿。近十年来，我国新设个体工商户年均增速 11.8%，较党的十八大之前高出近 10 个百分点，83.2% 的个体工商户是党的十八大以后成立的。截至 2023 年 6 月底，全国登记在册个体工商户已达 1.19 亿户，占到市场主体总量的三分之二。2012—2023 年中国个体工商户数量情况如图 8-6 所示。

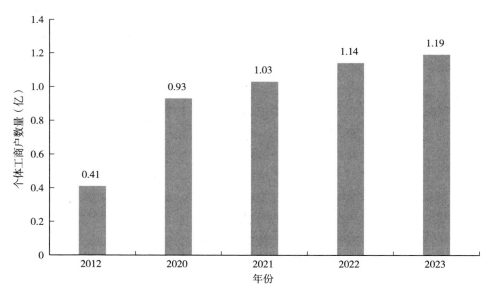

图 8-6　2012—2023 年中国个体工商户数量情况

数据来源：国家市场监督管理总局。

（三）个体工商户的融资困境

个体工商户由于规模较小、经营范围有限，几乎不可能通过发行债券、股权融资等方式获取融资。这使得他们的融资渠道相对有限，从而增加了其融资难的问题。根据微众银行 2021 年发布的调研数据可得，在他们从调研的 300 个城市选取的样本中，个体户在资金流出现问题时的周转方式主要集中在向熟人周转、信用卡取现或套现、银行贷款以及互联网金融借款等方面，其中向熟人周转以及信用卡取现和套现占比远远高于向金融机构贷款。个体工商户资金周转方式如图 8-7 所示。

在对于是从什么渠道获取贷款的调查中，从图 8-8 可以发现亲朋好友推荐、线下网点、介绍贷款服务的电话/短信以及线下推广占比明显高于其他选项，获取贷款的渠道仍然偏向传统方式。

鉴于个体户的融资需求往往存在"短、频、快、急"的特点，熟人间彼此了解对方的信用状况和经营情况，所以更容易互相借贷或互助。在这种情况下，通过熟人之间的互助显得更加适合，避免了大量的手续和利息支出。且双方可以自行协商贷款金额、利率和还款方式，不受烦琐的手续和时间限制。这也反映了银行等金融机构存在贷款手续的复杂、利率高以及缺乏特色金融产品等缺点。

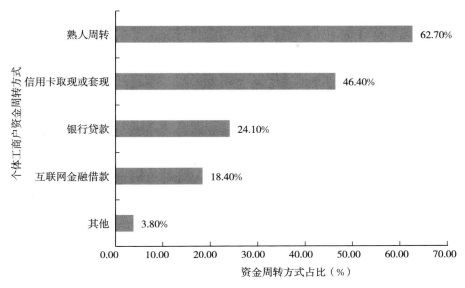

图 8-7　个体工商户资金周转方式

数据来源：2021《银行用户行为大调研报告（小微篇）》。

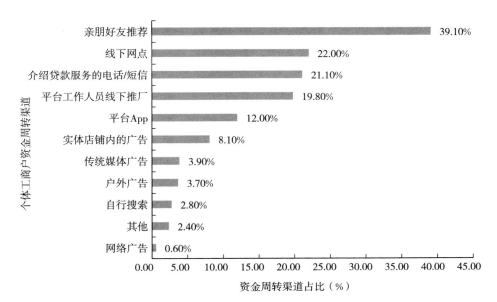

图 8-8　个体工商户资金周转渠道

数据来源：2021《银行用户行为大调研报告（小微篇）》。

同时，从获取贷款渠道的方式也可总结出，普惠金融的网上普及宣传力度远远不够。个体户更加倾向于相信自己身边人的分享以及线下工作人员的详细介绍。且由于我国个体户群体大多集中为 80 后和 90 后群体，他们本身较少接触网络信息，对于网络贷款了解少，对其不信任，这也导致了他们认为网络借贷风险高。

二、广东个体工商户发展特征与融资问题分析

（一）相关政策梳理

截至 2023 年 10 月 12 日，广东省实有个体工商户突破 1 000 万户，同比增长 12.46%。个体工商户占经营主体比例上升至 56.45%，相比上年同期增加 0.91 个百分点，个体工商户户均创造就业岗位 3.3 个，同比增长 7.14%，直接带动就业超过 3 000 万人，经营性贷款余额达 5 543 亿元，同比增长 29.8%。从数据可以看出近几年广东省个体工商户的发展一直处于全国前列，个体户的经营环境也随着各项扶持政策（图 8-9）的颁布不断优化。

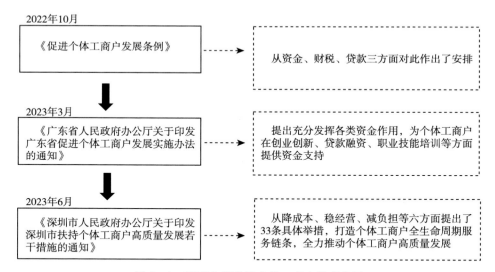

图 8-9　系列政策推进个体工商户健康发展

2023 年印发的《广东省人民政府办公厅关于印发广东省培育扶持个体工商户若干措施的通知》，特别指出要强化个体工商户金融扶持。针对个体工商户融资难、融资贵等问题，通过降低支付手续费用、提供更多信贷支持、降低融资成本、推进实施创业担保贷款以及贴息政策、加强征信管理服务、便

利外汇业务线上办理等政策措施，为个体工商户提供更多的金融支持，从而缓解资金的压力。在此政策环境下，2023 年 7 月深圳市政府针对个体工商户群体推出了全国首个以公共信用评价体系为核心的个体工商户线上全流程信贷产品。

（二）发展现状

广东省市场监管局近日发布的最新数据显示，截至 2023 年 10 月 12 日，全省实有个体工商户突破 1 000 万户，同比增长 12.46%。个体工商户占经营主体比例上升至 56.45%，相比上年同期增加 0.91 个百分点；个体工商户户均创造就业岗位 3.3 个，同比增长 7.14%，直接带动就业超过 3 000 万人；经营性贷款余额达 5 543 亿元，同比增长 29.8%。从行业分布来看，个体工商户集中在四个行业，其中，批发和零售业占 57.43%，住宿和餐饮业占 14.40%，制造业占 7.97%，居民服务、修理和其他服务业占 7.47%，共计 87.27%（图 8-10）。从最新数据来看，广东个体工商户发展实现量质齐升，个体工商户经营活力有所提升，稳就业、保民生、促消费的作用进一步彰显。2023 年以来，全省新登记个体工商户 148.66 万户，同比增长 32.22%，为 2019—2023 年最高值。从地域分布来看，增量排名前三的地区为佛山（21.81 万户）、深圳（19.43 万户）、湛江（15.04 万户），增幅排名前三的地区为湛江（325.22%）、肇庆（120.95%）、东莞（57.24%）。

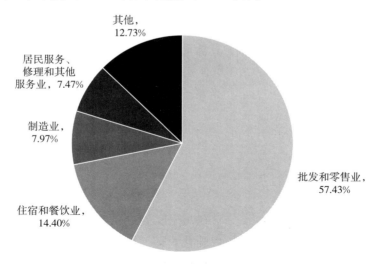

图 8-10　广东个体工商户行业分布

数据来源：广东市场监管局。

截至 2023 年 1 月，全省的个体工商户带动就业达 2 500 万人，解决了千万家庭的生计。当前，全省个体工商户发展总体平稳，但受外部环境复杂多变、市场预期转弱等影响，发展仍面临一些实际困难。

当前，个体工商户正面临着多重成本压力。第一，原材料价格攀升尤为显著。据中国饭店协会及协会成员的普遍反馈，上游原材料市场价格急剧上升，而下游餐饮产品的价格调整空间有限，导致市场主体在成本与售价之间陷入"双重挤压"的困境，利润空间急剧收缩。第二，房租负担沉重且减免政策惠及面有限，也成为个体工商户另一大痛点。尽管有政策规定，租用国有性质房产的个体可阶段性享受租金减免，但众多商户因租赁非国有房产而难以直接受益。即便有幸租得国有房产，如果不是直接与国有出租方签约，而是通过多层转租（如"二房东""三房东"等），政策红利也往往难以有效传递至终端租户，导致政策执行在"最后一公里"遭遇梗阻。加之房租普遍采取预付制，即便获得减免，其效应也常延后至未来年度。对当前资金流紧张的商户而言，这仅能"解一时之渴"，难以从根本上缓解资金压力。第三，劳动力市场的变化，特别是招工难度的增加与用工成本的攀升，进一步加重了个体工商户的运营负担，对其可持续经营构成了严峻的挑战。

此外，个体工商户在融资方面依旧面临诸多障碍，难以迅速获取资金以应对紧急需求。鉴于个体工商户规模小、分布散、固定资产有限等特性，加之通过大数据分析构建"信用画像"为其授信存在技术瓶颈，金融机构在提供信贷服务时往往表现出主动服务意识不足、风险规避态度明显，难以满足个体工商户频繁、小额、急迫的融资需求。具体而言，一方面，多数个体工商户反映贷款申请条件严苛，门槛过高。由于资金流动多通过微信、支付宝等个人账户进行，难以符合银行对贷款申请账户类型的严格要求。加之部分地区在针对个体工商户的信贷政策上设置了额外的限制条件，进一步限制了其贷款的可获得性。另一方面，即便成功获得贷款，其使用方式也缺乏灵活性，未能充分发挥贷款效用。特别是在新冠疫情后，个体工商户所获得的"经营贷"使用规则发生变更，要求通过银行转账支付货款，这与其日常经营中频繁使用微信等便捷支付手段的习惯相悖，增加了不必要的操作成本和时间成本。此外，即便通过传统抵押方式获得贷款，个体工商户在实际操作中仍面临诸多限制，难以将资金有效运用于日常经营之中。

（三）相关理论基础

1. 信息不对称理论

信息在交易双方的不对称分布，会导致拥有信息优势的一方给信息劣势者造成损害，进而导致资源配置无效率。在金融市场上，其逆向选择是指金融机构和借款者之间存在信息不对称，有关借款者的信誉、担保条件、项目的风险与收益等，借款者比金融机构知道得更多，具有信息优势，使金融机构在借贷市场上处于不利地位。为了消除不利影响，金融机构只能提高贷款利率水平，以此降低金融机构可能的信贷风险。由于逆向选择导致经营正常、业绩优良的企业退出信贷市场，使得金融机构的信贷风险增加，金融机构为了减少信息不对称导致的逆向选择，会谨慎对待企业的融资要求，减少信贷资金的投放量，从而抑制了企业尤其是小微个体工商户的贷款需求。

2. 交易成本理论

根据科斯提出的交易成本理论，交易成本是指为达成交易所耗费的各种资源，包括信息搜寻成本、讨价还价成本、签约成本以及保证契约履行的成本等。威廉姆森进一步发展了科斯的理论，他认为交易成本存在的原因是由于人类的两大天性，即有限理性和机会主义行为倾向。正是由于有限理性和机会主义的存在，使得中小企业在融资上要比大型企业更加的困难。

有限理性是指个体是理性的，都期望以理性的方式行动，但是他们的知识、预见、技能和时间等都是有限的，这一切都阻碍了个体完全理性的行动。并且由于信息的搜寻成本过高，金融机构对中小企业进行融资资格审核的时候，没有办法了解全部的信息，所以在有限理性下的契约几乎都是不完备的，存在履约风险。交易成本是指市场主体在开展经济活动过程（如信息获取、沟通协调、决策咨询、监督管理等）中所产生的各类成本。个体户信贷业务发生的交易成本主要包括三项：一是贷款前期发生的信息搜集及信息核查所产生的尽职调查成本；二是贷款中期由于合同履行产生的利息、管理及检查等履约成本；三是贷款后期由于对贷款业务监管及违约风险等产生的监管成本。通过推出"个体深信贷"平台上，将信贷供给全流程集中到统一平台上，实现"线上尽调、线上批贷、线上监管"，有效避免不必要的人工审核及监管环节，降低信贷供给中间成本，提高信贷供给服务效率。

（四）主要融资困境的机制分析

1. 信息不对称导致的逆向选择

从目前情况来看，大企业由于信息公开化程度较高，社会信誉较好，金融机构很容易以较低的成本获取这些企业的信息，出于安全性和盈利性的考虑，比较愿意为大企业提供贷款，甚至是优惠贷款。比较而言，小微主体由于信息披露机制不健全，财务制度不规范，内部会计信息可信度低，从而增加了金融机构获得这些信息的成本,提升信息不对称程度。同样出于安全性考虑,自然会减少对小微主体的贷款,出现银行等金融机构"惜贷"现象,即使小微主体愿意支付较高的利率也难以得到金融机构的贷款支持。可见,信息不对称导致的逆向选择,增加了小微主体的融资难度。

2. 个体工商户金融承载力不足

金融承载力不足可以总结为以下三个方面,一是个体工商户的经营活动稳定性较差,主要原因是同质化竞争严重,如农贸市场和餐饮便利店等领域存在大量竞争者。由于这些行业容易受到环境和季节等因素的影响,经营稳定性不足。因此,在经营过程中,个体工商户需要寻找差异化竞争的策略,以减少同质化竞争的影响。二是个体工商户缺乏可用于抵押贷款的抵押品。由于个体工商户经营规模较小,资本金有限,固定资产较少。此外,许多个体工商户的经营场所是租赁的,这使得他们缺乏可用于增信的抵押品。三是大量小规模的个体工商户缺乏专业的经营管理,这导致了信息规范性和可得性不足的问题。许多个体工商户没有完善的财务报表,或者其财务报表不规范。此外,由于生产资料与生活资料边界模糊,难以界定区分,个体工商户难以提供准确完整的现金流、应收账款、存货等信息。

3. 个体工商户金融素养偏低

个体工商户金融素养偏低也是造成融资难的一大原因。个体工商户金融素养低主要是受以下几方面的影响:一是金融教育水平不高。个体工商户通常是小规模经营者,他们大部分没有接受过系统的金融知识培训,且据统计我国个体工商户群体集中为70后和80后群体,受高等教育的人群占比低。因此,大部分个体工商户缺乏基础的金融知识和技能,不了解金融市场和金融产品的运作机制。二是缺乏专业指导。个体工商户在经营过程中往往没有专业的金融顾问或财务专家提供指导和建议。他们缺乏获取金融知识的渠道,也无法获得针对自身情况的个性化金融建议。且由于没有专业的财务知识,对于各项报表的制作存在一定困难,在向专业金融机构申请贷款时难以提供有效的财务数据。三是信息获取渠道有限。由于个体工商户经营规模较小,没有专业的信息获取渠道且对于普惠融资信息以及政府出台的相关政策扶持等信息捕捉落后,导致他们无法接触到广泛的金融信息渠道。他们仅依赖于有限的资源,如亲朋好友、同行业人脉等来获取金融渠道,这可能导致信息的局限性和不准确性。四是事务忙碌的经营环境。个体工商户通常自己负责企业的各项经营事务,包括销售、采购、人力资源等,面临的时间压力较大。在这种情况下,他们可能没有足够的时间和精力去关注金融知识以及相关的政策。综上，个体工商户金融素养低使得他们无法敏锐地获取高效融资信息，且对于新出台的专项贷款产品的不熟悉、不信任也导致了他们难以获得正规金融机构的贷款，从而形成融资难的局面。

三、"个体深信贷"助力解决个体工商户融资需求典型案例

（一）"个体深信贷"运行机制

长期以来，个体工商户一直存在信息不对称、抵偿抵押资产少、融资成本贵等问题。"个体深信贷"是由深圳市场监督管理局推出的，市监局通过政务资源共享平台链接了全市 73 个溯源单位，覆盖了各个委办局和公共事业单位。通过公积金、社保、税务、水电气各部门单位获得大量数据，"个体深信贷"利用这些数据把个体工商户的信用画像描绘出来，从而形成一个评定等级，再依托地方征信平台，把这些信用等级推送到金融机构，使其与风控体系做结合，最终使个体工商户通过一台手机且在家里就能完成信用贷款。

"个体深信贷"是全国首个以公共信用评价体系为核心的个体工商户线上全流程信贷产品。该产品为资金周转困难、"无抵押、无贷款记录"但信用评价较好的个体工商户提供了高效便捷的贷款渠道。有了政府提供的信用数据做支撑，深圳个体工商户获得信用贷款不但更加便捷，审批时间也大幅缩短。此前，一名优秀的客户可能需要 3～5 个工作日才能完成一笔贷款业务。现在，客户通过"个体深信贷"在"深 i 企"平台提交申请后，可以在半个小时之内获得审批，并完成签约贷款。"个体深信贷"发放机制如图 8-11 所示。

（二）"个体深信贷"如何利用数字技术助力个体工商户的普惠性融资需求

深圳市商事主体已突破 400 万，其中个体工商户占了近 4 成。个体工商户是市场机制的重要组成部分，是市场经济的"毛细血管"和"神经末梢"，也是老百姓就业创业的"蓄水池"，覆盖的行业和领域十分广泛，带动了大量就业，在稳经济、促就业、保民生等方面发挥着重要作用。信贷产品，是信用赋能的体现。"个体深信贷"产品是纯信用贷款，无须抵押担保，大大降低了个体工商户的参与门槛。且"个体深信贷"进一步提升了个体工商户的金融服务可获得性和效率，创新发挥金融"活水"作用，赋能实体经济高质量发展。

"个体深信贷"产品有两个关键词：一是"线上全流程"，这能够极大节约个体工商户的时间成本；二是"信贷产品"，即该贷款产品是纯信用贷款，无须抵押担保，大大降低了个体工商户的参与门槛。这提升了个体工商户的金融

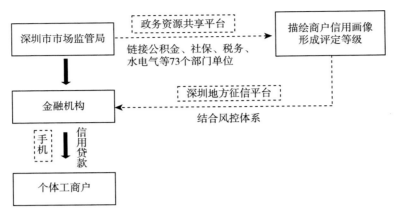

图 8-11 "个人深信贷"发放机制

服务可获得性和效率，创新发挥金融"活水"作用，有利于帮扶个体工商户拓展发展空间，能为市场带来更多生机活力，进而赋能实体经济高质量发展。诚信有价，守信受益。具体可以从以下几个方面来探讨"个体深信贷"是如何解决个体工商户的融资难题的。

一是政府政策支持。政企合作是数字普惠信贷产品成功推广的关键。在推广过程中，"个体深信贷"重点宣传政府对此类产品的支持和鼓励，且该产品是由深圳市市场监督管理局联合金融机构一同推出的，在一定程度上增加了个体工商户对该产品的信任和接受度。且"个体深信贷"的用户风险评估是由地方征信平台接入 73 个单位联合得出的，风险数据画像更为精确，降低了金融机构面临的违约风险，使得个体户"想贷"，金融机构"敢贷"。

二是无抵押纯信用贷款。无抵押贷款不需要个体工商户提供任何形式的抵押物，避免了烦琐的抵押物评估和登记手续，大大简化了贷款申请流程，提高了办理贷款的效率。当个体工商户面临资金周转困难时，无抵押纯信用贷款可以帮助个体工商户快速获取资金，满足日常经营所需，提升资金周转能力。且个体工商户若能按时偿还贷款，则可以积极提升个人信用记录，为未来的贷款申请提供更多可能性和更优惠的利率条件。

三是全线上流程。"个体深信贷"平台通过技术手段搭建了快速、便捷的申请流程，个体工商户等只需填写相关信息，并上传必要的资料，即可完成贷款申请。"个体深信贷"利用大数据和人工智能技术结合政府单位征信数据自动分析个体工商户的信用状况、经营情况等多维度数据，并进行风险评估。这种自动化审核过程消除了传统贷款中的人工环节，提高了审核效率。通过与银行、金融机构的合作，个体深信贷平台能够在经营者贷款申请通过以后实时将资金划拨到其指定的账户，解决了资金周转问题。同时"个体深信贷"平台采取了严格的数据保护措施，确保经营者的个人和企业信息安全。平台还对合作金融机构进行严格筛选，保证了合作机构的信誉和安全性。除此之外，数字信贷平台还提供多种还款方式，如自动扣款、网上银行等，方便经营者按时还款，避免了因还款问题而产生的纠纷。

总的来说，深圳推出的"个体深信贷"产品具有特点，值得全国学习推广。该产品专门面向个体工商户，满足其资金周转和经营扩展的需求。个体工商户是中国经济的重要组成部分，但由于缺乏抵押担保等条件，传统金融机构对其贷款需求的满足程度较低。首先，推出针对个体工商户的专属信用贷款产品，可以填补这一市场空缺，支持个体工商户的发展。且"个体深信贷"不要求个体工商户提供抵押担保，仅凭借信用评估结果就可以进行贷款审批。这样的贷款方式降低了贷款门槛，提高了个体户的融资便利性。同时，不需要抵押担保也减少了个体工商户的经营风险。其次，"个体深信贷"产品采用线上操作和审批流程，个体工商户无需亲自到银行办理申请，通过手机或电脑就可以进行在线申请和审批。这种操作方式方便快捷，节省了个体工商户的时间和精力。最后，根据报道，"个体深信贷"的利率相对较低，优于其他同类型贷款产品。利率的优势对个体工商户的经营成本和盈利能力具有积极的影响。

综上所述，"个体深信贷"产品的特点在于满足个体工商户的融资需求，降低贷款门槛，简化操作流程，并且具有较低的利率优势。这些特点可以为个体工商户提供便利，帮助他们更好地发展经营。其他地区和国家也可以学习并推广这些特点，以支持和促进个体工商户的发展。

四、数字普惠金融赋能乡村振兴融资需求的成效与启示

（一）成效

1. 数字普惠金融助力个体工商户发展成效

个体工商户是国民经济的"毛细血管"，金融服务的重要性和特殊性凸显。改善个体工商户金融服务，既要立足当下，着力解决突出的堵点、难点问题；也要着眼长远，坚持普惠性和商业可持续性双重导向，完善金融政策和服务体系，为个体工商户提供覆盖面广、匹配度高、获得感强的金融服务。近年来，我国持续加强对个体工商户等领域的金融服务，从小额信贷到微型金融再到普

惠金融，金融政策制度和服务体系不断完善。同时，新科技在金融领域广泛应用，为有效化解个体工商户金融服务堵点、难点问题提供了技术支撑。"个体深信贷"的推出给往后的小微信贷产品创新提供了一个全新的示范。以下是从"个体深信贷"的运行机制下得出的金融机构推出数字信贷产品应着力解决方向与主要成效。

一是提升了数字化金融服务水平。在面对小微主体无抵押、授信难的情况，各金融机构应提升数字化金融服务水平，加快金融机构数字化转型，充分应用互联网、大数据、云计算等技术，为个体工商户精准画像，并针对不同类型、不同层次个体工商户开发个性化和便利化线上信贷产品，满足其"短小频急"的融资需求。二是强化了对数字化个体工商户融资的增信支持。要强化对个体工商户融资的增信支持，首先就要降低政府性融资担保机构准入门槛，加大对个体工商户贷款的担保支持力度，并适当减免担保费用。其次深化政府性融资担保机构与金融机构合作，探索开发符合个体工商户融资需求特色的担保模式和担保产品，引导金融机构对享受担保的个体工商户贷款给予利率优惠。再次通过贷款贴息、风险补偿等方式实现风险分担，激励金融机构提高首贷和信用贷款比例。最后建立健全个体工商户信用档案，实现信用信息互通共享，加大信息评价和应用力度，强化失信惩戒，打造良好信用环境。三是完善了数字化金融服务政策体系和配套设施。加强了对个体工商户融资的政策支持，提高政策精准性和直达性，完善了与个体工商户金融服务相配套的统计监测、考核评估机制，引导和支持了金融机构提升服务能力，增强金融服务供给与个体工商户需求的匹配度。通过加快建立多层次、多元化的普惠金融供给体系，提升了个体工商户首贷、信用贷款可获得性和融资便利性，降低了融资成本。

2. 数字普惠金融助力个体工商户发展对乡村振兴的影响成效

一是增加了就业机会。个体工商户在广东的迅猛增长直接带动了大量就业。截至2023年10月，该省个体工商户数量已历史性突破1 000万户大关，实现了同比12.46％的显著增长。这一繁荣景象直接催生了广泛的就业机会，每户个体工商户平均创造了3.3个就业岗位，合计带动超过3 000万人实现就业。这些就业机会的涌现，不仅为城乡居民构建了稳固的收入基础，还有效促进了农村劳动力的非农化转移，显著提升了农民的生活品质与收入水平。

二是推动了创业创新。个体工商户作为市场经济体系中的活跃主体，在激发创业活力与创新潜能方面扮演着举足轻重的角色。广东省政府通过实施一系列精心设计的政策扶持与激励措施，如优化营商环境以降低经营成本、实施减税降费政策以减轻税费负担等，积极鼓励并引导更多个体工商户投身于创业浪潮之中。这些举措不仅有效激发了当地民众的创业热情与积极性，还促进了创新思维与创业实践的深度融合，加速了新技术、新产品的研发与市场化进程。在此过程中，乡村经济亦受益匪浅，实现了产业结构的多元化与升级，为乡村地区的可持续发展注入了新的动力与活力。

三是促进了消费市场繁荣。个体工商户广泛分布的小型商店、服务站点等，犹如毛细血管般深入农村腹地，为农村居民构建了便捷高效的购物与服务平台，极大地丰富了农村市场的商品种类与服务供给。此类商业活动的蓬勃开展，不仅便利了群众生活，还激发了农村消费市场的活力，成为推动乡村经济整体繁荣与持续健康发展的重要驱动力。

四是推进了农业现代化。个体工商户在农业产业链中积极参与农产品加工与销售环节，通过精细化加工与品牌化运作，有效提升了农产品的附加值，显著增强了农业产业的市场竞争力。更为值得一提的是，部分个体工商户勇于创新，探索并实践了诸如"党建＋公司＋基地＋农户"等农业产业化经营模式，这一模式不仅确保了农产品拥有稳定且畅通的销售渠道，还促进了农民收入的稳步增长，实现了农业增效与农民增收的双重目标。

（二）启示

1. 对促进个体工商业发展的启示

"个体深信贷"未来做深做实需要从以下三个方面入手：一是结合更多市场化、商业化的数据，进一步丰富个体工商户的基础数据，使个体工商户的画像更加精准；二是个体工商户发展参差不齐，仅靠某一款产品是很难完全覆盖所有个体工商户的，因此产品要不断地丰富和创新；三是加强个体工商户融资贷款的对接机制，能够让个体工商户更加方便地获得相关信息，降低沟通成本。

一是要丰富个体工商户的基础数据。由于个体工商户特殊自然人的性质，其自身经营与个体负责人有着天然的紧密性，导致个体工商户所涉数据存在较强的私密性与不可得性。在此基础上，现有数据模型只能尽可能兼顾科学性与合理性，但离"指标有依据、权重能调整、结果可验证"的要求仍有一定差距，如个体工商户经营流水数据的缺失，使得个体户信用画像在经营维度的判断上缺少强有力的支撑。

二是要不断地丰富和创新产品。首先，针对刚刚起步的个体工商户，可以推出灵活的小额信贷产品，帮助他们解决短期资金周转问题。对于规模较大的个体工商户，可以推出长期贷款产品，支持他们进行扩大经营或更新设备。其次，还可以根据不同行业的特点，设计专门的信贷产品，以满足个体工商户在特定领域的资金需求。再次，金融机构可以通过创新信贷产品来提供更多元化的服务。随着科技的不断发展，金融科技的应用已经成为金融行业的一个趋势。金融机构可以结合互联网技术和大数据分析，开发出基于个体工商户的信用评估模型，从而提供更准确、便捷的信贷服务。最后，还可以推出基于移动支付的信贷产品，方便个体工商户进行线上融资和还款。

三是要加强个体工商户融资贷款的对接机制。例如，可以建立一个专门针对个体工商户的融资信息平台，将各类融资机构的信息整合在一起，包括政府扶持政策、银行贷款产品、信用担保机构等，方便个体工商户在一个平台上获取全面的相关信息。同时还可以在融资信息平台上设置在线咨询服务，个体工商户可以通过在线聊天、邮件或电话等方式，直接向专业人员咨询相关问题，获取针对性的解答和建议，避免了传统方式下的沟通成本和时间延迟。此外，可以通过与政府合作针对个体工商户的融资需求，开展相关培训和指导，提高其对融资知识的了解和应对能力。组织专业人员进行线上或线下培训，分享融资经验和案例，帮助个体工商户更好地理解融资渠道和申请要求。

2. 对乡村振兴的启示

在深入推进乡村振兴的伟大征程中，广东省展现了高度的前瞻性与创新性，实施了分型分类的精准帮扶策略，为个体工商户量身定制了高质量发展路径。这一举措的精髓在于精准识别与差异化施策，旨在通过科学分析各乡村的独特优势与发展瓶颈，引导个体工商户因地制宜、扬长避短，实现转型升级与提质增效。此模式不仅为个体工商户的繁荣发展提供了有力支撑，也为乡村产业振兴树立了典范。展望未来，这一成功经验完全具备向更广泛领域推广的潜力，特别是在乡村产业振兴的实践中，可依据不同乡村的自然禀赋、经济基础及发展阶段，量身定制个性化的扶持方案，确保政策红利精准滴灌至每一个需要发展的角落，从而激发乡村经济的内在活力，推动乡村全面振兴目标的稳步实现。

第九章　基于供求联结的数字普惠金融赋能乡村振兴的典型案例 ////////////////////

面对乡村经济发展中资金供给与需求之间长期存在的"鸿沟"，广东积极探索并成功实践了数字普惠金融的创新模式。广东基于数字化技术构建了高效、便捷的金融服务平台，打破了传统金融服务的地域限制和信息壁垒，聚焦资金的供求联结过程，使得资金供给方能够更精准地对接到乡村小微企业和农户的真实融资需求。通过提高金融服务的可达性和可负担性，为供应链金融注入新活力，促进乡村治理有效与共同富裕。一方面，数字普惠金融在通过支持农业供应链金融助力乡村产业发展的同时，还有助于提升乡村治理的透明度和效率，通过数据的收集和分析，为乡村治理提供了科学的决策支持。另一方面，数字普惠金融还通过支持乡村振兴和绿色金融，促进了资源的均衡分配和社会的可持续发展，为实现共同富裕目标提供了有力支撑。

第一节　数字普惠金融平台提升投融资效率——以广东"中小融"平台为例

普惠金融是指立足机会平等要求和商业可持续性原则，以可负担的成本为有金融服务需求的社会各阶层和群体提供适当、有效的金融服务。小微企业、农民、城镇低收入人群、贫困人群和残疾人、老年人等特殊群体是当前我国普惠金融重点服务对象。然而对这些"长尾人群"而言，往往受需求差异大、经济规模小、技术水平低、财务不规范等问题制约，总会面临融资难、融资贵的问题。这一困境由供需两侧的多重因素造成，其中信息不对称和市场逆向选择是核心问题。数字技术在近年来迅速发展并深入各行各业，对于我国普惠金融的发展起到了积极的助力作用。数字技术的应用不仅提高了金融服务的效率和普及程度，还为更多人群提供了便利和包容性的金融服务，推动了我国普惠金融的可持续发展。

广东作为中国最具发展潜力和全国普惠金融发展较早的地区之一，在金融科技方面取得了显著成就。广东普惠金融借助金融科技的力量,推动了金融服务的创新和升级,提高了金融服务的效率和质量。例如,广东在移动支付、线上借贷等领域取得了显著进展,为广大民众提供了更加便捷和多样化的金融服务。通过该金融创新,提供适合乡村客户个性化、多样化的数字化金融服务,打通乡村金融数字化"最后一公里",整合多方资源,实现服务对象的全覆盖。同时,通过提供增信、贴息、风险补偿等配套服务,打造"一站式"的综合金融服务,为增强乡村治理的有效性奠定了重要基础。

基于此,本节将以广东"中小融"平台为例分析数字技术改善传统普惠金融信息不对称的问题。本节的结构安排如下:第一,概述我国普惠金融的发展历程以及我国中小企业的发展现状,揭示数字普惠金融的发展对我国中小企业产生的影响;第二,以广东为例,分析中小企业面临"融资难""融资贵"问题的成因,并引入广东"中小融"平台探讨数字技术如何改善传统普惠金融存在的投融资效率问题;第三,阐述数字技术改善传统普惠金融信息不对称的启示。

一、我国普惠金融概述

(一) 我国普惠金融发展历程

如图 9-1 所示,我国普惠金融的发展主要经历了四个阶段:公益性小额信贷阶段(20 世纪 90 年代)、发展性微型金融阶段(2000—2005 年)、综合性普惠金融阶段(2005—2011 年)、创新性互联网金融阶段(2011 年至今)。

20 世纪 90 年代,我国进入了公益性小额信贷阶段。最初的小额信贷主要以扶贫为目标,并且具有公益性质。在这一阶段,小额信贷的运营主体主要是民间社会组织和我国部分政府系统的非正规金融机构。这一阶段可以看作是中国普惠金融发展的初步尝试,并对后续我国小额信贷和普惠金融的发展产生了一定的积极影响。

2000—2005 年可称为发展性微型金融阶段。从 2000 年开始,中国人民银行开始要求正规金融机构参与小额信贷,推动发展性微型金融与公益性小额信贷相互学习和并行发展。小额信贷不再仅仅注重扶贫,而开始兼顾提高居民生活质量和促进城乡就业。正规金融机构由此成为普惠金融的主要推动力量。虽然这一阶段微型金融规模普遍较小,且具有公益性质,但小额信贷和微型金融已经开始初步发展,并在全国范围内逐渐兴起。

2005—2011 年,我国进入了综合性普惠金融阶段。在这一阶段,我国开

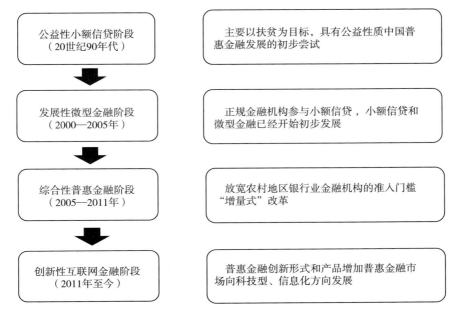

图 9 - 1　我国普惠金融发展历程

始放宽农村地区银行业金融机构的准入门槛，并采用"增量式"改革方式，逐步推动了村镇银行、小贷公司和农村资金互助社的快速发展。然而，农民和城镇低收入者的资金需求并没有得到完全满足，普惠金融的覆盖面仍然不够广泛，服务深度仍存在明显不足之处。

2011 年至今是创新性互联网金融阶段。2013 年 11 月 12 日，中国共产党第十八届中央委员会第三次全体会议通过了《中共中央关于全面深化改革若干重大问题的决定》，正式提出了"发展普惠金融，鼓励金融创新，丰富金融市场层次和产品"的目标。2015 年 12 月，发布了《国务院关于印发推进普惠金融发展规划（2016—2020 年）的通知》，全面阐述了推进我国普惠金融发展的总体思路和实施意见。在这一阶段，互联网科技也迅速崛起，各种普惠金融创新形式和产品层出不穷，建立了包括银行、证券、基金、保险、小额贷款在内的综合普惠金融体系，推动我国普惠金融市场向科技型、信息化方向发展。

（二）我国普惠金融的规模演变

普惠金融的主要对象是中小微企业。截至 2021 年末，我国中小微企业数量达到 4 800 万户，呈现十年内增长了 2.7 倍的趋势。2021 年，我国规模以上工业中小企业的平均营业收入利润率达到了 6.2%，较 2012 年末增长了 0.9 个百分点，这表明了发展质量和效益的不断提升。我国每千人的企业数量为 34.28 户，相比于 2012 年末增长了 3.4 倍。此外，2021 年我国每天新增的企业数量达到了 2.48 万户，相比于 2012 年增长了 3.6 倍。中小企业作为数量最多、最具活力的企业群体，已成为我国经济社会发展的主要力量。且截至 2021 年，我国规模以上工业中小企业的平均营业收入利润率为 6.2%，较 2012 年末增长了 0.9 个百分点。这表明发展质量和效益不断提升，同时也来源于大量新技术、新产业、新业态和新模式的中小企业的贡献。2021 年，我国新增的"四新经济"企业达到了 383.8 万户，占新增企业总量的 42.5%。此外，我国还培育了 4 万多家省级专精特新企业，以及 4 762 家前三批国家级专精特新"小巨人"企业和 848 家制造业单项冠军企业。从贡献角度来看，我国中小微企业法人单位数量占全部规模企业法人单位的 99.8%，吸纳就业人数占全部企业就业人数的 79.4%。中小企业不仅提供了大量的物质产品和服务，也成为吸纳和调节就业的重要渠道。

虽然我国中小微企业的数量越来越庞大，发展形势也一片向好，但我国中小企业融资难、融资贵的问题仍是一个不可忽视的问题。图 9-2 是 2015 年至 2023 年 3 月中国邮政储蓄银行小微企业指数报告中融资指数的变化图，该指标是对企业融资意愿或融资规模扩张、收缩程度的综合反映，是判断小微企业外部资金条件是否满足的重要指标之一，也是反映现阶段和未来经营状况的重要指标，同时还可以通过该指数来测度企业资金松紧状况。该指标为正向指标，取值范围为 0～100，50 为临界点，表示一般状态；指数大于 50 时，表示企业情况向好；指数小于 50 时，表示企业情况趋差。从图 9-2 可以看出我国小微企业融资指数始终在 50 附近变化，小微企业在融资过程中难以得到各类金融机构的融资支持。从 2015 年 6 月至 2019 年 12 月融资指数处于下降趋势。

2019 年 12 月，出台了《中共中央　国务院关于营造更好发展环境支持民营企业改革发展的意见》，提出了新时期保障和促进民营企业健康发展的 28 条意见，在减税、金融支持、司法平等、财产保护、创新、营商环境乃至内部治理等多方面进一步提出了支持民营经济发展的指导意见。此外，各地政府也积极出台了深化民营和小微企业金融服务的实施方案，在加强政策引导、拓宽融资渠道、深化金融创新、优化融资环境、畅通政策传导渠道和健全激励机制等方面深入优化金融对民营和小微企业服务的水平。至此，从

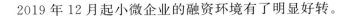

2019 年 12 月起小微企业的融资环境有了明显好转。

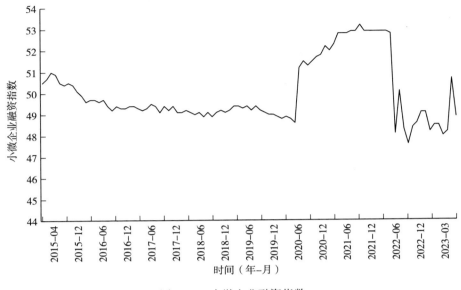

图 9 - 2　小微企业融资指数

数据来源：中国邮政储蓄银行。

二、广东普惠金融现状及特征

（一）广东普惠金融发展演变

广东普惠金融的发展演变过程可以追溯到 2013 年，当时党的十八届三中全会首次正式提出"发展普惠金融"的概念。此后，广东省在普惠金融领域进行了多方面的探索和实践。

初期阶段（2013—2015 年）。在初期阶段，广东开始逐步建立和完善普惠金融服务体系。例如，广州市地方金融监督管理局 2018 年发布的报告指出，全市社区金融服务站超过 200 家，村镇银行 6 家，小额贷款公司 57 家，累计发放贷款 188 亿元，进一步加强了金融服务民生。此外，广州农商银行还成立了多个普惠专业团队，并借鉴台州银行的模式成立了珠江支行，以增强小微金融服务能力。在普惠金融"八项行动"试点基础上，广东省进一步推进了"村村通"试点项目，以确保农村地区的金融服务覆盖到每一个角落。

深化改革阶段（2016—2019 年）。进入深化改革阶段，广东继续推进普惠金融体制机制创新。交通银行广东省分行在 2015 年和 2019 年两次实行架构改革，更名为"普惠金融"，并推出了一系列改革措施，如架构调整、队伍建设、考核评级等。同时，广州市地方金融监督管理局在 2019 年的报告中提到，将继续强化统筹协调能力，优化金融供给资源配置，加强薄弱领域产品创新，提升普惠金融服务效能。

　　高质量发展阶段（2020 年至今）。到了高质量发展阶段，广东普惠金融取得了显著成效。例如，制定了《广东中行普惠金融条线支持小微企业纾困发展的行动方案》等一系列措施，持续提升小微企业服务质效。此外，中国人寿寿险广东省分公司积极开展"普惠金融推进月"行动，主动对接市场主体和人民群众的金融需求，扩大商业保险覆盖范围和保障内容。

　　广东省作为中国经济发展的排头兵，其普惠金融的发展也始终走在全国前列，从图 9-3 可以得出，从 2013 年起广东省普惠金融指数始终高于全国省份中位数。广东依托雄厚的经济基础、创新的金融科技应用以及广泛的金融服务网络，不仅实现了金融资源的高效配置，也在深化金融服务覆盖面、提升金融服务可获得性方面取得了显著成效。通过推动数字金融与普惠金融深度融合，广东省有效降低了金融服务门槛，使偏远地区、小微企业及弱势群体也能享受到便捷、安全、低成本的金融服务。同时，政府、金融机构与社会力量协同发力，构建了多元化、可持续的普惠金融生态体系，为广东乃至全国的经济发展注入了强劲动力，彰显了其在普惠金融领域的领先地位与卓越贡献。

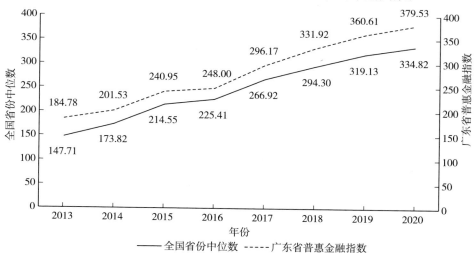

图 9-3　广东省普惠金融指数与全国省份中位数对比

数据来源：北京大学数字金融研究中心。

（二）广东普惠金融供求发展困境

一是融资渠道狭窄。目前中小企业的发展主要依靠内部融资和外部融资。内部融资中，自筹资金虽然在资本结构中占了较大的比重，但资金总量较小，难以满足中小企业发展的需要，外部融资在资本结构中所占比重小，主要通过商业银行抵押贷款和担保贷款，这种单一的融资方式和不合理的融资结构，很大程度上制约了中小企业的规模扩张和可持续发展。

二是融资成本高。银行类金融机构给中小企业贷款时，相对于大企业需要投入更多的人力、物力在贷前贷后对中小企业进行跟踪，银行类金融机构为了降低信贷风险和借贷成本，向中小企业提供贷款时往往会上调一定比例的利率，除此之外还要提供担保物和抵押物，而担保费和资产评级费都是由企业自行承担的。为降低风险，银行还会要求企业将贷款的部分资金留存在银行。企业虽然实际获得的贷款少了，但还要承担这部分的利息，导致中小企业融资成本加大。而面对难以通过的商业银行贷款，中小企业为解决资金缺乏问题，只能寻求民间借贷、天使投资等，这类贷款虽然快捷方便，但却通过高利息把贷款风险都转移给了企业，致使企业背负了很高的贷款利息成本。

三是难以获得长期融资。我国的金融资产主要集中在国有商业银行和股份制银行，但是商业银行的贷款门槛较高，程序相对复杂、审批也较为严格，和中小企业的融资方式不契合。在我国的金融体系中，一些金融机构对于中小企业存在融资歧视，只给中小企业办理短期的贷款业务，对于高科技创业型中小企业的中长期贷款极为缺乏。中小企业在追求贷款中受到的不平等待遇加剧了其融资难的问题。

三、数字技术赋能普惠金融的理论与机制分析

（一）相关理论基础

1. 信息不对称理论

信息不对称理论认为在经济活动中，每个行为人都不能掌握完全的信息，因此行为人决策面临极大的不确定性。在交易过程中，为了缓解交易双方的信息不对称，拥有较少信息的一方试图从拥有信息较多的一方获取信息，拥有信息较多的一方会向拥有信息较少的一方传递信息。企业普遍面临着不同程度的信息不对称问题，信息充足的企业往往通过向信息缺乏的企业传递信息来获得超额收益；信息缺乏的企业为了获取对自己有用的信息要付出一定的代价。信息不对称必然导致市场效率低下、资源配置不合理。信息

不对称会产生出 2 类代理问题：事前信息不对称导致的逆向选择和事后信息不对称导致的道德风险。逆向选择是指信息优势方会在交易发生前隐瞒对自身不利的信息；道德风险是指信息优势方会在交易发生后隐瞒对另一方不利的信息。

2. 数据要素的相关理论分析

数据作为市场经济高速发展中的新型关键生产要素，对我国经济转型产生深远影响，是数字经济时代提升数据资源价值的重要保障，是国家创新驱动发展的重要内容。当前，我国数据要素价值的有效发挥，还存在着 3 大难题：一是数据资产属性和知识产权难以确定；二是数据资产的评估定价机制难以建立；三是数据交易安全和个人隐私保护难以保障。通过构建"中小融"平台，促进公共信用数据、人行征信数据、市场信用数据高效融合，拓宽信用大数据应用场景，激发企业信用数据市场活力，探索市场化确权定价机制，加快推进信用数据资源化、资产化进程，可率先为数据要素市场化开辟一条道路。

3. 优序融资理论

1984 年，美国金融学家迈尔斯与智利学者迈勒夫提出优序融资理论。该理论以信息不对称理论为基础，并考虑交易成本的存在，认为公司为新项目融资时，首先考虑使用内部的盈余，其次采用债券融资，最后才考虑股权融资。即融资遵循内部融资、外部债权融资、外部股权融资的顺序。

我国中小企业融资存在着一种"强制优序融资"的现象。虽然中小企业融资次序选择与优序融资理论基本吻合，但其融资偏好的初衷与优序融资理论存在偏差，是一种被动选择。这种现象的存在具体体现了我国中小企业融资难问题，从某种意义上说是市场失灵的一种表现，也被称为"麦克米伦缺口"现象。市场失灵主要体现为信贷市场和资本市场的失灵。我国当前的金融结构主要以国有商业银行为主，金融机构层级单一，导致中小企业主要依赖银行信贷融资，然而银行往往不愿意给予高风险的中小企业信贷支持。此外，由于缺乏融资抵押和担保，中小企业融资难度大、融资成本高的问题一直没有得到解决。从我国资本市场的构成来看，我国仍然缺乏为中小企业提供投融资服务的完整资本市场体系。我国的资本市场在制度设计和运行效率等方面与发达国家存在较大差距。股票上市等融资方式的条件较高，一般中小企业很难实现上市。要真正解决中小企业融资市场失灵的问题，就必须充分发挥政府的支持和引导作用。

（二）主要机制分析

从基于委托代理问题的分析看，在信贷市场中，代理问题主要体现在以下两个方面：一方面是中小企业在向银行借款之前，为了获得充足的资金满足自身生存发展的需要，它会向银行隐瞒对自身不利的坏消息，将信息进行加工再予以披露。银行由于缺乏关于中小企业偿债能力的真实信息，通常提高借款成本或者降低企业的借款额度，此时中小企业由于无法贷到充足的资金往往会面临融资约束和投资不足问题。另一方面是企业获得银行借款之后，企业可能投资于净现值为负的项目或者借入新债，这些行为会降低企业未来偿债能力从而损害银行的利益。由于银行无法获得企业投资活动的相关信息和对企业借入资金用途进行有效监督，银行为了降低风险也会提高借款成本，增加各种限制性条约，这会导致企业无法借入足够资金面临融资约束问题。通过以上分析，银行与企业之间的信息不对称问题的严重性导致企业的借款成本增加，无法借入充足的资金，使企业面临融资约束和投资不足等问题。

从基于逆向选择的分析看，在中小企业向银行申请贷款时，银行与企业之间存在信息不对称的情况，其中银行处于信息劣势方，而企业则处于信息优势方。国有银行在放贷过程中无法准确评估中小企业的真实情况，因为中小企业无法像大企业那样公开准确的财务信息。由于银行在放贷过程中面临较大风险，为了弥补这种风险，银行会要求中小企业提供较大比例的抵押物并收取较高利率。这会导致那些风险较小、收益较稳定的中小企业因为成本过高而不愿意贷款，从而退出信贷市场；而那些风险较高、收益不稳定的企业则会留在信贷市场。这样就会增加银行的放贷风险，结果是那些收益不稳定且风险较大的企业会驱逐收益稳定、风险较小的企业。这种情况在信贷市场上形成了逆向选择。

从数据缺失以及有效性不足角度看，基于隐私保护法律法规的要求，银行对于安全合规使用数据的标准越来越高，政务部门、同业机构作为高度有效的数据源，由于数据标准和开放程度不一，渠道不通畅，获取信息存在现实障碍，导致大数据风控所需的数据维度不全面，数据量不足，难以发挥智能审批、智能风控场景下的技术优势；对小微的贷款资金是否流向实体经济，经常涉及跨行、跨境等复杂情况，也缺乏有效的监测手段进行贷后资金的追踪，这些都成为摆在银行技术使用者面前亟待解决的问题。

一方面，数据缺失严重。普惠金融服务通常面向中小微企业和个体经营者，这些客户数量庞大、分散，数据收集和整理的难度较大。首先，由于缺乏标准化的数据录入和存储方式，银行在收集和整理这些数据时会面临很多困难，导致数据缺失；其次，由于中小微企业和个体经营者的规模较小、透明度相对较低，他们的金融数据并没有完备地记录和公开；再次，银行在提供普惠金融服务时，需要对客户进行风险评估和贷款授信，为了遵守相关法律法规和保护客户隐私，银行无法在所有情况下获取完整必要的数据；最后，银行在处理大量的客户和数据时，可能会受限于技术和人力资源的限制而无法进行及时而准确的数据收集和处理从而导致数据缺失。

另一方面，数据有效性不足。除了数据缺失外，数据的有效性也是当前面临的一个难点。由于替代性数据的信息采集、处理机制不同，来源又非常复杂，数据的准确性、真实性相对较低，银行出于合规考虑，对数据厂商的选择和合作也更加谨慎。供应链核心企业所掌握的上下游交易数据、产品数据等保密程度高，加上链条各环节数据口径不统一，数据质量难以保证，并且存在大量半结构化、非结构化的数据，这些均造成银行实际可用的数据量和数据有效性不足，数据治理的难度大。

中小企业的信用数据来源主要包含几个部分：除了人行征信系统和银行内部自有数据以外，主要集中在政府部门或公共事业部门，其他同业金融机构，还有部分分散在供应链核心企业，以及互联网企业中的替代性数据。数据来源的分散化、碎片化使银行获取数据的成本高、难度大，加上整个社会信用信息体系尚未完全打通，信息获取的渠道不通畅，彼此之间仍然存在组织壁垒、数据孤岛的问题。（图9-4）

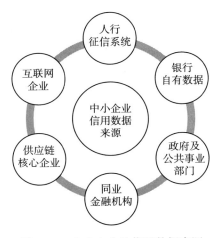

图9-4 中小企业的信用数据来源

四、广东中小企业融资平台案例分析

(一)中小企业融资平台基本情况

2019 年 2 月，为进一步解决民营企业融资难、融资贵问题，切实提高民营企业金融服务的获得感，银保监会发布了《中国银保监会关于进一步加强金融服务民营企业有关工作的通知》。该文件推动完善融资服务信息平台，提出银行保险机构要加强内外部数据的积累、集成和对接，搭建大数据综合信息平台，精准分析民营企业生产经营和信用状况。健全优化与民营企业信息对接机制，实现资金供需双方线上高效对接，为民营企业融资提供支持。同时指出银保监会及派出机构要积极协调配合地方政府，进一步整合金融、税务、市场监管、社保、海关、司法等领域的企业信用信息，建设区域性的信用信息服务平台，加强数据信息的自动采集、查询和实时更新，推动实现跨层级跨部门跨地域互联互通。

2021 年 12 月，发布了《国务院办公厅关于印发加强信用信息共享应用促进中小微企业融资实施方案的通知》。该文件要求构建全国一体化融资信用服务平台，加强包括市场主体登记注册、纳税、社会保险费和住房公积金缴纳、水电气费等信息归集共享，提升银行等金融机构服务中小微企业能力，不断提高中小微企业贷款覆盖面、可得性和便利度。

在多个政策的颁布下，广东中小企业融资平台应运而生。广东省中小企业融资平台（下称"中小融"平台）自 2020 年 1 月上线以来，利用区块链技术独有的不可篡改、加密状态下交叉验证的特点，打破了中小企业和商业银行之间信息不对称的难题。截至 2020 年末，"中小融"平台已接入来自 34 个政府单位共 250 项政府数据，对全省 1 100 多万家企业信息全面采集，服务企业超过 4 万家，累计实现融资超过 200 亿元。截至 2021 年 12 月 31 日，"中小融"平台已经成功接入来自 34 个政府单位 250 项政务数据，有超过 480 家金融机构在平台发布金融产品近 1 400 款，累计服务中小企业超 100 万家，推动中小企业实现融资金额 779 亿元。截至 2022 年底，平台已汇集 34 个政府部门 342 项政务数据，入驻金融机构 1 222 家，发布金融产品 1 754 款，通过政务数据在金融领域的应用，服务广东省企业 162.83 万家，实现融资 1 591.72 亿元，平均单笔贷款约 170 万元，利率为年化 4%～5%，切实为实体经济提供了有效金融供给。2022 年，"中小融"平台还为广东省 2 824 家（个）中小微企业和个体工商户提供了 94 亿元的金融供给，其中佛山市共 417 家市场主体实现授信金额约 25.6 亿元，发放贴息补助 1 104 万元；南海区共 126 家市场主体实现授信金额约 10 亿元，发放贴息补助 479 万元。（图 9-5）

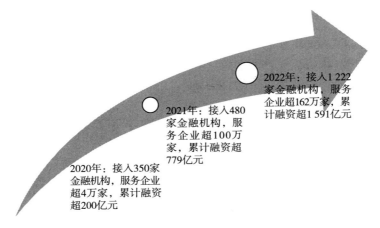

2022年：接入1 222家金融机构，服务企业超162万家，累计融资超1 591亿元

2021年：接入480家金融机构，服务企业超100万家，累计融资超779亿元

2020年：接入350家金融机构，服务企业超4万家，累计融资超200亿元

图 9-5　广东"中小融"平台发展趋势

资料来源：广东省地方监督管理局。

（二）中小企业融资平台特征

一是综合性特征。该平台整合了广东省内各大银行和金融机构的融资资源，覆盖了多种融资方式，包括贷款、股权融资、债券融资等。中小企业可以在一个平台上获取多样化的融资选择，提高了融资的灵活性和成功率。

二是智能化特征。平台利用大数据和人工智能技术，为中小企业提供融资评估、风险分析、融资咨询等智能化服务。通过数据分析和算法推荐，平台可以为中小企业提供更加精准的融资方案和建议。

三是便捷化特征。广东中小企业融资平台提供在线办理、线上审批、线下服务等便捷的融资流程，让中小企业能够更加方便地进行融资申请和办理。同时，平台还提供了智能化的融资工具和数据分析，帮助中小企业提高融资效率和成功率。

（三）中小企业融资平台运行机制

"中小融"平台整合了金融、税务、市场监管、司法等数据信息，形成金融专题数据库，根据企业授权，为金融机构评价企业提供全面准确的信用评价支持。平台运用 AI、大数据、云计算为中小企业进行风险画像和信用评价，以区块链技术建立信息共享、隐私保护和互信机制，大大弥补了商业银行、

"7＋4"类金融机构等在风险定价能力上的不足，让它们"愿贷、敢贷"。

　　"中小融"平台通过与区域内多家金融机构产品接入的方式，致力于满足企业对多元化资金的需求。借助智能匹配引擎，该平台能够为企业自主地推荐符合其资金需求的融资产品，从而为企业提供更为便捷和高效的资金获取途径。该平台以广东股票交易中心综合业务体系作为支撑，通过展示挂牌、登记托管、培育孵化、改制辅导等一系列业务，以及采用股票和私募可转债融资等多样化方式，不断拓展企业的融资渠道。企业可以通过与上下游贸易往来中的订单或票据进行融资，同时借助区块链、人工智能等金融科学技术在平台中的应用，使得核心企业的贸易信用能够得到有效延伸，从而有助于企业的资金活跃和经营发展。此外，该平台还设有独立的资讯库，通过制度法规通知公告、新闻资讯等板块内容为企业提供最新、最热门的融资信息，以便企业能够快速获取与其需求相匹配的扶持政策（图9-6）。

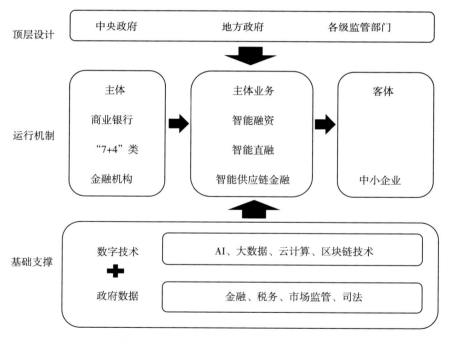

图9-6　广东"中小融"平台发展模式

（四）中小企业融资平台解决实际融资难的典型实践

　　2020年春节，作为健康科技公司的项目负责人，李婷临危受命带领团队支援湖北前线核酸检测工作，随着样本量的不断增加，低效率的检测方案显得力不从心，更新升级检测方案成为重中之重，可公司由于缺乏抵押品无法及时获得融资，资金周转陷入困境。这时广东"中小融"平台的出现及时为公司注入了活水。李婷以知识产权向平台申请贷款后，便接到了银行客户经理的来电，成功获得了无抵押税金贷。"中小融"平台在收到贷款申请后，快速采集企业征信数据，同时以"数据"换"信用"，利用区块链技术分析和溯源供应链上的数据和交易记录，评估企业的经营状况和信用历史，准确地评估中小企业的信用风险，为商业银行提供更准确的信用评估依据。广东省"中小融"平台协同金融机构，为企业提供了一站式贷款解决方案。

众所周知，中小企业融资难、融资贵、融资慢，但不仅是企业有痛点，银行也有难点。"中小融"平台由省地方金融监督管理局会同省政务服务数据管理局共同建设，是对全省范围内中小企业进行商业信用分析评价的平台。针对融资难问题，该平台整合市场监管、税务、海关、司法、科技、民政以及各市社保、水电气等数据信息，打通公共信用信息、互联网信息、市场化评价信息、专业化评价信息，实现信息采集、信用评价、信息共享、线上融资对接等一体化线上智能融资服务。对于融资贵问题，平台通过提供增信、贴息、风险补偿等配套服务，打造"一站式"的综合金融服务平台。对于融资慢问题，平台采用人工智能、大数据、云计算、区块链等领先的金融科技手段，实现商流、信息流、资金流、物流"四流合一"。

中小企业长期普遍存在经营规模有限、抵押物缺乏、财务信息不透明等问题。商业银行无法通过现有的信贷数据以及资信评级判定中小企业的偿债能力是其融资难的症结所在。"中小融"平台在银行和企业之间搭建起精准对接渠道，让金融"活水"精准纾困市场主体。同时，在普惠金融业务场景的拓展上，将隐私计算技术与大数据、云计算、人工智能、区块链、物联网等技术融合使用，发挥各自的技术优势，保证数据在进行联合计算的过程中满足风险的精准识别、安全的云端存储和数据流通过程可追溯的要求，丰富数据维度，实现数据的所有权和数据使用权相互分离，有利于解决银企间信息不对称的问题，助力普惠金融规模扩大与高质量协同发展。

（五）中小企业融资平台现存的缺陷和挑战

尽管广东省中小企业融资平台在解决信息不对称问题方面取得了显著进展，但仍存在一些潜在的缺陷和挑战，包括以下几个方面：

一是仍然存在数字鸿沟问题。尽管数字技术可以提高中小企业融资的可获得性，但仍存在数字鸿沟的问题。数字鸿沟会造成数字普惠金融非均衡发展、阻碍小微企业融资难问题的解决。同时，数字普惠金融的供给侧也存在结构性不平衡问题，如前文提到数字普惠金融发展的区域不平衡现象较为突出。数字鸿沟的消弭是系统性工程，涉及社会人口、经济、个人因素、社会支持、技术类型、数字培训和基础设施完善等各项内容。第一，需要将数据基础设施建设为一种公共资源，消除长期存在的部门间的数据壁垒和信息孤岛。第二，通过构建统一的信用信息共享平台，提高金融数据的通畅性和使用率，进一步提升数字金融的普惠度，确保数字技术包容，推动社会的可持续发展。虽然"中小融"平台一直致力于信息共享但因为一些中小企业可能没有足够的数字化能力，这会导致他们无法充分受益于平台提供的服务。

二是数据隐私和安全风险仍需注意。随着平台收集和存储大量中小企业的敏感信息，数据隐私和安全成为一个关键问题。潜在的数据泄露、黑客攻击或不当数据使用可能会损害企业和客户的信任，需要强化严格的数据隐私保护和网络安全措施。同时，由于技术的复杂性也可能会导致问题出现。数字技术的应用通常需要高度专业的技术支持和维护。平台需要不断更新和升级其技术基础设施，以适应不断发展的数字技术和安全标准，这些可能会增加运营成本和技术风险。它所依赖的数据质量至关重要。如果企业提供的数据不准确或存在问题，可能导致错误的信用评估和风险管理，增加了融资风险。

三是社会和道德问题仍待解决。数字技术应用可能引发一些社会和道德问题，如算法偏见、人工智能决策的透明度等。首先，数字借贷平台的风控机制通常是由算法决定的，但这些算法往往缺乏透明度，难以理解和监督。平台可能会对借款人进行不公平的处理，如拒绝借款、提高利率等，而借款人无法得到合理的解释和申诉渠道。平台需要积极解决这些问题，以确保其服务的公平性和道德性。其次，数字借贷平台的快速发展和高利润吸引了众多参与者，导致市场竞争激烈。一些平台可能采取不正当手段，如虚假宣传、恶意诋毁竞争对手等，扰乱市场秩序，损害整个行业的信誉。最后，数字技术的应用需要符合复杂的监管和合规要求。金融监管部门需要不断跟进技术发展，确保平台操作合法合规，并维护金融体系的稳定性和公平性。

总之，虽然广东省中小企业融资平台利用数字技术解决信息不对称问题取得了积极成果，但仍然需要不断关注和解决上述潜在的问题，以确保平台的可持续发展和普惠金融目标的实现。这需要综合考虑技术、安全、法律和伦理等多个方面的因素。

五、数字化普惠金融平台以供求联结赋能乡村振兴融资的成效与启示

(一) 成效

"中小融"平台建设是广东"数字政府"和金融科技深度融合的重要实践，打造了"数字政府＋金融科技"赋能中小企业高质量发展的广东模式。该平台将所有与中小企业融资相关的要素、流程集中起来，形成一个开放的供求协同的金融生态系统，从而着力破解中小企业信息不对称难题，解决广东中小企业融资难、融资贵、融资慢问题。

从供给角度看，即对于银行而言，"中小融"平台的优势体现在其有效解决了银行因缺乏高质量企业经营数据而无法对企业放贷导致的融资难问题。虽然银行的自主风控模型成熟度较高，但银行作为企业在数据获取和整合方面存在相对的局限性。而政府主导的"中小融"平台整合了各类数据，搭建了庞大信息库，能够为银行授信提供更加精准的"企业信用画像"，从而全面提升了金融支持中小企业发展的层级和能力。从需求角度看，即对中小企业而言，"中小融"平台的优势则体现在其不但整合了直接融资、间接融资、供应链融资等多种模式，而且为企业提供了丰富的融资信息，扩充了企业融资渠道。此外，其操作简单、获取便捷，企业只需完成注册、认证、登录三步，即可在融资超市自动适配金融产品。"中小融"平台为企业打造了一站式线上融资智能生态圈，为解决企业融资难、融资贵、融资慢问题贡献了金融科技力量。

为更好地服务共同富裕目标的实现，"中小融"平台设立了专门的"农业专区"，为广东乡村振兴板挂牌企业提供银行贷款支持。截至 2023 年，广东乡村振兴板挂牌企业获得银行贷款金额合计超过 4.56 亿元。"中小融"平台与多家金融机构建立合作关系，包括广东省农村信用社联合社、中国工商银行广东省分行、中国农业银行广东省分行等，共同推动乡村振兴融资项目的落地。这些金融机构在中小融平台的支持下，创新推出了一系列专属金融产品，如"百千万整村授信""美丽乡村贷"等，为乡村经济注入了强劲动力。例如，广东英德农村商业银行依托"中小融"平台，大力发展涉农信贷业务，推出多种专项信贷产品，如"经营有道"等，有效支持了乡村振兴战略的实施。邮储银行梅州市分行通过"中小融"平台为梅州柚子产业量身定制了"柚子贷"，为农户提供了一站式农业金融服务。这一产品不仅解决了农户的资金需求，还促进了梅州柚子产业的产、供、销一体化发展。中国银行广东分行通过数字供应链

金融支持"百千万工程"，广东中行截至 2023 年 11 月末，涉农贷款余额 1 887.67 亿元，较年初新增 488.16 亿元，增幅 34.9%。通过"整村授信"模式，已准入村镇项目 91 个、准入额度 21 亿元，单笔业务批复 276 笔、授信金额近 10 亿元，有效支持了农户的生产经营活动。广东中行还通过数字供应链金融为农业科技创新注入新活力，具体通过"中银农科贷"服务方案，推动科技兴农与乡村振兴战略深层次融合，累计为农科院合作企业批复贷款 72 户，批复总量 5.2 亿元，实现贷款投放 5.1 亿元。这些金融创新举措为农业产业链上的农户提供了资金支持，促进了农户增收和财产性收入的提高，为乡村振兴贡献了重要力量。

（二）启示

银行与企业间信息不对称问题，一直是中小企业获得有效资金支持的主要障碍。从银行的供给角度来看，银行获取中小企业高质量经营信息的渠道非常有限，因而难以合理的判定企业信用风险。从中小企业的需求角度来看，不仅企业很难及时、充分地了解银行的信贷政策和融资产品，而且企业对资金的需求往往非常个性化，企业从众多信贷产品中难以有效分辨哪些产品最适合自己。

而"中小融"平台充分利用广东"数字政府"数据资源，结合先进的区块链、云计算等金融科技，打造了服务中小企业全生命周期的金融服务体系，解决了银行和中小企业间的信息不对称问题，实现了为企业的有效增信，破解了广东中小企业融资难、融资贵、融资慢难题。"中小融"平台能够拥有这样的成效要得益于以下四大关键因素：

一是重视"数字政府"的改革建设。"中小融"平台能够顺利建设并取得良好应用效果的基础是广东"数字政府"改革建设。监管中小企业的政府部门虽然掌握有关企业真实经营状况的高质量信息，但这些信息往往分散在不同的政府部门内，没有统一数据归集接口和对外输出渠道，存在信息壁垒和信息孤岛现象。然而，广东从 2018 年开始启动"数字政府"改革建设工作。到 2020年，广东建立了整体推进、政企合作、管运分离的"数字政府"管理体系和整体运行、共享协调、服务集成的"数字政府"业务体系，构建了统一安全的政务云、政务网、开放的一体化大数据中心、一体化在线政务服务平台，建成了上接国家、下联市县全覆盖的"数字政府"。

"中小融"平台就是依托"数字政府"改革建设的成果，包括政务云平台、政务大数据中心、公共支撑平台等，整合了税务、市场监管、社保、海关、司法、科技、民政以及水电气等与中小企业相关的高质量数据信息，建立了中小企业信用信息共享机制，打破了中小企业信息壁垒，解决了信息孤岛问题。

二是积极应用先进技术改造中小企业融资平台。《广东省支持中小企业融资的若干政策措施》提出，要鼓励市场化机构按照政策规定运用人工智能、风控模型、大数据等技术为中小企业进行风险画像和信用评价。在这样的政策要求下，"中小融"平台由金融壹账通提供技术支持，充分运用大数据、云计算、区块链等先进技术，刻画了更加全面立体的企业画像，将企业信息转化为企业信用，同时也更及时全面地呈现了企业的融资需求，形成了信息化的融资服务平台，有效提高了企业融资效率。而"中小融"平台更值得借鉴的一点是其对区块链技术的应用。据悉，"中小融"平台是全国首个以区块链为底层技术的中小企业融资平台。区块链技术的运用助推了信息共享、隐私保护和互信机制的建立，使得中小企业信息的开放和共享更加便捷和安全，更有利于银行和其他投资机构对中小企业提供合理充足的资金支持。

三是充分发挥政府积极引导资源构建平台的作用。"中小融"平台能够在短时间内发挥关键作用，政府积极引导、紧抓落实情况是重要的推动因素。在平台的建设和推广过程中，政府相关部门积极主动加大平台推广力度，引导有信用的中小企业和商业银行在平台上分别发布融资需求和信贷产品，并进行线上智能匹配，充分发挥平台效能。据了解，政府相关部门多次通过开展专题调研、召开"中小融"平台建设工作推进会等方式，督促地方全面落实"中小融"平台建设推广工作。此外，政府还出台激励政策促进"中小融"平台扩展应用。据悉，为鼓励核心企业通过"中小融"平台和人民银行征信中心应收账款融资服务平台（下文简称"中征"平台）进行系统对接，依托核心企业信用和真实交易数据，为上下游企业提供无抵押担保的订单融资和应收账款融资。2020年广东省财政厅安排资金1 397万元，对通过"中小融"平台和"中征"平台在线确认账款、支持广东省上游中小企业融资的核心企业，按不超过实际年化融资额的1%给予奖励。

四是通过"广对接、建分站"促进示范推广应用。"中小融"平台还积极探索与其他平台间的融合发展模式，形成了融资平台的一大特色。"中小融"平台除实现与"中征"平台的有效对接外，还与依托"广东省政府采购系统"搭建的政府采购合同融资服务平台实现了对接，引导金融机构与供应商通过平台在线开展政府采购合同融资业务，推动实现全流程线上融资，大幅减少了传统人工审批流程和审批时间，提高了融资效率。广东省财政厅有关负责人介绍，截至 2020 年 11 月底，已有 19 家金融机构进驻政府采购合同融资平台，共为 144 家中小企业提供融资 211 笔，融资金额 4.4 亿元。

此外，广东还积极推动"中小融"平台建立地方分站，因地制宜开展地方特色平台产品创新。2020 年 11 月"中小融"平台潮州分站正式上线，其根据本地企业潜力、地区经济发展方向和不同融资场景与需求，打造了非银金融、文化旅游金融、工程和产业金融、陶瓷金融四个特色专区，充分发挥金融科技在优化营商环境方面的作用，着力解决潮州市中小企业融资难、融资贵、融资慢等问题。此前，"中小融"平台已在汕尾、东莞建立特色分站，未来还将继续结合地方特色产业，创新平台产品，更好地赋能中小企业及实体经济的发展。

第二节　数字普惠金融赋能产业链内部投融资匹配——以广东中行供应链金融为例

为了解决中小企业融资难问题，我国自 21 世纪初逐步形成了供应链金融。供应链金融是为解决金融机构和中小企业间信息不对称和中小企业抵押资产不足难题，而进行的融资模式创新。供应链金融不再着眼于单个中小企业，而是从整个产业供应链通盘考虑，以核心企业与上下游中小企业之间的业务合同为担保，从而保证银行给予中小企业贷款资金的安全，加强了银企的稳定合作关系。因此，供应链金融将供应链数据信息与中小企业投融资需求结合起来，优化中小企业的结算资金和营运资本的流动性。供应链金融依托供应链中的核心企业，以核心企业的信用为基础，将融资从商品销售阶段延伸到核心企业的采购和生产阶段，因为多数中小企业都是作为核心企业的上下游企业，其融资需求主要来自核心企业的采购和生产资金压力。供应链融资模式在一定程度上有助于解决与核心企业相关联的中小企业融资难问题。因此，供应链金融被认为是为中小型企业融资提供便利的一个创新模式，它将资金流与供应链管理整合起来，一方面，商业银行为供应链的参与企业提供贸易融资；另一方面，满足了中小企业在信贷方面的短期需求。

中国银行广东分行通过"天禾惠农供应链贷"等产品，为农业龙头企业的下游种植户和经销商提供资金支持，助力农户扩大生产规模，增加收入。它主要通过支持农业产业链上下游企业，提高整个产业链的效率和价值，并通过帮助农户参与到更广泛的市场活动中，增加其从土地流转、租赁和股份合作中获得的财产性收入。

基于上文分析，本书将以广东中国银行供应链金融模式为例分析数字技术如何促进普惠金融的供给与需求匹配。本节结构安排如下：第一，阐述我国小微企业发展现状；第二，梳理我国关于供应链金融的相关政策；第三，以广东中国银行供应链金融模式为例进行具体分析；第四，总结成效与启示。

一、我国小微企业发展现状与主要特征问题分析

（一）相关政策环境演变

2018年以来，国家大力推动普惠型小微企业贷款供给。2020年以来，受新冠疫情冲击，监管部门进一步推出了多种结构性货币政策工具，包括支农再贷款工具、支小再贷款工具和再贴现工具等针对扶持"三农"与小微企业的长期性工具，以及普惠小微贷款支持工具、碳减排支持工具、科技创新再贷款、交通物流专项再贷款等特定细分领域精准信贷投放的阶段性工具等，多项措施共同助力小微企业解决困难、巩固经济恢复基础。

2021年12月工信部发布《关于印发"十四五"促进中小企业发展规划的通知》（下文称《规划》）。该文件提出构建中小企业"321"工作体系，即围绕"政策体系、服务体系、发展环境"三个领域，聚焦"缓解中小企业融资难、融资贵，加强中小企业合法权益保护"两个重点，紧盯"提升中小企业创新能力和专业化水平"一个目标，并将该工作体系作为《规划》的核心内容，成为促进中小企业发展工作的切入点和着力点。

2022年5月，中国人民银行印发《关于推动建立金融服务小微企业敢贷愿贷能贷会贷长效机制的通知》，首次直接把"敢贷愿贷能贷会贷"写到通知的标题里，加大政策力度。2022年11月，《关于进一步加大对小微企业贷款延期还本付息支持力度的通知》明确延期贷款正常计息，免收罚息。各银行业金融机构要坚持实质性风险判断，不单独因新冠疫情因素下调贷款风险分类，同时不影响征信记录，并完善贷款延期还本付息相关尽职免责规定。2023年7月，国家金融监督管理总局修订形成了《非银行金融机构行政许可事项实施办法（征求意见稿）》（下文称《征求意见稿》）。《征求意见稿》简化了债券发行和部分人员任职资格审批程序，取消非银机构发行非资本类债券审批、金融资产管理公司财务部门和内审部门负责人任职资格核准事项，改为事后报告制。

一系列政策体现了我国高度重视中小企业的发展，并致力于优化中小企业的发展环境。政府采取的一系列措施，通过提供更好的政策支持和服务，促进

了中小企业的繁荣。表 9－1 为 2022 年我国中小企业发展环境评估得分情况，在全国各大城市中小企业发展中深圳、广州处于前列，说明广东中小企业发展历程更具有参考意义，下文将以广东为例进行论述。

表 9－1 2022 年我国中小企业发展环境评估得分情况

序号	城市	综合得分	市场环境	法治环境	融资环境	创新环境	政策环境
1	深圳市	79.42	80.63	96.04	79.46	66.16	74.82
2	上海市	76.64	68.85	81.43	89.11	66.07	77.75
3	南京市	71.11	77.92	94.34	56.79	62.55	63.93
4	广州市	70.96	79.60	91.32	59.42	55.41	69.04
5	北京市	70.60	55.32	78.67	60.73	85.20	73.07
6	杭州市	67.31	68.65	81.20	63.18	71.20	52.31
7	厦门市	65.27	62.58	83.78	52.49	51.18	76.33
8	宁波市	58.99	65.58	73.73	63.05	45.69	46.88
9	长沙市	57.95	46.88	80.07	50.84	49.38	62.56
10	青岛市	57.50	59.03	79.70	46.70	51.07	50.98
11	天津市	57.19	55.84	76.05	41.85	66.36	45.84
12	武汉市	55.53	60.55	68.42	45.63	58.39	44.65
13	合肥市	55.19	58.10	66.32	48.91	47.19	55.42
14	成都市	51.99	55.02	65.72	47.80	50.68	40.75
15	西安市	51.82	46.34	55.79	48.96	65.35	42.68
16	重庆市	51.48	49.15	52.53	44.30	46.46	64.98
17	济南市	50.89	53.47	65.03	44.66	42.61	48.70
18	福州市	49.77	58.55	67.18	47.21	38.41	37.49
	平均值	49.8	51.33	62.06	43.66	45.82	44.53

数据来源：中华人民共和国工业和信息化部《2022 年度中小企业发展环境评估报告》。

（二）小微融资供给规模不足

在企业贷款市场中，银行是绝对的供给主力，但目前市场供给格局呈现分层现象，如图 9－7 所示。比较特别的是，由于个体工商户群体所需贷款额度都比较小，且风险控制难度较大，通过为个体工商户提供个人消费贷款的方式实现供给也是市场上常见的一种方式，很多银行与金融科技平台都会采取该方式来完成金融机构的普惠性贷款指标。

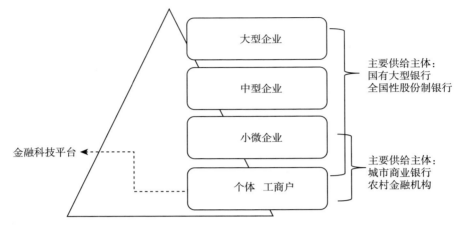

图 9-7　我国市场供给格局

注：据世界银行《中小微企业融资缺口：对新兴市场微型、小型和中型企业融资不足与机遇的评估》报告研究指出，我国中小微企业潜在融资需求达 4.4 万亿美元，而融资供给仅 2.5 万亿美元，缺口比重高达 43.18%。据此可知，我国小微融资供给规模严重不足。

（三）小微融资供求结构性失衡

中国小微企业融资困难、融资成本高是相较于大型企业的融资状况而言的。具体表现在小微企业对经济的贡献与其获得的金融支持不平衡。从小微企业对经济的贡献来看，中小企业创造的最终产品和服务价值相当于国内生产总值的 60% 左右，缴税额为国家税收总额的 50% 左右，提供了近 80% 的城镇就业岗位。然而，从小微企业获得的金融支持来看，截至 2022 年底，小微企业贷款仅占企业贷款余额的 42.8%，而贷款额度在 1 000 万元以下的普惠型小微企业贷款余额仅占小微企业贷款的 40.4%。小微企业所获得的贷款供给与其对经济的贡献规模不相匹配。

图 9-8 为 2016—2023 年小微企业贷款需求指数季度数据，从总体趋势来看，2016 年到 2023 年我国小微型企业的贷款需求随着经济增长上升，总体上小微企业贷款需求指数稳定在 60%～70% 附近。而且调研得出，中国小微企业贷款中约 70% 有贷款需求，但截至 2022 年末，中国小微企业中有授信余额和贷款余额户数的比例分别仅为 34.10% 和 23.80%（图 9-9）。我们无法忽视过去几年中国小微企业贷款的普惠性的成果，但也必须正视小微企业贷款群体覆盖度还不到一半、仍有大量小微企业未能获得小微信贷支持的现状。

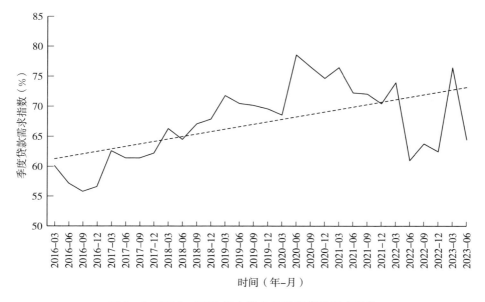

图 9-8　2016—2023 年小微企业季度贷款需求指数

数据来源：国泰安数据库。

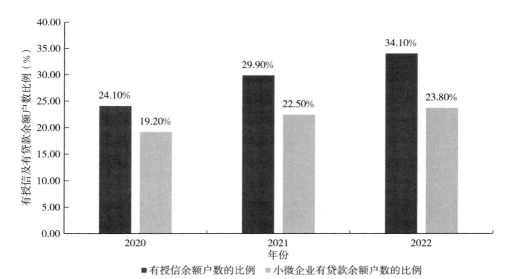

图 9-9　2020—2022 年中国小微企业有授信及有贷款余额户数的比例

数据来源：中国人民银行、国家工商行政管理总局（2018 年 3 月已撤销）。

（四）小微企业融资难困境

首先，金融机构在小微企业融资方面存在信息不对称的问题。小微企业通常缺乏必要的信用记录和资产质押，这使得金融机构难以评估它们的信用风险。由于缺乏有效的风险评估手段，金融机构普遍存在对小微企业融资持谨慎态度的情况，导致融资供给不足。其次，现有的融资渠道不够多样化。目前，我国小微企业主要依赖于商业银行的贷款融资，其他融资渠道如债券市场、股权融资等发展不足。这导致了融资供给的单一性，无法满足小微企业不同阶段和不同需求的融资需求。此外，监管政策也对小微企业融资造成了一定限制。由于金融风险的考量，监管部门对小微企业融资进行了一系列的限制和规范，如信贷配额、贷款利率等限制措施。这些政策可能使得金融机构更加谨慎对待小微企业的融资需求，导致供给结构性失衡。最后，小微企业自身的问题也是造成供给结构性失衡的原因之一。小微企业在规模、管理水平、创新能力等方面相对较弱，这使得它们在融资过程中面临更多的挑战。缺乏足够的资本实力和良好的经营记录，使得金融机构对其融资需求持谨慎态度。

二、供应链金融发展及相关理论基础

（一）相关政策梳理

2017 年发布的《国务院办公厅关于积极推进供应链创新与应用的指导意见》中提到，鼓励商业银行、供应链核心企业等建立供应链金融服务平台，为供应链上下游中小微企业提供高效便捷的融资渠道。鼓励供应链核心企业、金融机构与人民银行征信中心建设的应收账款融资服务平台对接，发展线上应收账款融资等供应链金融模式。

此后，相关部门发布了《关于开展供应链创新与应用试点的通知》《中国银保监会办公厅关于推动供应链金融服务实体经济的指导意见》《中国银保监会办公厅关于加强产业链协同复工复产金融服务的通知》《关于规范发展供应链金融 支持供应链产业链稳定循环和优化升级的意见》等一系列文件。中国供应链金融服务联盟秘书长徐煜表示，国家出台一系列供应链金融政策加快了供应链金融的规范化发展，同时可以推动核心企业参与其中，共同营造良好的市场环境，真正解决中小企业的融资问题。

2020 年 9 月发布的《中国人民银行　工业和信息化部　司法部　商务部　国资委　市场监管总局　银保监会　外汇局关于规范发展供应链金融 支持供应链产业链稳定循环和优化升级的意见》（下文称《意见》），被业内视为我国供应链金融的纲领性文件。2021年政府工作报告首次单独提及"创新供应链金融服务模式",这意味着供应链金融已上升为国家战略,其在解决中小微企业融资问题和金融脱实向虚等方面的作用得到了国家层面的认可和扶持。

据国家统计局数据,2020年末,中国规模以上工业企业应收账款16.41万亿元,比上年末增长15.1%;产成品存货4.60万亿元,增长7.5%。而应收账款、存货则是中小微企业的主要资产,也是供应链金融发展的土壤。供应链金融的实践核心在于将核心企业的信用能力延伸至供应链上下游中小企业,主要有以下三种典型模式:动产质押融资模式、应收账款质押模式、预付账款融资模式。

我国近几年来致力于推动通过供应链金融的方式提升对中小微企业的信贷支持,促进金融与实体经济的有机融合与双向共进。2020年以来,国家发布各项政策支持供应链金融发展,并鼓励央企、国企等企业践行社会责任,支持链上企业供应链金融服务。2023年8月,国家金融监督管理总局等五部门发文,鼓励银行业金融机构通过应收账款、订单融资等方式加大对产业链上游中小微企业信贷支持,持续提升中小微企业融资便利度和可得性,加大金融支持中小微企业专精特新发展力度。

(二)相关理论基础

1. 贸易自偿理论

贸易自偿性理论,是指在供应链金融运作的整个过程中,商业银行的还款来源将依赖于整个供应链金融体系当中的各个企业的贸易所产生的现金流。贸易自偿性业务的主要特点一个是封闭性,一个是自偿性。与传统的融资方式不同,在贸易自偿融资中通常并不将申请融资的企业作为孤立的个体进行评估,而是结合其经营链条的上层和下层,评估其整个贸易活动,这样企业的信用和财务状况就很难被伪造,极大地解决了资信审核过程中企业信息不对称问题。商业银行传统的做法是对单个企业进行授信,关注企业的规模、净资产、负债率、盈利能力及担保方式等基本情况,自偿性贸易融资则关注于每笔真实的业务,通过资金的封闭式运作,确保每笔真实的业务发生后资金的回笼,以控制风险。封闭性和自偿性流程能够有效地降低风险,这种直接由银行按贸易链条付给上下游企业的封闭操作,能有效降低客户向银行骗取融资的风险。

2. 信息不对称理论

信息不对称表示存在信息漏洞,即信息提供不平衡。在市场经济活动中,不同人员掌握的信息和对信息的理解存在差异,即交易双方获得某事件真实信息的程度不同。对信息更了解的一方在交易中更具优势，在实际的交易中，买卖双方对商品信息的掌握程度是不同的，卖方对商品的信息更加了解，而买方则不然，这种一方比另一方了解更多信息，并且直接影响其对商品的判断的情况就是信息不对称。在信息不对称的情况下，一些中小企业可能会出现两种问题。一种是逆向选择，就是在交易双方信息不对称的情况时，由于价格下降而产生劣币驱逐良币的问题，一旦优质品由于商品平均价格的下降而退出市场，那么市场上就只剩下那些哪怕低价却依然能够获得利润的劣质品了，这样就会导致同类产品的平均质量大幅度下降；另一种是道德风险问题，道德风险是指代理人为谋取自身利益，做出损害委托人或者是其他相关的代理人的一些行为与活动。

3. 供应链金融风险管理的相关理论

风险管理是指如何在项目或者企业一个肯定有风险的环境里把风险减至最低的管理过程。风险管理是指通过对风险的认识、衡量和分析，选择最有效的方式，主动地、有目的地、有计划地处理风险，以最小成本争取获得最大安全保证的管理方法。当企业面临市场开放、法规解禁、产品创新时，会使变化波动程度提高，连带会增加经营的风险性。良好的风险管理有助于降低决策错误之概率、避免损失之可能、相对提高企业本身之附加价值。

供应链金融风险管理主要包括风险识别、风险评价和风险控制三个方面。风险识别是指在供应链金融业务中，对导致链上中小企业无法按时还款的因素进行分析的过程。只有清晰辨别供应链金融系统中存在的各类风险，才能为整个风险的评价与控制提供保障。风险识别是供应链金融风险控制的基础，只有识别出风险，才能采取相应的控制措施来控制风险。风险评价是指对供应链金融业务中很可能存在一些影响该业务正常运行的因素进行识别之后，量化分析这些因素可能对整个供应链中的企业和银行带来的威胁范围和程度，进而得出供应链中某个企业发生风险或者某个风险发生的可能程度的过程。通过风险评价对供应链金融风险指标因素进行系统性的分析和评价，判断风险大小，为采取相应的应对措施提供参考依据。风险控制是指通过各项措施降低供应链金融业务中的风险的过程。风险控制措施分为事前防范、事中控制和事后止损三个方面。其中，事前防范的效果最佳，能够最大程度地降低风险。事中控制是指在供应链金融风险事件发生后采取的风险控制措施，效果低于事前防范。而事后止损，则是指在风险事件发生后，通过采取相应的措施尽可能减少损失的风险控制措施。

三、中国银行广东分行数字供应链金融案例

2022 年 4 月发布的《广东省人民政府办公厅关于印发广东金融支持受疫情影响企业纾困和经济稳增长行动方案的通知》中明确指出，优化供应链金融模式保障产业链稳定。鼓励金融机构与广东省供应链金融试点平台对接合作，为供应链上下游企业提供融资服务。建立信贷、债券融资对接机制，引导金融机构快速响应产业链核心及配套企业融资需求。推动核心企业签发供应链票据支付上游企业账款，鼓励金融机构依法合规提供供应链应收账款融资服务。鼓励有条件的地市针对核心企业、金融机构开展供应链金融给予融资补贴或奖励。

（一）中国银行广东分行供应链金融模式简介

供应链金融的发展和应用对于解决当前供应链所面临的一系列问题起到了积极的作用。通过加强金融对产业链供应链上下游企业的支持，可以有效地缓解应收账款、应付账款积压以及中小企业资金链紧张等困境。此外，供应链金融还能够为产业链上的"堵点"企业提供所需的"润滑剂"，并为"断点"企业提供有效的"连接剂"，从而消除企业在融资过程中所面临的痛点和难点。通过这种方式，不仅能够促进产业链上下游的协同发展，还能够真正激活整个产业链，使其得以持续发展。

现金流是企业的血液，一旦供血不足企业就会停摆，产业链供应链就会出现"断点"。2020 年初，广东中行在走访华为消费者板块时发现，因为新冠疫情影响，华为消费者板块的部分经销商面临经营周转困难，租金、店员工资支付以及终端产品采购的资金需求进一步增加。广东中行迅速与华为终端有限公司深圳总部和华为广东代表处建立联系，量身定制消费终端经销商融资方案。

随着业务增长，华为政企版经销商的自有资金已经无法满足需求，亟须有金融机构的介入来解决融资难、融资贵的问题。广东中行通过华为推荐优质的经销商清单批量续做产业链集群的个性化服务方案，实现了三方互利共赢。

截至 2022 年 7 月，广东中行已为华为政企业务广东地区（不含深圳）的近 50 家金、银牌经销商成功批复新的授信模式，授信总量超 3 亿元，并荣获华为广东代表处颁发的最佳融资合作伙伴奖。广东中行综合利用相关业务经验，针对华为终端、政企、云三大业务板块，研发首创华为供应链普惠金融模式，并将方案模式复制推广至全国，目前已在全国 28 家一级分行成功复制推广。

（二）供应链融资模式主要特点

供应链金融与传统的融资模式相比，呈现明显的特点：

一是有利于解决中小企业的融资困境。大中型企业具有规模大、实力强、信用状况良好的特点，因此商业银行等金融机构更倾向于向这些企业提供资金或金融服务，而对中小企业的融资需求相对被忽视。然而，供应链金融模式能够通过利用核心企业的信用来盘活企业存货、应收账款等资产，从而化解中小企业的融资障碍。这种模式有助于解决中小企业面临的融资困境，降低企业融资成本，提高资金运作效率。相比传统的融资方式，供应链金融模式更具灵活性和效率，能够满足中小企业的融资需求。通过与核心企业建立合作关系，中小企业可以获得更多的融资机会，并且在融资过程中能够更好地控制风险。此外，供应链金融模式还能够促进企业间的合作，加强整个供应链的稳定性和效率，为经济发展提供更好的支持。因此，商业银行等金融机构应该重视中小企业的融资需求，积极推动供应链金融模式的发展，以促进经济的健康稳定发展。

二是有益于巩固银企合作。在传统的商业银行与企业的关系中，主要是银行向企业提供资金，而企业则需要支付一定的资金使用成本。然而，在供应链金融的运作过程中，商业银行不仅仅是扮演了资金提供者的角色，还充当了为企业提供全方位金融服务的合作伙伴。商业银行可以利用其风险控制手段和信息优势，帮助企业改善经营状况，并为供应链建设提供支持。这种合作不仅有助于降低企业的经营风险，同时也有助于降低银行的信贷风险，进而巩固银行与企业之间的合作关系。通过与商业银行的合作，企业可以获得更多的金融资源和专业服务，从而提升自身竞争力，实现可持续发展。同时，商业银行也能够通过与企业的合作，扩大自身的市场份额，并进一步提升自身的盈利能力。因此，供应链金融带来了商业银行与企业之间更加紧密的合作关系，促进了双方的共同发展。

三是便于减少商业银行对企业财务报表的过度依赖。在供应链金融活动中，商业银行的评估方式发生了变化。商业银行不再仅仅关注单个企业的财务报表和运营状况，而是更加注重其合作伙伴和交易对象。商业银行将供应链中的上下游企业视为一个整体，关注其所处的产业链的稳固程度，以及目标公司的市场地位和供应链管理水平。因为商业银行意识到，供应链的稳定与目标公司的发展息息相关。通过全面了解供应链中的各个环节，商业银行能够更准确地评估目标公司的风险和潜力。这种综合评估方式不仅可以帮助商业银行更好地把握供应链金融风险，还能够促进供应链中企业间的合作和共同发展。

四是有利于商业银行提高金融服务水平。企业根据业务情况，可以有多种融资方式，如原材料融资、存货融资、信用保证融资等。在供应链金融业务中，商业银行可以灵活评估企业经营中的各个环节，根据企业的具体需要和评估结果提供融资服务。企业不仅可以获得融资，而且可以在买方风险承担、款项催收等方面获得便利。

（三）解决小微企业融资难原理

广东中行与华为之间的供应链普惠金融模式旨在为华为供应链中的中小企业提供金融支持和服务。这种模式的主要目标是帮助中小企业解决融资难题，促进供应链上各个环节的稳定运营。如果按照传统的银行授信标准看，很多产业链的上下游企业，因为规模小，没有固定资产，所以很难获得融资。而广东中行根据华为合作伙伴的实际需求，提供定制化的融资服务。根据供应链中的不同环节和企业的需求，提供包括应收账款融资、订单融资、存货融资等各种形式的融资支持。通过为企业提供灵活的融资额度和期限，帮助企业缓解经营资金压力，提高资金利用效率。例如 A 企业是华为的供应商，尽管他自身没有抵押物，但只要手握华为的订单，存在应收账款，就可以判断 A 企业有还款条件，可以进行放款。这是从产业链视角对中小微企业进行新的评估和审视。比如很多中小微企业，尽管自身规模小，但确实依托产业链，具有广阔发展空间和稳定的订单。

广东中行借助科技手段，通过建立供应链金融平台，实现供应链各方数据的共享与流通。在供应链金融的实践中，既有供应链风险，又有金融风险，广东中行则在实践中探索出了用"闭环"的管理模式来应对这类风险的经验。在与华为的合作中，广东中行为其定制了一套针对消费终端经销商的融资方案。通过华为推荐优质经销商清单，批量续做产业链集群的个性化服务方案。华为向银行提供经销商已授权的供应链数据，银行为经销商审批贷款并将其用于采购华为的产品，后期华为会继续提供数据帮银行做贷后预警监管。通过供应链金融平台，企业可以方便地进行融资申请、资金结算、风险管理等操作，大大提高了融资服务的效率和便利性。同时，通过对供应链数据的分析和挖掘，能够更好地评估企业的信用风险，提供更加精准的融资服务。

广东中行与华为及其合作伙伴共同承担融资风险，通过风险分担和联合授信的方式，提高了融资的可得性和可持续性。供应链中的各个环节企业之间形成良性互动，共同为融资提供更加可靠的担保和支持，减少了向单一企业投资所需承担的风险。

广东中行通过应用智能技术，建立风险监测系统，实现对供应链金融的风险控制和预警。通过对供应链各方企业的交易数据、供应链关系等进行监测和分析，及时发现和应对潜在的风险，保障供应链金融的安全性和稳定性。广东中行在经过边缘计算处理和提炼后形成业务数据，利用区块链不可篡改的特性，将其上链存证，保障数据的一致性，解决风险问题。

通过以上的供应链普惠金融模式，广东中行与华为合作，为供应链上下游企业提供全方位的金融服务支持，促进了供应链的协同发展，提升了企业的竞争力和可持续发展能力。同时，该模式也有效推动了金融科技的应用和金融服务的创新。广东中行华为供应链普惠金融模式如图9-10所示。

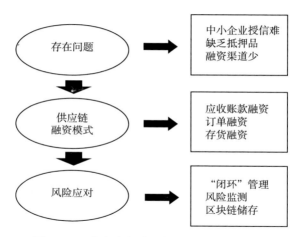

图9-10　广东中行华为供应链普惠金融模式

此外，数字技术在供应链普惠金融模式中起关键作用。随着科技的进步，供应链金融朝着数字化、场景化、生态化加速发展，数字化供应链金融将成为解决中小微企业融资难、融资贵问题的有效途径。广东中行开发打造贸易融资审批中台系统，实现贸易融资线上化、移动化审批，该行投产的"交易全景视图"系统也为全辖提供客户管理、数据分析深度挖潜技术支持。

与此同时，广东中行推进传统供应链金融产品全流程线上化，丰富线上产品场景，2021年开始面向产业链核心企业及中小微企业，不断升级线上供应链融资、普惠金融线上化融资服务。在供应链平台方面，广东中行加强与中征应收账款融资、跨境区块链融资等政府平台、核心企业系统的合作，加强与第三方优质平台的客户互荐和项目攻坚，积极应用大数据、云服务等信息技术，优化客户业务申请及审批处理。其具体做法可总结如下：

一是数据共享和分析。通过建立供应链金融平台，中小企业可以与供应链上下游企业共享数据，包括订单数据、交易数据、供应链关系等。借助数据分析技术，可以对企业的经营状况和风险进行评估，为融资决策提供依据。通过全面了解供应链上下游企业的数据，金融机构可以更准确地进行风险评估，提供相应的融资支持。

二是融资申请和审批的自动化。中小企业可以通过供应链金融平台在线提交融资申请，并且可以上传相关的资料和证据。利用自动化技术，包括人工智能和自然语言处理，可以快速处理和分析申请材料，加速审批流程。中小企业可以享受到更快速和便捷的融资审批，并且减少了烦琐的纸质文件办理过程。

三是智能风险控制和预警。通过应用大数据和人工智能技术，可以对供应链中的各方企业进行实时监测和风险预警。通过对供应链数据的分析和模型的构建，可以及时发现潜在的风险和问题，并且为金融机构提供相应的风险控制措施。这样可以降低金融机构的风险，提高对中小企业的信贷可得性。

四是资金结算的电子化。通过数字技术，可以实现供应链上的资金结算的电子化。例如，利用区块链技术构建去中心化的供应链金融平台，可以实现企业之间的快速结算和资金转移，降低了结算的时间和成本，提高了资金的使用效率，同时也增加了资金的安全性。

综上所述，数字技术在供应链普惠金融模式中为中小企业融资提供了更高效、便捷和精确的支持。通过数据共享和分析、融资申请和审批的自动化、智能风险控制和预警以及资金结算的电子化，中小企业可以更好地满足融资需求，提高竞争力，并推动供应链上下游企业的共同发展。

四、数字化供应链金融以供求联结赋能乡村振兴融资的成效与启示

（一）成效

中小企业的融资难问题一直是亟待解决的问题，政府也通过制定各种政策来降低中小企业的融资难度。在我国的经济体中，中小企业的数量占据99%以上，融资难问题制约了企业的发展。

制造业的发展推动整个社会的发展，现在的德国工业4.0代表着世界上先进的制造水平。自改革开放以来，我国正从制造大国向制造强国转变。在制造业的整个供应链中，核心企业扮演了最重要的角色，但是下游的经销商也是核

心企业必不可少的伙伴。广东中行华为供应链普惠金融模式为中小企业提供了新的融资支持的金融模式。该模式通过有效利用供应链上的信息流和资金流，解决了中小企业融资难的问题。

同时供应链金融模式通过数据共享和分析、自动化融资申请和审批、智能风险控制和预警以及资金结算的电子化，为中小企业融资难题提供了有效的解决方案。该模式通过数字技术的应用，实现了更高效、便捷和精确的融资支持，为中小企业的发展提供了有力的支持，推动了供应链上下游企业的共同发展。

供应链金融对农业发展的促进作用主要体现为以下三个方面：

一是数字化供应链金融利用大数据、物联网和区块链等技术，实现了对农业生产的全链条数据自动化采集和监控，从而有效解决了信息不对称的问题。这种技术手段不仅提高了金融服务的精准度，还增强了金融机构对涉农企业及其上下游企业的信用评估能力。通过数字技术的应用，金融机构能够提供更加便捷、高效的融资服务。例如，农业银行廊坊分行通过"数据网贷"系统为汇福粮油集团上下游客户办理低利率、免抵押的流动资金贷款，累计金额达3.57亿元，有效支持了农业产业链的发展。此外，电商综合平台主导的模式也显示出较高的业务效率，能够利用大数据快速审批融资项目。

二是数字化供应链金融通过建立稳固的利益联结机制，使金融机构、核心企业及涉农企业之间形成了稳定的合作关系，从而降低了融资成本。同时，该模式下的封闭授信和动态监管机制，确保了贷款用途的专款专用，有效防范了信用风险。

三是数字化供应链金融不仅解决了单一的融资需求，还推动了乡村产业的融合发展。例如，京东科技通过供应链金融科技为乡村振兴提供高质量发展支持，构建了生产经营监控、智慧数据采集预警和供应链资金闭环的智慧种植场景。这些措施不仅提高了农业生产效率，还促进了农村一二三产业的融合发展。

（二）启示

1. 核心制造企业协助上下游经销商进行供应链融资

当供应商和经销商在财务方面遇到问题时，核心企业的运营也会受到影响。为了解决上下游供应商的融资难题，降低融资成本，并确保自身的经营顺利进行，核心企业可以提供帮助，与银行进行合作，帮助上下游中小企业进行融资。银行为上下游供应商提供资金支持，这不仅可以解决核心企业的融资问题，减少他们的融资成本，还能保证他们自身的经营按计划进行。这样的合作将有助于确保供应链的稳定运行，促进各方的共同发展。

2. 银行开展供应链金融的优势

供应链金融的核心是供应链，它涉及的环节、企业类型和参与主体非常复杂和多样化。资金流和信息流在供应链中交织纵横。因此，金融机构需要能够提供包括传统授信、票据、现金管理等综合金融服务。在这方面，银行具有天然的优势。银行可以根据供应链上的不同环节和交易对手，确定不同的融资要素，例如规模、期限、利率和担保等，从而提供系统化的金融解决方案，为供应链的各个环节提供全面的服务。

3. 多方参与形成融资生态循环网络

供应链金融模式通过整合供应链上的各个参与方，包括供应商、经销商、金融机构等，共同参与融资活动。这种模式能够减少中小企业对单一融资来源的依赖，提高融资的多样性和可持续性。

参 考 文 献

鲍长生，2020.供应链金融对中小企业融资的缓解效应研究［J］.华东经济管理，34（12）：91－98.

陈芳，2018.社会资本、融资心理与农户借贷行为：基于行为经济学视角的逻辑分析与实证检验［J］.南方金融（4）：51－63.

陈小知，米运生，2024.农村金融理论新范式：基本原理、实践模式与政策意蕴，经济学家（9）：119－128.

褚保金，张龙耀，杨军，2012.中国农村微型金融批发基金机制设计和监管创新［J］.经济体制改革（1）：140－143.

德布拉吉·瑞，2002.发展经济学［M］.北京：北京大学出版社.

董晓林，2012.农村金融学［M］.北京：科学出版社.

樊文翔，2021.数字普惠金融提高了农户信贷获得吗？［J］.华中农业大学学报（社会科学版）（1）：109－119，179.

冯兴元，孙同全，张玉环等，2019.农村普惠金融研究［M］.北京：中国社会科学出版社.

高语彤，2023.互联网金融模式下小微企业的融资研究：信用信息共享平台建设［J］.商展经济（5）：160－162.

郭万福，龙捷，陈杨，2023.缓解个体工商户融资难题［J］.中国金融（7）：91－92.

韩凤芹，赵伟，2020.中小企业融资困境：基于风险治理的解释与应对［J］.宏观经济研究（8）：15－23，50.

韩莉，宋路杰，张杨林等，2021.金融科技如何助力小微企业融资：文献评析与展望［J］.中国软科学（S1）：287－296.

何广文，李树生，2008.农村金融学［M］.北京：中国金融出版社.

何文曲，2023.供应链金融视角下中小微企业融资发展路径研究：以广西为例［J］.区域金融研究（6）：51－60.

贺璐，2022.数字金融缓解农户融资约束的优势及困境分析［J］.中国市场（30）：74－76.

黄凌雁，2023.政府性融资担保在缓解小微企业融资困境中的实践策略［J］.财经界（28）：36－38.

姜美善，米运生，2025. 农村金融学［M］. 北京：中国农业出版社.

姜婷凤，易洁菲，2022. 数字经济时代降低小微企业融资成本的路径：信息对称与风险分担［J］. 金融论坛，27（5）：62-72.

李冠琦，2023. 关于征信服务支持助企纾困的路径研究［J/OL］. 征信（3）：56-60［2023-10-25］.

李靖，2021. 数字化升级缓解中小企业融资难问题研究：基于交易成本视角［J］. 全国流通经济（23）：130-132.

李志强，2015. 基于交易成本理论的互联网金融与中小企业融资关系研究［J］. 上海经济研究（3）：65-71.

廖云红，覃冰，2002. 我区个体工商户贷款问题的探讨［J］. 广西农村金融研究（2）：34-37.

凌端平，2023. 大数据技术在小微企业融资中的应用研究［J］. 科技资讯，21（15）：245-248.

刘冬文，2018. 农民专业合作社融资困境：理论解释与案例分析［J］. 农业经济问题（3）：9.

刘名宇，2023. 普惠金融政策下中小微企业融资供需探究［J］. 企业改革与管理（13）：107-110.

刘沙沙，2023. "区块链＋供应链金融"视角下小微企业融资模式研究［J］. 商场现代化（19）：149-152.

刘薇，2011. 基于优序融资理论的中小企业融资问题探究［J］. 中国商贸（24）：107-108.

刘辛，2023. JY农商银行个体工商户贷款营销策略研究［D］. 济南：山东师范大学.

卢强，宋华，于亢亢，2018. 供应链金融中网络连接对中小企业融资质量的影响研究［J］. 商业经济与管理（9）：15-26.

罗广宁，陈丹华，肖田野等，2020. 科技企业融资信息服务平台构建的研究与应用：基于广东省科技型中小企业融资信息服务平台建设［J］. 科技管理研究，40（7）：211-215.

米运生，2014. 农村金融的新范式：金融联结［M］. 北京：中国农业出版社.

米运生，吕长宋，2014. 农村金融的新范式：金融联结［M］. 北京：中国农业出版社.

聂辉华，2017. 契约理论的起源、发展和分歧. 经济社会体制比较（1）：1-13.

庞新军，陈奕如，2023. 信用信息赋能可以促进普惠小微信用贷款业务可持续发展吗？：基于现实困境、障碍与建议的视角［J］. 征信，41（4）：87-92.

仝鑫，牟晓伟，2023. 数字金融对中小企业融资约束的影响［J］. 产业创新研究（18）：157-159.

托尔斯滕·贝克，阿斯利·德米尔居奇-昆特，罗斯·莱文等，2004. 法律，政治和金融

[J]. 经济社会体制比较（3）：96 - 105.

王崇猛，2023. 供应链金融视角下中小企业融资问题分析 [J]. 会计师（7）：25 - 27.

王景祺，2023. "区块链＋供应链金融"视角下中小企业融资探究 [J]. 现代商业（7）：148 - 151.

王李，2015. 互联网金融时代"银行小贷"与"电商小贷"模式对比研究：基于小微企业、个体工商户融资需求满足性的视角 [J]. 社会科学战线（7）：64 - 68.

王书华，杨有振，2011. 供给领先的金融发展与经济增长：理论假说与经验事实 [J]. 山西财经大学学报（3）：41 - 47.

王曙光，2015，《农村金融学》（第二版）[M]. 北京：北京大学出版社.

王右文，2021. 金融科技背景下小微企业融资模式创新 [J]. 金融理论与实践（8）：41 - 48.

吴巧鹿，樊凯，张颖，2023. 基于信息不对称理论的"区块链＋农村信贷"金融创新发展模式研究：以浙江省松阳县"茶商 E 贷"为例 [J]. 山西农经（3）：188 - 192.

吴小华，王冰，2023. 探索个体信用画像　创新线上融资模式：常州市创新打造"常个贷"融资新模式 [J]. 中国市场监管研究（7）：11 - 14.

吴亚，2022. 中小企业融资：环境、风险与防范 [J]. 中小企业管理与科技（21）：182 - 184.

行伟波，张思敏，2021. 财政政策引导金融机构支农有效吗？：涉农贷款增量奖励政策的效果评价 [J]. 金融研究（5）：1 - 19.

徐蕾，翟丽芳，2021. 金融支持小微企业发展路径的研究综述及展望 [J]. 经济社会体制比较（5）：64 - 73.

徐晓，2023. 小微企业融资难成因与对策探究 [J]. 中小企业管理与科技（5）：182 - 184.

颜路路，2022. 大数据征信助力小微企业金融服务创新与思考 [J]. 营销界（1）：11 - 13.

杨慧鑫，王伟，2022. "信易贷"的运行逻辑与制度构建：基于信息和信用机制的视角 [J]. 宏观经济管理（4）：61 - 69.

姚朋飞，2022. 扎根农村　服务农民　小额贷款谱华章 [J]. 中国农村金融（17）：69 - 71.

易法敏，耿蔓一，2018. 农户电商融资选择行为分析 [J]. 华南农业大学学报（社会科学版），17（1）：94 - 103.

曾光辉，2021. 推进"信易贷"服务中小企业融资 [J]. 宏观经济管理（4）：34 - 39，47.

翟培羽，2022. 中小企业融资渠道创新研究 [J]. 中小企业管理与科技（20）：119 - 121.

张超群，2021. 小微企业融资与地方信用信息服务平台建设 [J]. 福建金融（10）：59 - 65.

张叶凡，2023. 基于大北农集团"互联网＋生猪产业链"金融模式的案例研究 ［D］. 蚌埠：安徽财经大学.

赵绍阳，李梦雪，余楷文，2022. 数字金融与中小企业融资可得性：来自银行贷款的微观证据 ［J］. 经济学动态 (8)：98 - 116.

赵恬，杜君楠，2020. 生计资本、风险承担能力对农户贷款方式选择的影响 ［J］. 金融与经济 (9)：51 - 59.

周静，杜啸森，2022. 破解农户融资难的路径选择 ［J］. 山西农经 (20)：181 - 183.

周雷，朱凌宇，韦相言等，2022. 大数据征信服务小微企业融资研究：以长三角征信链应用平台为例 ［J］. 金融理论与实践 (5)：19 - 27.

周脉伏，徐进前，2004. 信息成本、不完全契约与农村金融机构设置：从农户融资视角的分析. 中国农村观察 (5)：38 - 43，79 - 80.

Akerlof G，1970. The market for "lemons"：Quality and the market mechanism ［J］. Quarterly Journal of Economics，94：488 - 500.

Aleem I，1990. Imperfect information, screening, and the costs of informal lending：a study of a rural credit market in Pakistan ［J］. The World Bank Economic Review，4 (3)：329 - 349.

Armendáriz B，Morduch L，2010. The Economics of Microfinance ［M］. Cambridge：MIT Press.

Bagehot W，1873. Lombard street ［M］. King.

Baltensperger E，1974. The Precautionary Demand for Reserves ［J］. American Economic Review (64)：205 - 210.

Baltensperger E，1978. Credit rationing Theory：lssues and Questions，Journal of Money，Credit and Banking，10 (2)：170 - 183.

Demirgüç - Kunt A，Maksimovic V，1998. Law，finance，and firm growth ［J］. The Journal of Finance，53 (6)：2107 - 2137.

FSA，2000. In or out？Financial Exclusion：A Liternature and Research Review ［R］. London：Financial Services Authority，Consumer Research Paper3.

Gerschenkron A，1962. Economic Backwardness in Historical Perspective，The Belknap Press of Harvard University Press.

Ghatak M，Guinnane T W，1999. The Economics of Lending with Joint Liability：Theory and Practice ［J］. Journal of Development Economics，60 (1)：195 - 229.

Hicks J，1969. A Theory of Economic History. Oxford，Clarendon Press，IX p. 181 p.，25/-.

Jung W S，1986. Financial development and economic growth：international evidence ［J］. Economic Development and cultural change，34 (2)：333 - 346.

King R G，Levine R，1993. Finance and growth：Schumpeter might be right ［J］. The quarterly journal of economics, 108 (3): 717 - 737.

Leviner, 2002. Bank - based or market - based financial systems: which is better [J]. Journal of financial intermediation, 11 (4): 398 - 428.

Lewis W A, 1950, The Principles of Economic Planning, New York: Allen and Vnwin Press.

Leyshon A, Thrift N, 1993. The Restructuring of the UK Financial Services Industry in the 1990s: A Reversal of Future [J]. Journal of Rural Studies, 9 (3): 223 - 241.

Lindberk, Assar, 1962. The New Theory of Credit Control in the United States [m]. Stockholm Economic Studies.

McKinnon, Ronald, Pil, Huw, 1996. Credible Economic Liberalizations and International Capital Flows: The OverborrowingSyndrome [M]. University of Chicago Press.

Merton R C, Bodie Z, 1995. Financial infrastructure and public policy: a functional perspection [R]. Cambridge, MA: Harvard Business school.

Meyer R L, Nagaraja G, 1999. Rural Financial Markets in Asia: Policies, Paradigms and Performance [M]. New York: Oxford University Press.

Myrdal G, 1968. Twenty years of the United Nations economic commission for Europe [J]. International Organization, 22 (3): 617 - 628.

Pagano M, 1993. Financial markets and growth: An overview [J]. European Economic Review, 37 (2 - 3): 613 - 622.

Patrick H T, 1966. Financial development and economic growth in underdeveloped countries [J]. Economic Development and Cultural Change, 14 (2): 174 - 189.

Rajan R G, Zingales L, 1998. Financial Dependence and Growth [J]. The American Economic Review, 88 (3): 559 - 586.

Rajan R G, Zingales L, 2003. Saving capitalism from the capitalists: Unleashing the power of financial markets to create wealth and spread opportunity [M]. Crown Business, Random House.

Rajan R, Zingales L, 1998. Financial Dependence and Growth. American Economic Review, 88, 559 - 586.

Roosa, Robert V, 1951. "Interest Rates and the Central Bank", Money, Trade and Economic Growth: Essays in Honor of John H [M]. Williams, Macmillan, New York.

Salomon A, Forges F, 2015. Bayesian Repeated Games and Reputation [J]. Journal of Economic Theory (159): 70 - 104.

Scott, Ira O, Jr, 1957. The Availability Doctrine: Theoretical Underpinning, Reeview of Economic Studies, 10 (25): 41 - 48.

Stiglitz J E, 1990. Peer Monitoring and Credit Markets [J]. World Bank Economic Review,

4 (3)： 351 - 366.

Tadelis S，2002. The market for reputation as an incentive mechanism [J]. Journal of Political Economy，4： 854 - 882.

Tassel E V，1999. Group Lending under Asymmetric Information [J]. Journal of Development Economics，60 (1)： 3 - 25.

Tedeschi G A，2006. Here Today，Gone Tomorrow： Can Dynamic Incentives Make Microfinance More Flexible? [J]. Journal of Development Economics，80 (1)： 84 - 105.

Varian H，1990，Monitoring Agents with Other Agents [J]. Journal of Institutional and Theoretical Economics，146 (1)： 153 - 174.